生产计划与

高广章 王佳佳 张国辉 主编

SHENGCHAN JIHUA
YU KONGZHI

控制

中国农业出版社
北 京

生产计划与控制脱胎于生产与运作管理，运作管理解决了从生产制造业到服务业的结合问题，从20世纪90年代发展到现在经历了近30年时间，随着中国由制造业大国向制造业强国迈进，生产与运作必将发挥更重要的作用。但随着工业工程类专业和其相近专业的迅速发展，生产与运作管理的知识体系被细化、专业化，逐步分解成生产计划与控制、人因工程、基础工业工程、物流工程以及质量工程学等多门课程，并且已经自成体系。因此，对于工业工程相关专业来说，生产与运作管理"大而全"、面面俱到的知识体系，已经不能适应专业发展需求，编写适合工业工程类专业的系列教材势在必行。

本教材编写组成员均多年从事生产管理的理论研究和应用，在本领域积累了大量的实践经验，并能够将自己多年的研究融会贯通地体现在教学中，凝练于本教材。本教材在编写上，注重综合性和科学性相结合，注重理论与实践相结合，注重专业性和通用性相结合，注重教学实践与学科发展的前沿相结合。本教材编写组成员在编写过程中，进行了有针对性的调研，既征求了大量一线教师的意见，又在学生中间开展问卷调查，致力于编写一部适合大部分普通本科层次学生学习的优质教材。本教材具有以下特点：

重点突出，针对性强。针对生产与运作管理大而全的弊端，本教材聚焦生产相关领域的核心管理知识，清晰地划分生产与其他课程之间的内容界限，避免相关课程内容交叉造成的重复讲述和学习，突出生产组织、生产计划等重点内容，教材更加的专业化，生产属性增强。

逻辑性强，主线清晰。本教材以生产过程的逻辑顺序为主线，以生产战略的选择为起点，从生产预测入手，沿着产品开发、生产组织、生产计划、生产控制这条主线展开，并辅以生产前沿内容作为补充，在书中融入生产管理中层出不穷的理论、方法和技能。

实践性强，实例充足。本教材在理论知识介绍中，融入大量的实例分析，突出了生产计划与控制应用的属性。但基于案例的时效性，本教材删除了案例介绍的内容。所有案例均为一定时代背景下的经验、教训总结，各项条件发生变化，案例也就失去了意义，固定于教材中的案例甚至可能让学生产生机械学习的倾向。因此在本教材编写的同时，编写组成员准备尽快建设生产计划与控制课程网站，用不断更新的案例代替固定于书本的案例更加有意义。

人性化强，重视编者积累。本教材吸收了编写组多年来实例和实践的积累，在编写过程中力求做到以理论学习为主线，实践应用为目的，实例分析为手段，图文并茂、通俗易懂，充分提高学生的便利性，增强学生对生产计划与控制的感性认识，规避生产计划与控制学习的枯燥属性，有效激发学生的学习兴趣。

有前瞻性，融入学科热点内容。在内容选择上，编写组参阅了大量的文献和最新研究成果，力争与国内外最新教学内容保持同步。在各个模块均有前沿性的融入之外，本教材突出了数字孪生技术的内容，让学生在学习中接触前沿的研究成果，对学生今后的发展和深造起了铺垫性作用。

本教材框架是在编写组集体讨论的基础上，由高广章确定并统稿，最终内容由张国辉主审，编写组分工如下：第1、第2、第5部分由高广章编写，第3、第6、第8部分由王佳佳编写，第4、第7、第9和第10部分由张国辉编写。本教材由2019年度河南省一流课程和郑州航空工业管理学院教材编写项目资助，同时感谢中国农业出版社的编辑为本教材付出的辛苦劳动。本教材在编写过程中参阅了大量的参考书和文献资料，主要参考文献已列在书后，再次对国内外有关作者表示衷心的感谢。

　　本教材适用于工业工程、质量管理工程、物流管理、物流工程、工商管理和人力资源管理等多专业本科层次学生教学使用，工业工程类专业硕士阶段也可参考。由于编写组水平有限，书中有不妥之处敬请各界专家和学者批评指正。

编者

2020 年 6 月

Contents 目录

前言

概　　论

学习目标

➢ 掌握生产和生产系统的概念
➢ 理解生产计划与控制的内涵
➢ 理解制造业与服务的区别
➢ 理解生产管理的基本问题
➢ 了解生产管理的演变过程及发展趋势

一项新技术的出现，往往首先用于军事，然后会很快用于生产，因为前者决定政权甚至生命的走向，后者则意味着巨大的经济效益。生产活动是人类最基本的活动之一，自从真正意义上的人类诞生，有目的的生产活动就开始了，世界上绝大多数人都在从事生产活动，有生产活动就存在相互配合，就必然有生产管理。以下对生产计划与控制的基本概念、基本理论、课程涵盖内容，以及生产理论的发展进行全面分析和总结。

1.1　生产计划与控制概述

1.1.1　生产与生产系统

提到"生产"这个词，人们自然会想到工厂、机器、流水线等，习惯地认为生产就是实物的生产，是以一定生产关系联系起来的劳动者利用劳动工具，作用于劳动对象，使之成为有用产品以满足人们需要的过程。这里所说的生产，其实是物质资料的生产。物质资料的生产使一定的原材料转化为一定的有形产品，即"投入—转换—产出"的过程。而生产系统则是生产得以进行的实物平台。

随着科学技术的发展和人类社会的不断进步，当今世界各国，特别是经济发达国家的产业结构发生了巨大的变化。服务业在国民经济中的比重越来越大，并日益超过制造业。如美国国民生产总值中，服务业所创造的价值在国民经济中的比重已上升到70%以上。生产的定义就逐步扩大到非制造领域，内涵也随之扩充为"运作"，但服务业服务产品的"运作"在特征上依然有与实物生产相类似的形式，同样符合"投入—转换—产出"的这一特征，即投入一定的资源要素，产出一定的劳务或服务，生产的概念和理论也就被广泛地应用到制造业以外的许多活动和场景中去，即应用到诸如医疗、饮食、娱乐、银行、商店、教育、运输及政府的各类服务业中，这就发展延伸了生产的概念，即从提供实物产品的生产（Production）发展到提供劳务或服务的运作（Operation），如图 1-1 所示。

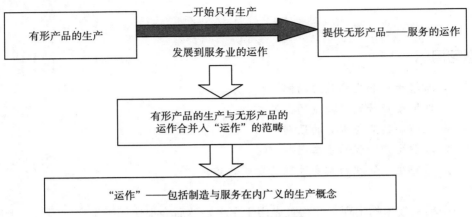

图 1-1　生产概念的发展

随着人们渐渐接受了运作这个词之后，我们也慢慢将运作视为一种广义的生产的概念，而原来意义的生产被认为是狭义的生产概念，生产与运作在特征上合二为一，即都符合"投入—转换—产出"特征，广泛为世人所接受，在理解上形成了一种可以替代的作用，当研究者说到运作的时候，既可以理解为是服务产业的运作，也可以是生产企业的生产。而为生产提供的平台，我们称之为生产系统，如图 1-2 所示。

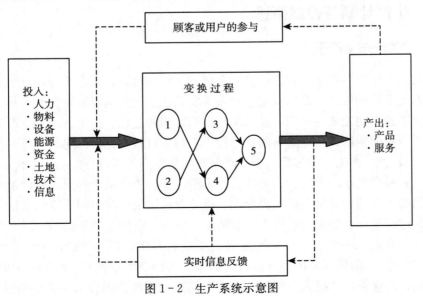

图 1-2　生产系统示意图

根据生产与运作概念的演变与扩展，我们可以给生产与运作下一个更一般意义上的定义——生产与运作是一切社会组织的投入转换为产出的过程。表1-1给出了几种典型的社会组织的投入、转换和产出的内容。

表1-1　典型的社会组织举例

生产系统	投入	转换	产出
汽车制造厂	原材料、零部件、设备、工具	零件制造、产品装配	汽车
大学	学生、教师、教材、教室	传授知识、技能	受过高等教育的人
医院	病人、医生、护士、药品、医疗器械	治疗、护理	健康的人
商场	顾客、售货员、商品、店堂	吸引顾客、推销产品	满意的顾客
饭店	顾客、服务员、食品、店堂	提供精美食物	满意的顾客

从管理的角度来说，制造业和服务业这两种业态又有区别，在不同组织方式上有许多不同点，如表1-2所示。因此，在生产管理理论应用于服务业的时候，需要注意服务业的特点，不要生搬硬套，很多时候是生产管理理论应变之后才能用于服务业。但随着社会发展和理念变革，二者有区别又有联系，二者并没有绝对的界限，几乎已经找不到单纯的"产品"和单纯的"服务"了，我们生活中的所谓"产品"几乎全都是物品加服务的综合体，只不过存在形式和组成比例不同罢了。

表1-2　制造业和服务业的区别

制造业	服务业
产出是有形的、耐久的	产出是无形的、不耐久的
产出可储存	产出不可储存
资本、技术密集型多	人员密集型多
顾客与系统接触度比较低	顾客与系统接触度比较高
响应顾客需求速度慢	响应顾客需求速度快
服务区域的范围广	服务区域的范围小
设施规模相对较大	设施规模相对较小
质量评价标准清晰	质量评价标准模糊

1.1.2　生产计划与控制的内涵

1.1.2.1　生产计划与控制的产生

20世纪初的制造管理（Manufacturing Management）将生产管理理论化、系统化，形成一门独立的理论，这是生产管理理论的初级阶段，是针对制造业而言的。随着这种管理理论应用于所有的生产企业，发展为生产管理（Production Management）。服务业的兴起和发展，使得生产管理应用于第三产业，生产的概念和范畴得到了进一步的发展与延伸，生产管理的研究范围从制造业扩大到了非制造业，就发展成为制造业和非制造业并重的学科，称之为生产与运作管理（Production and Operation Management），表示一种并列关系。随着人们对运作概念的理解，现在大量的外文教材直接命名为运作管理（Operation Management），从而完成了生产和运作的统一。同时产生的一门新兴学科工业工程（Industry Engineering，IE）在这片"沃土"里迅速发展，并将运作管理理论进一步发展并细化，从而派生出基础工业工程、现代工业工程、物流工程、质量管理等课程，而生产管理课程主要讲述生产组织、生产计划和生产控制等与生产直接相关的主体内容，这就是生产计划与控制（Production Planning and Control），因此可以说，生产计划与控制应时代产生。从发展的角度看，制造管理、生产管理、运作管理以及生产计划与控制是不同历史阶段存在的不同形式，在生产计划与控制的理论体系中，继承了从生产管理到运作管理的所有概念、理论和方法，它们在理论方法上既有继承又有发展，是一脉相承的，只不过生产计划与控制理论更专注于生产组织、生产计划和生产控制的内容。从理论的发展上看，本学科脱胎于泰勒时代的制造管理，是针对制造行业行之有效的实操方法体系，经过发展形成广泛应用于生产企业的生产管理，在纳入服务业之后领域扩展为涵盖各行各业的运作管理，学科细分之后只保留核心生产部分的生产计划与控制。4个阶段既是应社会需求逐步发展起来的，在内容上又是一脉相承的，其中的概念、方法和理论是完全相通的。

1.1.2.2 生产计划与控制的概念

生产计划与控制是指对企业提供产品或服务的生产运作系统（可以直接称为生产系统）进行设计、运行、评价和改进的各种管理活动的总称，而生产计划与控制的作用主要是针对设计和运行而言的，仅对这两个方面展开阐述。

生产系统的设计是将用于生产的载体搭建出来，就是生产系统的硬件组成和组成模式。生产系统设计的好坏直接影响企业运行的效率、成本等，具体地说，主要包括以下几方面内容：

第一，生产技术的选择，即生产工艺特征、设备构成、技术水平等；

第二，生产设施，即生产设施的规模、设施的布局、工作地的工具设备及布置等；

第三，生产系统的生产能力，即生产能力的特性、生产能力的大小以及生产能力的应变性等；

第四，生产系统的对外协作，即生产系统与外部协作关系的建立等。

生产系统的设计是实物系统的组建，一般涉及硬件的投入，需要较大的投资，属于战略层范畴的规划，一旦系统建立起来并形成一定的组合关系之后，要改变它或进行调整是相当困难的。设计一个生产系统时，正确评估系统的各种要素并进行合理组合，实质上就是指采用何种工艺和设备、要求达到什么样的技术水平、生产线和设备如何布局、形成多大规模的生产能力以及满足生产过程要求的程度等。它对形成生产系统的功能起决定性作用，所以决策时应该慎重。

生产系统的运行则是怎么运用好现有的设施，让生产系统发挥出更大的效能，具体是指在现行的系统中如何适应市场的变化，在保证用户的需求、生产合格产品和提供满意服务的前提下，怎么提高效率和节约成本。生产系统的运行主要涉及生产计划、组织与控制三个方面，主要具体内容包括：

第一，人员组织，即人员的素质特点、人员的配备、人员的管理和协调等；

第二，生产组织，即采取什么样的组织形式和原则，把系统效能最大程度发挥出来；

第三，生产计划，即计划类型、计划编制和实施等；

第四，库存控制，即库存类型、库存量、库存控制方式等；

第五，生产控制，即质量管理和质量控制、进度控制、成本控制等。

生产系统的运行一般不需要在硬件上花费很大的投资，往往是对建成以后的生产系统进行优化组织，以利于更好更快的产出，属于软件要素，对它的改变和调整较为容易。采用何种软件要素的决策风险不像选择硬件要素那么大，属于战术层的决策，可以借助组织、计划等管理技术达到目标。但在实施过程中，所涉及的要素繁杂，既可能是硬件的组织调整，也可能涉及软件的实施，还会用到很多管理技术和方法。

1.1.3　生产计划与控制的研究对象

从生产计划与控制的概念看出，生产计划与控制的研究对象是生产系统和生产过程。所谓生产系统，是指使上述的变换过程得以实现的平台和手段。它的构成与转换过程中的物质转化过程和管理过程相对应，也包括一个物质系统和一个管理系统。

物质系统是一个实体系统，主要由各种设施、机械、运输工具、仓库、信息传递媒介等组成。例如，一个机械工厂，其实体系统包括车间，车间内的各种机床、天车等工具，车间与车间之间的在制品仓库等。一个化工厂，它的实体系统可能主要是化学反应罐和形形色色的管道；一个经营连锁快餐店的企业，它的实体系统可能是烤箱、容器和餐位，最重要的还有不同网点的布局等。各种企业的实体系统大为不同，都是产品或服务的生产需要决定的。服务业相对于制造业来说，分布更加重要，不同企业在分布上也不尽相同，尤其不可能集中在一个位置，而是分布在一个城市或一个地区内各个不同的地点。

管理系统主要是指生产系统的组织、计划和控制，其中的主要内容是信息的收集、传递、控制和反馈，以求一种提高产出的最好方式。运用生产系统进行产品或服务的生产，就是生产过程，它在特征上是一个"投入—转换—产出"的过程，又是一个劳动过程或价值增值过程。生产过程正是生产计划与控制日常所关注的对象，在生产企业当中，一般包括以下几种过程。

（1）生产技术准备过程

指产品在投入生产之前所要进行的各种生产技术准备工作，如产品开发设计、工艺设计、工艺装备的设计制造，由生产技术准备部门完成，如研究所、设计科、工艺科。

（2）基本生产过程

指直接完成企业的基本产品或主导产品所进行的生产活动，按照工艺加工性质可分为相关联的生产阶段，如毛坯生产阶段、机械加工阶段和装配阶段等，由基本生产单位负责完成，如毛坯准备车间、机械加工车间、装配车间等。

（3）辅助生产过程

指为保证基本生产过程顺利进行所必需的各种辅助型生产活动，如夹具、刀具、模具等工具的制作过程，由辅助生产车间完成。

（4）生产服务过程

为基本生产过程和辅助生产过程服务的各种活动，如各种材料的运输、各个阶段的物料检验、能源动力的提供等，由生产服务单位承担，如运输部门、检验部门、水电服务部门等。

（5）附属生产过程

指企业根据自身条件和市场需要，利用基本生产过程的边角料和废弃物生产非基本产品的产品生产过程，这种生产依附于基本生产，但产品独立出售，为企业带来补充性的收益，例如大型产品的废料生产小型的非主导方向的产品，由附属生产车间完成。

基本生产过程是企业生产过程的核心，在生产组织过程中可以划分为许多工序来组织生产，工序是组成生产过程的基本单元，而工序是由一个或几个工步组成的。

1.2 生产计划与控制的地位和内容

1.2.1 生产计划与控制的地位

生产计划与控制是对企业生产活动的管理，主要解决企业内部的人、财、物等各种资源的最佳结合问题。生产计划与控制是把企业的经营目标，通过产品的生产制造过程转化成为现实。在市场经济条件下，科学技术，尤其是生产制造技术飞速发展的今天，现代生产计划与控制和传统生产管理相比，无论从内容上，还是管理方式上都得到了充实、发展与完善，形成了新的特点。生产计划与控制在企业中扮演着越来越重要的角色，它的地位通过三个层面阐述。

1.2.1.1　从经营角度看，生产活动是基础

（1）生产活动是企业经营活动的重要组成部分

从企业经营角度看主要有五大活动，分别是财务、技术、生产、营销和人力资源管理。这五大活动是有机联系的一个循环往复的过程，如图1-3所示。企业为了实现自己的经营目的，首先要制定一个经营方针，决定经营什么、生产什么；然后需要准备资金，即进行财务活动；其次需要研制和设计产品以及工艺的技术活动；设计完成后，需要购买物料和加工制造的生产活动；产品生产出来以后，需要通过销售使价值得以实现，即进行营销活动；销售以后得到的收入进行分配，其中一部分作为下一轮的生产资金，又一个循环开始。而能使这一切运转的，是人，也就是企业的人力资源管理活动。

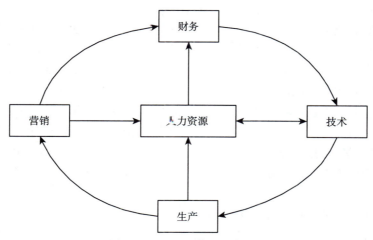

图1-3　企业经营的活动过程

企业为了达到自己的经营目的，以上五大活动缺一不可。例如，没有资金，生产活动就无法开始，也就谈不上创造价值；又如，生产出来的有价值的产品，如果销售不出去，产品的价值也就无从实现。

（2）生产活动是企业一切活动的中心

从以上分析可以看出，其他活动均是围绕生产活动展开的。人力主要消耗在生产活动中，技术的开发和选择是围绕生产活动的需要展开的，营销的对象恰恰是生产活动出产的产品，财务伴随着整个生产活动的始末。而生产活动的重要意义在于它是真正的价值创造过程，是企业增值的途径，是企业产生利润的源泉。

1.2.1.2　生产部门与其他职能部门的关系

生产计划与控制属于职能层的管理，企业职能管理主要包括生产、财务、营销这几大板块，这几个部门之间既为利益共同体，关系密切，在某些局部又存在冲突。搞清楚生产与其他职能管理的关系，有利于企业各职能部门之间的配合，并使企业达到有机统一，从而使企业成为一个有机的整体，企业获得全局最优才是其经营的目标，而不是某一个部门的最优。生产计划与控制和其他职能管理的关系归纳如下。

（1）生产计划与控制是企业管理三大基本职能之一

企业管理有三大基本职能，即生产、财务和营销。生产管理就是创造社会所需要的产品和服务，把生产活动组织好，对提高企业的经济效益有很大作用。财务管理的职责就是为企业筹措资金并合理地运用资金。只要进入的资金多于流出的资金，企业的财富就不断增加。营销就是要发现与发掘顾客的需求，让顾客了解企业的产品和服务，并将这些产品和服务送到顾客手中。无论是制造业企业还是服务型企业，生产活动都是企业的基本活动之一，生产计划与控制是企业管理的一项基本职能。三大职能互相影响、互相制约。如果企业营销体系不健全，其中的营销政策不完整、销售渠道不畅，即使企业拥有竞争力很强的产品，也难将产品销售出去，更谈不上取得市场地位、获得竞争优势。如果企业生产系统设计不合理，产品质量不能保证，这样的产品就是有再完善的营销体系也很难将产品销售出去。假如上述两项企业都做得不错，但财务管理系统较弱，资金筹措和资金运作能力很低，企业最终也会因为没有足够的资金支持和资金使用而成效低，不能在市场竞争中把企业做大做强。因此，对于企业这样一个完整的有机系统，提高企业管理水平必须以系统的观点，从系统的角度全面提高企业各职能的管理水平。

（2）生产计划与控制和市场营销的关系

生产计划与控制和市场营销处在同一管理层次上，相对独立，又有着十分紧密的协作关系。生产计划与控制为营销部门提供满足市场消费、适销对路的产品和服务，搞好生产计划与控制对开展营销管理工作、提高产品的市场占有率和增加企业活力有着重要的意义。所以说，生产计划与控制对市场营销起保障作用，同时市场营销为生产提供市场信息，是生产计划与控制的产品价值实现的保证。

（3）生产计划与控制和财务管理的关系

生产计划与控制和财务管理也是处在同一管理层次上的，彼此之间既独立又有着联系。企业的生产活动是伴随着资金运动同时进行的。财务管理是以资金运动为对象，利用价值形式进行的综合性管理工作。企业为进行生产活动通过借贷、筹集等方式获得资金，先以货币资金的形式存在于企业，当企业采购生产所需的原材料、燃料等实物后，货币资金转化为储备资金；在生产过程中，储备资金又转化为生产资金；当转化过程结束后，原材料加工成为成品，生产资金转化为成品资金；产品在市场销售后，其价值得以实现，成品资金转化为货币资金。

在上述资金运动过程中，资金流动与实物流动是交织在一起的，资金流动对实物流动起着核算、监督和控制的作用。从财务管理的角度看，企业财务管理系统既要为生产活动所需的物资、技术改造及设备更新等提供足够的资金，又要控制生产与运作中所需的费用，加快资金周转，提高资金利用效果。

生产和财务还有一个交叉的领域，那就是存货，存货是生产中产生的，从原材料库存到半成品库存，再到成品库存，伴随着生产的每一个环节，存货同时又是财务核算的一个重要组成部分，在生产环节是物质，在财务核算中是资产，财务部门核算中需要生产部门提供准确的数据，两者密不可分。

从生产的角度来看，生产计划与控制所追求的高效率、高质量、低成本和交货期，又可以在各方面降低消耗、节约资金、提高资金利用效率、增加企业经济效益。

1.2.1.3　生产计划与控制在企业管理中的地位

（1）生产计划与控制是企业管理的组成部分

从企业管理系统分层来看，生产计划与控制处于经营决策之下的职能层，它们之间是执行和决策的关系，与市场营销管理、研究与开发（R & D）、人力资源管理，均属于企业管理的子系统。

（2）生产计划与控制是企业管理行为的基础

生产管理不好，企业就很难按品种、质量、数量、期限和价格向社会提供产品，就会很难满足用户要求与增强企业自身的竞争力，在这种情况下，企业就无法实现其经营目标。

（3）生产计划与控制处于企业管理系统的核心位置

企业管理的目的是要在充分发挥市场营销管理职能、生产管理职能与财务管理等职能作用的基础上，实现企业系统的整体优化，创造最佳经济效益。要想使得企业管理各项目标得以实现，必须发挥生产计划与控制在企业管理中的核心地位，在统一调度的基础上，保证生产顺利进行。

1.2.2　生产计划与控制的目标

任何企业都会致力于建立一个科学的生产制造系统，进而生产出有竞争力的产品，产品竞争力主要体现在质量、价格、服务等这几方面，生产管理的目标就是高效、低耗、灵活、清洁、准时地生产合格产品或提供满意服务。这些方面的管理工作均属于生产管理的范畴。高效是对时间而言，指能够迅速地满足用户的需要，在当前激烈的市场竞争条件下，谁的订货提前期短，谁就更可能争取用户；低耗是指生产同样数量和质量的产品，人力、物力和财力的消耗最少，低耗才能降低成本，低成本才有低价格，低价格才能争取用户；灵活是指能很快地适应市场的变化，在最短的时间内开发新产品或提供有差别化的服务，并能在限定时间内生产不同的产品。清洁指对环境没有污染。准时是按用户要求的时间、要求的数量，提供所需的产品和服务。

1.2.3 生产计划与控制的内容

企业在市场中销售产品和提供服务，必然要面临着竞争。竞争力是决定一家企业生存与发展的重要因素。企业之间在很多方面存在竞争，而其中主要是在产品和服务的价格、质量和交货期上的竞争。因此，生产管理就是要"在需要的时候，以适宜的价格，向顾客提供具有适当质量的产品和服务"，它要解决的基本问题始终是提高质量、降低成本和保证交货。围绕竞争力，生产管理必然要从战略制定到生产系统的物质保证，进而组织好产品形成的每个环节，因此，生产管理的内容主要包括以下板块。

（1）生产战略的制定

生产战略决定产出什么，如何组合各种不同的品种，为此需要投入什么，如何优化配置所需要投入的资源要素，如何设计生产组织方式，如何确立竞争优势等。其目的是为产品生产及时提供全套的、能取得令人满意的具有技术和经济效果的技术文件，并尽量缩短开发周期，降低开发费用。这部分内容包括生产战略、产品开发与工艺选择。

（2）生产系统设计

生产系统的设计指构建合适的生产平台，用合理、高效、节省的原则将生产系统建立起来，以方便以后的生产。这部分内容包括设施选择、生产规模与技术层次决策、设施建设、设备选择与购置、生产系统总平面布置、车间及工作地布置、生产组织设计等。其目的是以最快的速度、最少的投资，建立起最适宜企业生产的、能形成企业固定资产的生产系统主体框架。

（3）生产系统的运行

生产系统的运行主要涉及在现有条件下，如何更好地发挥生产系统的效能，即对生产系统的正常运行进行计划、组织和控制。其目的是在满足市场需求的前提下，充分利用企业资源条件，实现高效、优质、安全、低成本生产，最大限度地满足市场销售和企业盈利的要求。这部分内容包括生产计划和生产作业计划、项目计划以及物料需求计划（MRP）。

（4）生产系统的维护与改进

生产系统只有通过正确地维护和不断地改进，才能适应市场的变化。生产系统的维护与改进包括设备管理与可靠性、生产现场与生产组织方式的改进。生产系统运行的计划、组织和控制，最终都要落实到生产现场。

由于作为工业工程或相似专业的课程结构,排除了有关物流、质量和基础工业工程的课程,形成生产计划与控制这门课的内容体系,如图 1-4 所示。

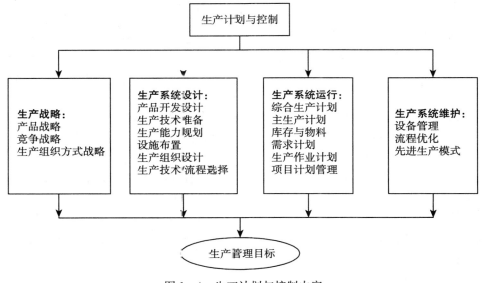

图 1-4 生产计划与控制内容

1.3 生产管理理论的发展历程

1.3.1 生产理论的起源

产业革命爆发之后,以纺织业为代表的很多行业出现了机器设备代替人力的现象,生产力迅速发展,社会化大生产的模式确立,而当时生产理论几乎还是空白,仅靠原有的经验模式进行社会化大生产的管理远远不能满足生产组织的需要,急需有关理论指导。1776 年,社会经济学家亚当·斯密(Adam Smith)发表了代表作《国民财富的性质和原因的研究》,即后人所熟知的《国富论》,书中以制针业为例说明了劳动分工可以大大提高生产效率。亚当·斯密关于劳动分工的论述详实地列举了劳动分工的各种效益,认为劳动分工是社会化生产的前提,为生产管理的起源奠定了坚实的理论基础。他在对比了手工制造业实行分工前后变化的基础上,总结出分工的益处主要是以下方面:

第一,劳动分工可以使工人长期重复完成单项操作,从而提高劳动熟练程度,提高劳动效率;

第二,劳动分工可以减少由于变换工作而损失的时间;

第三,劳动分工可以使劳动简化,使劳动者的注意力集中在一种特定的对象上，有利于创造新工具和改进设备。

亚当·斯密的上述分析和主张不仅符合当时生产发展的需要，而且也成了以后生产管理理论的萌芽，是生产经济学发展中的一个里程碑。

查理·巴贝奇（Charles Babbage）进一步发展了亚当·斯密关于劳动分工利益的思想，分析了分工能提高劳动生产率的原因，原因为以下方面：

第一，节省了学习所需要的时间。生产中包含的工序愈多，则所需要的学习时间愈长。一个工人无须从事全部工序而只做其中少数工序或一道工序，就只需要少量的学习时间。

第二，节省了学习中所耗费的材料。因为在学习中都要耗费一定的材料，实行劳动分工后，需要学习的内容减少了，所耗费的材料也相应地减少，可以减轻工人的疲劳程度。

第三，节省了从一道工序转变到另一道工序耗费的时间。而且由于分工后经常从事某一项作业，肌肉得到了锻炼，就更不易疲劳。

第四，节省了改变工具所耗费的时间。在许多手艺中，工具常常是很精细的，需要进行精密的调节，调节这些工具所占的时间相当多，分工后就可以大大节省这些时间。

第五，由于经常重复同一操作，技术熟练，工作速度可以加快。

第六，分工后注意力集中于比较单纯的作业，能促使工具和机器的改进，设计出更精致适用的工具和机器，从而提高劳动生产率。

巴贝奇还指出，脑力劳动同体力劳动一样可以进行分工。

在劳资关系方面，巴贝奇强调劳资协作，强调工人要认识到工厂制度对他们有利的方面，这也同泰勒在几十年后发表的论点很相似。巴贝奇提出一种固定工资加利润分享的制度，使得每个工人同工厂的发展和利润的多少有直接的利害关系，从而每个工人都会关心浪费和管理不善的问题。

以上管理思想随着生产力的发展，适应了生产发展的需要，但这些管理思想依然不系统，不全面，没有形成专门系统的管理理论和学派，但对于促进生产及以后科学管理理论的产生都有积极的影响。

1.3.2　生产理论的发展

生产管理理论的产生，一般公认为泰勒时代的科学管理，从 20 世纪初的科学管理到目前，生产管理理论历经一百多年的发展，形成了一套完善的理论体系，也完成了自成一个独立学科的完美转变，其中涌现了大量的生产管理专家，他们在各自的历史阶段作出了不可磨灭的贡献，形成了几个流派，每一件标志性的历史事件都成为生产管理理论发展过程中的里程碑，在此主要介绍公认的几个派别。

1.3.2.1　科学管理学派

科学管理是在否定了传统管理基础上产生的，旨在寻求利用经验和判断进行管理的基础上，通过总结提高，使生产标准化、系统化、科学化而形成的管理。科学管理阶段从 19 世纪末到 20 世纪 40 年代，经历了近半个世纪的时间。其代表人物是泰勒、吉尔布雷斯夫妇、法约尔、甘特以及福特等。

（1）泰勒和科学管理

在生产管理的发展史上，弗雷德里克·W·泰勒（Frederick Winslow Taylor）是最杰出的历史人物之一，他根据自己常年在工厂中的实践和研究，于 1911 年出版了《科学管理原理》一书，这是最早系统地研究生产管理的著作，被生产管理理论研究者公认为现代生产管理学的产生。提高劳动生产率是泰勒创立科学管理理论的基本出发点，是泰勒确定科学管理的原理、方法的基础。泰勒认为提高工作效率是工厂和工人共同达到富裕的基础，能给工厂主带来较多的利润，使工人得到较高的工资。在管理实践中，建立一系列明确的规定和标准，使一切科学化、制度化，是提高管理效能的关键。

①采用标准化的操作方法，以便合理利用工时，提高工效。具体做法是从同一项工作的工人中，挑选出身体最强壮，技术最熟练的一个人，把他的工作过程分解为许多个动作，在其劳动过程中，用秒表测量并记录完成每一个动作所消耗的时间。然后，按照经济合理的原则加以分析研究，对其中合理的部分加以肯定，不合理的部分改进或者删除，制定出标准的操作方法，并规定每一个操作的标准时间，进而制定出时间定额。

②实行差别化的计件工资制。按照作业标准和时间定额，规定不同的工资率。

③对工人进行科学的培训。泰勒曾经对工人用上述的科学作业方法进行训练，使他们按照作业标准工作，以改变过去凭个人经验选择作业方法及靠师傅带徒弟的办法培养工人的落后做法，生产效率大为提高。

④制定科学的工艺规程。泰勒用了 10 年以上时间进行金属切削试验，制定出了切削用量规范，使工人选用机床转速、进给速度和走刀量都有了科学标准。

⑤管理工作和一线劳动分离，把管理工作称为计划职能，工人的劳动称为执行职能。泰勒指出，在旧的管理体制中，所有的计划都是由工人凭个人经验制定的，即使有的工人很熟悉生产情况，也能掌握科学的计划方法，但要他在同一时间既在现场做工、又在办公桌上工作是不可能的。实行新的管理制度后，就必须由管理部门按照科学规律来制定计划，把计划职能从工人的工作内容中分离出来，由专业的计划部门去做。计划部门的任务是，规定标准的操作方法和操作规程，制定定额，下达书面计划，监督控制计划的执行。从事计划职能的人员称为管理者，负责执行计划职能的人称为劳动者。管理者和劳动者在工作中必须互相

呼应、密切合作，以保证工作按照科学的设计程序进行。

以上这些改革，形成了科学管理理论的基本组成部分。实践证明，这种改革收到了很好的效果，生产效率得到普遍提高，制造行业迎来了一次变革性的发展，以低成本、高效率、高工资、高利润的新局面展示给世人。

（2）吉尔布雷斯夫妇和动作研究

弗兰克·吉尔布雷斯（Frank Gilbreth）是一位工程师和管理学家，科学管理运动的先驱之一，其突出成就主要表现在动作研究方面。莉莲·吉尔布雷斯（Lillian Gilbreth）是弗兰克的妻子，她是一位心理学家和管理学家，是美国第一位获得心理学博士学位的女子。吉尔布雷斯夫妇改进了泰勒的方法。泰勒方法我们称为"工作研究"，而吉尔布雷斯夫妇的方法，我们称之为"动作研究"。

①动作研究是把作业动作分解为17种基本动作，吉尔布雷斯把这些基本动作定义为动素，而动素是不可再分的。动作研究的流程就是将作业动作分解为动素，把无用的动素删除，留下有价值的动素，然后再将动素合并成动作，从而找出最合理的动作标准，以使作业达到高效、省力和标准化的方法。这是一个比较精确的分析动作的方法。

②动作经济原则。动作经济原则是用于分析和改进操作动作的原则，所涉及的内容包括关于人体的运用、关于操作场所的布置、关于工具设备3个方面。所有的作业动作符合双手对称、动作简化、距离缩短和动作舒适化4个要求。这就是所说的动作经济原理"3类原则4项要求"，应该说这是吉尔布雷斯夫妇作出的最大成绩的领域。

③注重工人、工作和工作环境之间的相互影响。这个影响在后来发展成工业工程的另一个学科，即工效学，莉莲·吉尔布雷斯也被称为工效学的先驱。

（3）甘特与甘特图

亨利·劳伦斯·甘特（Henry Laurence Gantt）是科学管理运动的先驱者之一，也是人际关系理论的先驱者之一，最大的贡献就是发明了甘特图，即生产计划进度图。甘特图上记载了工作的进展情况、工人每天生产量的对比、每台机器的工作量、每个工人实际完成的工作量，发展为一种实用价值较高的管理工具。后来所有控制生产的图表和表格几乎都从甘特最初的工作中得到了启发，现代网络技术中的关键线路法和计划评审技术，仍然以计划和控制时间与成本的原则为基础，其基本思想就是源于甘特图。甘特是一个特别善于动脑子的人，跟随泰勒多年，但提出了和泰勒截然不同的观点，和泰勒经常展开限于理论方面的争论，身为科学管理的流派人物，甘特非常重视工业中人的因素，最早研究人与人的关系，因此他也是人际关系理论的先驱者之一。

（4）法约尔的贡献

这一时期，另一个著名的管理大师是法国的亨利·法约尔（Henri Fayol），他对组织管理理论作出了重要贡献，他所研究的中心问题是组织结构和管理原则的合理化，管理人员职责分工的合理化。法约尔曾长时间担任一个公司的领导工作和总经理职务，积累了管理大企业的经验，对社会上各种行业的管理进行过广泛的调查。法约尔的经历决定了他的管理思想要比泰勒开阔，1925 年出版的《一般管理与工业管理》一书是他的代表作。法约尔认为，要经营好一个企业，不仅要改善生产现场的管理，而且应当注意改善有关企业经营的 6 个方面的职能，分别是技术职能、经营职能、财务职能、安全职能、会计职能、管理职能，而管理职能包括计划、组织、指挥、协调、控制 5 项，这正是生产管理所涵盖的主要内容。

（5）福特和流水线

福特（Henry Ford）是科学管理理论的实践者，把科学管理的各种理论完美地运用在自己的汽车工厂。在长期的试验和设计之后，世界上第一条流水装配线出现在 1913 年 4 月 1 日的福特汽车工厂。早期的流水线上装配的是底盘，很快，整车都在流水线上装配了。在分工理论的基础上，所有的操作都达到了高度专业化，工人减少了无谓的思考和停留，把动作的复杂性减少到最低程度，几乎只用一个动作就完成一件事情，福特公司后来汽车日产量达 4 000 辆，借助流水线，亨利·福特"单一品种、超大规模"的战略得以实施。T 型车在 20 年内生产了 1 500 万辆，1921 年福特 T 型车的产量已占世界汽车总产量的 56.6%，汽车从 6 000 美元的"富人专利"变成了 260 美元的大众消费品。

1.3.2.2　行为科学学派

在科学管理产生后的几十年中，社会生产取得了长足的发展，生产效率成倍增长，但过于追求效率的生产方式把人视作机器设备的附属品，即机器人，久之工人开始消极怠工甚至反抗，这种把效率作为唯一目标的生产方式不具备长久的生命力。一部分以人为本为理念的学者开始以研究人为手段的测试开始了，在梅奥（George Elton Mayo）的组织下，美国国家研究委员会在西方电气公司的霍桑工厂进行了有关工作条件、社会因素与生产效率之间关系的试验。由于该项研究是在西方电气公司的霍桑工厂进行的，后人称之为霍桑试验，实验总共进行了 4 个阶段。

（1）霍桑实验

①照明实验。当时关于生产效率的理论占统治地位的是劳动生理学的观点，认为影响工人生产效率的是疲劳和单调感等，实验的目的，是证明提高照明度有助于减少疲劳，使生产效率提高。可是经过 2 年多实验发现，照明度的改变对生产效率的影响并不像预想的那样。具体结果是，当实验组照明度增大时，实验组和对比组都增产；当实验组照明度减弱时，两组依然都增产，甚至实验组的照明度减至烛光时，其产量亦无明显下降。直至照明减至如月光一般、实在看不清时，产量才急剧降下来。研究人员面对此结果感到茫然，失去了信心。实际原因

是在感觉到条件发生变化的时候，工人的心理发生了变化。

②福利实验。实验目的总的来说是查明福利待遇的变换与生产效率的关系。但经过 2 年多的实验发现，不管福利待遇如何改变，都不影响产量的持续上升，甚至工人自己对生产效率提高的原因也说不清楚。后经进一步的分析发现，导致生产效率上升的主要原因是参加实验的光荣感。实验开始时，6 名参加实验的女工曾被召进部长办公室谈话，她们认为这是莫大的荣誉。这说明被重视的自豪感对人的积极性有明显的促进作用。

③访谈实验。在这一思想的指导下，开始第三阶段的霍桑试验，即工人访谈试验。梅奥等人从 1928 年 9 月开始，到 1930 年 5 月，先后共对 21 000 多名工人进行了访问和交谈。在交谈中，他们尽量为工人制造宽松气氛，让他们畅所欲言，甚至可以发泄心中的各种不满情绪。通过访谈，梅奥等人发现，工人们把心中的不满发泄出来了，心情舒畅了，因而虽然其他工作条件和工资报酬没有改变，但工人们却从心里感到这些条件大大改善了，因而劳动效率也有提高。同时，还发现，工人的各种不满情绪都不是孤立地仅仅因为某件具体事的不满，而是都有其深刻的心理原因和社会原因。

④群体实验。梅奥等人在这个试验中选择 14 名男工人在单独的房间里从事绕线、焊接和检验工作。对这个班组实行特殊的工人计件工资制度。试验者原来设想，实行这套奖励办法会使工人更加努力工作，以便得到更多的报酬。但观察的结果发现，产量只保持在中等水平上，每个工人的日产量平均都差不多，而且工人并不如实地报告产量。深入地调查发现，这个班组为了维护他们群体的利益，自发地形成了一些规范。他们约定，谁也不能干得太多，突出自己；谁也不能干得太少，影响全组的产量，并且约法三章，不准向管理当局告密，如有人违反这些规定，轻则挖苦谩骂，重则拳打脚踢。梅奥等人进一步调查发现，工人们之所以维持中等水平的产量，是担心产量提高，管理当局会改变现行奖励制度，或裁减人员，使部分工人失业，或者会使干得慢的伙伴受到惩罚。群体试验表明，为了维护班组内部的团结，工人们可以放弃物质利益的引诱。

霍桑试验给管理者的启示是深刻的。它告诉管理者，员工不是机器人，也不是仅靠金钱就能激励的经济人，而是复杂的社会人，社会心理因素及组织中的人际关系都会影响员工的工作状态，从而影响着员工的劳动生产率。作为管理者，应该营造一个尊重员工的环境，营造一种健康向上的人际关系，从而使员工以良好的心态从事工作。由霍桑试验带来的新理论，后人称之为"人际关系学说"。

（2）人际关系学说

在霍桑试验的基础上，梅奥创立了人际关系学说，提出了与科学管理理论不同的新观点、新思想，主要内容是：

①人是社会人；②企业中不但存在着正式组织，而且存在着非正式组织；③新领导的能力在于提高职工的满足度 在于通过提高职工的满足度来鼓舞职工的士气。这 3 条结论构成了早期人际关系学说的主要内容，也是后期行为科学的基本理论基础。

（3）行为科学理论

1953 年，在美国福特基金会召开的各大学科学家参加的会议上，行为科学理论正式得名。有关人的需要、动机和激励方面的理论均属于本学派理论，早期的理论主要包括需要层次论、双因素理论、激励理论等。

1.3.2.3　管理科学学派

这个阶段自 20 世纪 40 年代开始至今，特别是 20 世纪 50～70 年代，世界经济、政治都发生了巨大变化，科学技术迅猛发展，企业规模不断扩大，加速了企业经营国际化，竞争日趋激烈。由于科学技术的发展，生产过程机械化、自动化程度提高，管理工作细化，这些变化要求企业在生产管理领域运用更先进的管理手段与方法，这个阶段习惯上称"管理科学学派"。这一学派的成果非常多，只列举几件代表性的事件。

（1）生产过程的机械化发展异常迅速

在生产中引进数控技术，可以大量减少生产现场的操作工人，开创了机械化、自动化的新时代。

（2）运筹学数学模型的应用

线性规划、运输问题、多目标规划、网络计划技术等运筹学的方法广泛应用生产上，可以解决生产中规划、组织的定量问题，也解决了企业需求预测、库存控制、生产计划的编制、项目计划管理等难题。

（3）计算机的兴起及应用

计算能力超强的计算机的出现，促使从 MRP 到 MRPII 再到 ERP 的发展，同时催发了更多新的生产管理方式和方法的应用，使生产管理开始进入了一个崭新的阶段。

1.3.2.4　日本独特的生产理论

日本作为一个二战的战败国，制造业几十年默默无闻，但在 20 世纪 80 年代突然崛起，一举成为世界第二大经济强国、最大的债权国，引得全球生产管理专家刮目相看，纷纷赶赴日本考察。考察后发现，日本几十年来始终遵循自己的国情，按照自己的轨迹发展，与世界并列发展着自己独特的生产管理理论。其主要成果就是后人经常提到的精益生产和质量管理。

（1）全面质量管理

美国管理专家戴明（Edwards Deming）和朱兰（Joseph M Juran）把统计质

量控制技术和工人参与质量管理改进的思想传播到日本。日本企业经过 20 世纪 60—70 年代的实践，丰富和发展了这一思想，并与日本文化结合，创造出全面质量管理体系。

（2）精益生产方式

日本丰田汽车公司从 20 世纪 50 年代起，花了 30 年时间创造出来的独具一格的生产方式，精益生产方式，其核心即准时化生产方式（JIT），被认为是继美国 20 世纪初创造的"大量生产方式"之后的又一场管理上的革命。

生产管理理论经过近一个世纪的发展和完善，它兼收了各个时期生产领域的实践创新，作为生产管理的学习者，应该牢记这些名字和宝贵遗产，并发扬光大之。表 1-3 列举了其中最重要的一些关键事件及成就。

表 1-3 19 世纪以来运作管理发展演进的重大事件

年代	概念	创始人
20 世纪初	科学管理原理 动作研究 流水装配线 作业计划图（甘特图）	泰勒（美） 吉尔布雷斯夫妇（美） 亨利·福特 亨利·甘特（美）
20 世纪 30 年代	质量管理 霍桑试验、人际关系学说	休哈特和罗米格（美） 梅奥（美）和提普特（英）
20 世纪 40—70 年代	经济批量模型 运筹学解决复杂问题 线性规划的单纯形法 仿真、排队理论、决策理论、数学规划、PERT（计划评审技术）和 CPM（关键路径法）项目	F.W·哈里斯 C 美） 运筹学研究小组
20 世纪 70 年代	车间计划、库存控制、预测、项目管理、MRP（物料需求计划） 服务部门的大量生产	IBM 为首的计算机团队 麦当劳餐厅
20 世纪 80 年代	JIT（零库存管理） TQC（全面质量管理） CIMS（计算机集成制造系统）	丰田的大野耐一 戴明和朱兰 美国工程师组织
20 世纪 90 年代	全面质量管理 企业过程再造 ERP（企业资源计划） 大规模定制	国际标准化组织 哈默和咨询公司 Gartner 公司 B·约瑟夫·派恩二世
21 世纪	供应链管理及绿色供应链	SAP（德）和 ORACLE（美）

1.3.3 现代生产管理的特征及发展趋势

1.3.3.1 传统生产管理模式及其弊端

传统生产管理模式开始于 20 世纪 20 年代，实现了大批量单一品种或少品种生产方式替代手工制造的生产方式，是基于生产效率提高的目的建立起来的，在近一百年时间里，虽然历经发展，终究没有彻底改变它的基本设计原理。我国传统的生产管理模式，是在 20 世纪 50 年代学习苏联的基础上创立发展起来的，该生产管理模式以产品为中心组织生产，以生产调度为中心控制生产，从根本上说是一种计划经济体制的生产管理，是与单一品种大批量生产方式相适应的生产管理模式。这种模式在新环境下出现了很多不协调的因素，主要体现在以下几个方面。

（1）企业生产缺乏柔性，市场反应能力低下

柔性就是生产制造过程的适应性、灵活性、可变性。20 世纪 90 年代中后期，我国由卖方市场过渡为买方市场，消费者多样化的需求被激发出来，现代企业的生产组织必须适应市场需求的多变性，这就要求在短时期内，以最少的资源消耗，快捷地完成从一种产品的生产向另一种产品的生产转换。但传统生产管理模式以产品为单位，生产设施也是以产品要求组织的，想要改变产品是有一定难度的，新产品的投入速度慢和产品品种转换速度慢成为制约企业的最大瓶颈。

（2）企业的库存大量增加

由于牛鞭效应的存在，需求多样化和波动性，使得企业各个环节都无限放大了这种变化，因为企业生产是分段的，各生产阶段都以自己的生产能力、生产速度生产，而后推到下一个阶段，直到最后的总装配，构成了多级驱动的推进方式，再加上信息不畅通，造成各个环节库存大量增加。库存的积压变成了负担，不但不能起到协调生产、保证生产连续性的作用，反而适得其反，造成在制品积压，流动资金周转慢，生产周期长，给产品的质量管理、成本管理、劳动生产率，以及对市场的反应能力等方面带来极其不利的影响。

（3）单一产品的"大而全""小而全"生产结构

现代化大生产是充分利用发达的社会分工和协作，专业化的整机厂和多样化的零部件厂相结合，形成短平快、专业化的生产模式。长期以来，我国"大而全""小而全"生产结构方式中的每个环节，每个企业都兼而有之，不仅是一种排斥了规模经济效益的、效率低下的生产方式，而且也排斥多样化经营，靠增大批量来降低生产成本，这样非常不利于企业分散风险、提高效益、促进企业顺利成长。

1.3.3.2 现代生产管理的新特征

目前生产计划与控制的理论和内容与传统的生产管理已有很大不同。随着现

代企业经营规模的不断扩大，产品的生产过程和各种服务的提供过程日趋复杂。随着市场环境的不断变化，生产计划与控制本身也在不断地发生变化，特别是信息技术突飞猛进的发展和普及，更为生产计划与控制增添了新的有力手段，也使生产管理的研究进入了一个新的阶段，使其内容更加丰富、体系更加完整。企业环境的变化促进了生产管理理论的发展，为其注入了新的内容，从而形成现代生产管理的一些新的特征。

（1）生产计划与控制更专业，涉及领域更广

泰勒时代的生产管理只针对制造业，因此也称之为制造管理；后来的生产管理面向所有有形产品的生产企业；运作管理则是面向所有的产业，只要这一产业有产品或者服务，就有运作管理，运作管理适用范围更加宽广。生产计划与控制继承了以往所有管理理论的发展，也是面向各个行业的生产管理理论，并且随着学科发展和分化更加专业化。生产计划与控制着眼于生产服务系统的内部，主要关注生产过程的计划、组织和控制等，更加专注于企业生产过程或运作过程的设计、运行和优化。所以说生产计划与控制在技术上更专业，涉及的行业领域更宽广。

（2）多品种、小批量生产以及个性化服务将成为生产方式的主流

产品寿命周期缩短，市场需求的多样化，大批量生产方式正逐渐丧失其优势，而多品种、小批量生产方式将越来越成为生产方式的主流。生产方式的这种转变，在提升生产系统柔性的同时，又使生产管理面临着多品种、小批量生产提高效率和降低成本的新挑战，从而给生产计划与控制带来了从管理组织结构到管理方法上的一系列变化。

（3）技术的现代化给生产管理带来变革，各种新型生产管理模式层出不穷

生产管理理论对人类发展历史上的各种技术是开放与包容的。运筹学的兴起对定量管理带来了可能，计算机技术已经给企业的生产经营活动，以及包括生产计划与控制在内的企业管理带来了惊人的变化，给企业带来了巨大的效益，这是传统的生产管理无法比拟的。只要出现了新技术、新思路、新方法，均可以为生产系统所应用，发挥其作用，甚至形成一种全新的管理模式。

（4）生产全球化的趋势

各国的国情不同，发展阶段不同，自然资源和人力资源状况不同，因此在国家层面的发展过程中形成了不同的自然分工。譬如我国的生产体量世界第一，而美国几乎放弃了生产制造环节着重发展设计和营销环节。在这种不均衡的条件下，各国的企业也就只需要做自己擅长的产品或擅长的环节，必然造成生产的全球化，互通有无，"地球村"是世界发展的趋势。

（5）跨企业集成管理——供应链管理

社会生产发展到现在的阶段，没有任何一家企业能涵盖产品形成过程的所有

环节，任何企业只能选择产品增值链条中的一环或者几环，做自己最擅长的业务，这逐渐使得各个企业选择更加专业化，而不是"大而全、小而全"的模式。但专业化的同时必须加强企业间的合作，过去一个企业只需要关心自身的利益，达到企业利益最优化即可，在现阶段如果想让最终产品有更大的竞争优势，就必须做到整个增值链条的最优——供应链管理应运而生。

（6）智能制造

工业 4.0 时代即将到来，以智能制造为主导的第四次工业革命旨在提升制造业的智能化水平和竞争力，这一生产模式是基于人工智能的生产模式，在智能工厂、智能生产、智能物流各方面得到推广。智能制造虽是德国最先提出的，其他经济强国也都跃跃欲试。美国的"先进制造业国家战略计划"、日本的"科技工业联盟"、英国的"工业 2050 战略"无一不是推进智能制造的国家战略计划。

我国提出的"中国制造 2025"也是一个智能制造的远景规划，分三步走的方式，在 2049 年进入世界制造强国行列。中国不是德国，德国处于世界制造的领先地位，三步走的方式正是基于中国国情的选择，既要有长远规划，又要脚踏实地，一步一个脚印地实现世界制造强国梦。著名民族企业家任正非曾经说过，不要妄谈工业 4.0，首先强调工业自动化，工业自动化后才能工业信息化，只有信息化后才能谈智能制造。所以中国智能制造的道路还很艰难，需要我们生产管理人员几十年甚至更长时间的努力。

此外我们还要关注绿色制造的内涵，全球"低碳革命"正在兴起，我们应该为我们的子孙后代留下一片赖以生存的净土。总而言之，在技术进步日新月异、市场需求日趋多变的今天，企业的生产经营环境发生了很大的变化，相应地给企业生产计划与控制也带来了许多新挑战、新课题。生产管理从业人员必须迎难而上，找出对策。

思考与练习

判断题：

1. 社会组织的生产可以归纳为制造性生产和服务性运作，两者之间泾渭分明。（　　）

2. 所有组织都需具备的三种基本职能是设计、生产和销售。（　　）

3. 服务业的兴起使得传统生产的概念得以扩展。（　　）

4. 科学管理与管理科学是一回事。（　　）

5. 顾客接触度高是服务业的一项特征。（　　）

多项选择题：

1. 广义的生产计划与控制的内容可分为（　　）。
   A. 生产组织　　　　　　　B. 人事管理　　　　　　　C. 生产计划
   D. 产品设计　　　　　　　E. 产品开发

2. 大部分企业都存在以下哪几个职能（　　）。
   A. 生产　　　　　　　　　B. 营销　　　　　　　　　C. 设计
   D. 财务　　　　　　　　　E. 研发

3. 下列哪些不是服务业的特点（　　）。
   A. 质量标准难以确认　　　B. 产品有形可储存
   C. 顾客接触密切　　　　　D. 服务过程与消费过程分离

问答题：

1. 制造性生产和服务性运作有哪些基本区别？
2. 生产系统有哪些要素构成，它们之间有何内在联系？
3. 制造业与服务业的关系是怎么样的？
4. 列举5种组织"投入—转换—产出"的要素。
5. 生产计划与控制在企业管理中的作用是什么？
6. 论述生产管理理论的发展历程。

生产战略

CHAPTER 2

学习目标

➢ 了解战略与生产战略的概念和关系

➢ 理解生产战略环境因素分析

➢ 掌握竞争力的要素

➢ 了解生产战略选择

战略在企业生产经营中至关重要，代表着企业在较长时间中的定位和发展方向，企业要在复杂多变的竞争环境中求得生存与发展，就必须制定科学合理的企业经营战略。生产战略则是在企业总体战略的指导和约束下的一种职能战略，它是企业经营战略成功的基础和保障。以下介绍生产战略的含义、内容及竞争重点，在对企业外部环境和内部条件分析的基础上，阐述生产战略的制定。

2.1 生产战略概述

2.1.1 生产战略的概念

2.1.1.1 战略与企业战略

战略是一个组织对其发展目标，达成目标的途径、手段等关乎全局的重大问题的筹划和谋略。战略（Strategy）一词最早是西方的军事术语，源于希腊语"Strategos"，意为军事将领、地方行政长官，后来演变成军事术语，指军事将领指挥军队作战的谋略。在中国，"战略"一词历史久远，"战"指战争，"略"指谋略，早在《左传》和《史记》中已使用"战略"一词。

把战略的含义与不同领域相结合，就形成了不同领域的战略，运用于企业就形成企业战略，"战略"一词引入企业管理中来只有几十年时间，当今商场如战场，同样需要战略思想，西方企业家将《孙子兵法》用于企业管理，足以证明二者的相通。对企业来说，战略是企业为求得生存和发展，对较长时期内生产经营活动的发展方向和关系全局问题的重大谋划。企业经营战略指企业根据经营环境的变化、发展趋势，为求得生存、发展，实现企业的经营发展目标，对企业经营作出的全局性、方向性、长远性的决策。

2.1.1.2 企业战略的层次划分

对于现代企业来说，组织架构是分层的，每一层都有自己的功能，一个企业的战略必须划分为不同的层次以适应组织层次的需要。一般而言，企业战略可以划分成 3 个层次，即公司战略、业务战略和职能战略，如图 2-1 所示。

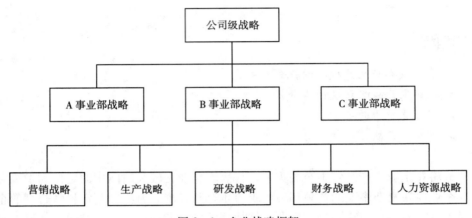

图 2-1　企业战略框架

（1）公司战略（Corporate Strategy）

公司战略是企业最高管理层指导企业的最高行动纲领，主要内容涉及企业的经营与发展，包括企业投资、决策等一系列最关键的核心难题，是一个企业未来发展方向的主要决策，关系到企业存在的基本逻辑和发展的思路。公司战略的任务是决定企业组织的使命，关注动态变化的外部环境，调整自己的长期规划目标。公司战略从总体上设定了企业的发展目标，并决策实现目标的基本途径，侧重于两个方面的问题：一是选择企业所从事的经营范围和领域；二是在各事业部之间进行资源配置。

（2）业务战略（Business Strategy）

业务战略涉及的主体是各事业部，各事业部在公司战略的指导下展开自身的业务，所要做的是自主选择自身的业务范围，自主经营自负盈亏。各个业务单位如何在公司战略的指导下，通过自身所制定的业务战略，取得超过竞争对手的竞争优势，是各事业部考虑的主要课题。在这一层次中，竞争优势构成要素显得尤为重要，因此也把事业部战略称为企业的竞争战略。竞争战略定义了特定的战略经营单位、部门怎么样竞争，以及每个战略经营单位根据需要制定怎样的细分市场竞争方式。

（3）职能战略（Functional Strategy）

职能战略属于企业战略的第三个层次，是主要职能部门以业务战略为指导，在贯彻公司战略和业务战略的基本规划基础上，分别制定的本部门的发展目标和总体规划，其目的是实现公司战略和业务战略。职能战略的重点是提高企业现有资源的利用效率，使企业资源效率最大化和成本最小化。与公司战略和业务战略相比，职能战略更具体详细，可操作性强。根据企业职能部门划分，相应地职能战略主要包括生产战略、营销战略、财务战略、研发战略和人力资源战略等。

公司战略、业务战略和职能战略之间是相互作用、相互影响的，企业要获得长期发展，必须实现3个层次战略的有机结合。上一层次战略构成下一层次战略的实施环境，下一层次战略为上一层次战略目标的实现提供支撑。

2.1.1.3 生产战略的地位

生产战略是企业战略的重要组成部分。在企业总体战略的总体框架下，根据对企业各种资源要素和环境因素的分析，对生产活动的指导思想和指导原则所进行的决策。它在企业总体发展目标的指导下，具体规定企业在生产领域中如何操作的问题，凭借产品组合和产品定位来发掘自身的竞争力要素，保证生产系统的有效性，顺利地进行生产活动。生产战略处于企业战略的第三层次，属于职能战略。

2.1.2 生产战略的框架

生产战略在企业战略框架中处于职能战略层，对企业的经营活动发挥承上启下的作用，承上是指生产战略是对企业总体战略、业务战略的具体化，启下是指生产战略是推动生产系统贯彻执行具体实施计划的推手。因此，生产战略不是一个孤立的单元，而是整个企业系统的有机组成部分。在横向上，生产战略与企业其他部门紧密联系，数据共享，形成密切合作；在纵向上，生产战略向上落实公司战略的目标和意图，向下延伸至顾客需求，从市场预测、产品设计、物料采购、加工制造，直到市场销售。在生产战略的框架体系中，包括以下几方面：

（1）顾客对新产品和现有产品的需求状况，包括产品的质量、服务、价格和交货期等，并确定它们的优先级别，形成产品竞争力。

（2）把握企业生产的重点，并与顾客需求的优先级别相一致。

（3）满足需求。生产部门动用所有的能力，努力实现生产目标以满足顾客需求，赢得订单。

2.1.3 生产战略的特点

生产战略由于在企业战略体系中所处的地位，决定了它在企业经营中的特殊位置，形成了自身的一些基本特征，既具备战略的某些指导性共性，又包含执行战略的特殊性。

（1）方向性

任何层次的战略均有方向性这个属性，生产战略决定着生产部门在未来一个时间段中生产什么、怎么生产，必然有个产品方向选择的功能。

（2）从属性

生产战略具备执行战略的特殊性。生产战略虽然属于战略范畴，但它是从属于企业高层战略的，是企业战略的一个重要组成部分，必须服从公司战略的总体要求，更多从生产角度来保证公司总体战略目标的实现。

（3）协调性

生产战略要和公司战略、业务战略保持高度协调，同时，生产战略还要与其他职能部门的战略相协调。一方面生产战略不能脱离其他职能战略而自我实现，另一方面它又是其他职能战略实现的必要保证。生产系统内部的各要素之间也要协调一致，使生产系统的实体结构和运行机制相匹配。

（4）竞争性

生产战略制定的目的就是通过组建优质的生产系统，生产具有竞争力的产品，获得竞争优势，在与竞争对手市场和资源的竞争过程中占有优势，从而使企业能在激烈的市场竞争中发展壮大自己。

（5）风险性

风险性是一切战略的共性，生产战略的制定是面向未来的，要对未来几年的企业外部环境及企业内部条件变化作出预测。由于未来环境及企业条件变化的不确定性，战略的制定及实施必然具有一定的风险性。

2.2 生产战略要素分析

2.2.1 生产战略的环境分析

企业和所有社会组织一样，是一个开放的系统，企业要存在于一个更大的体系中，这就是外部环境。企业需要与外界系统进行物质和信息交换，因此必须适应外部环境及其变化，这是企业生存的先决条件。生产战略是在详细分析外部环境和内部实力的基础上，量身打造的一种具体可执行的职能战略，要想生产战略有生命力，必须适应一定的外部环境。在组成生产战略要素分析的过程中首先要考虑的就是外部环境，战略制定要考虑的环境要素主要包括宏观环境和微观环境。

2.2.1.1 宏观环境分析

宏观外部环境又称一般环境，是指全球、国家或地区内，对企业的经营活动产生影响的要素，这种宏观环境是企业无力控制、只能去适应的，对每个企业都是公平的，主要包括政治法律环境、经济环境、社会文化环境、科学技术环境和自然环境，如图 2-2 所示。

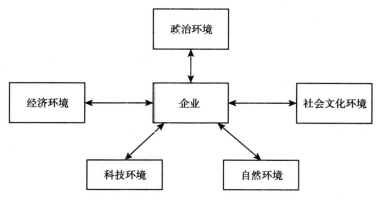

图 2-2 宏观环境分析

（1）政治法律环境

企业是组成国民经济的基本单位。不管是计划经济还是市场经济的国家，都会借助政治法律手段对经济实体进行宏观调控。国家的调控主要包括 3 个层次，一是为规范企业的经营行为和维护市场经营秩序出台的法律法规；二是通过制定国家或者地区的产业政策引导企业经营方向；三是保证政局和经济环境的稳定。这些要素对企业经营起着引导、鼓励、支持作用，当然对某些方面也有约束和限制的作用，是企业实现生产战略的前提。

（2）经济环境

经济要素包括经济发展水平、国民经济增长的速度、社会总需求和总供给水平，还包括国民收入水平、消费结构、物资供应、产业政策、就业状况、财政及货币政策和通货膨胀率等要素。在今天世界经济全球化的趋势下，经济宏观环境的变化已经不仅限于一个地区或一国，某一个经济大国的经济要素变化可能波及全球，不仅影响自己的国家和地区，还会对其他国家和地区产生直接影响。例如2008 年美国的次贷危机造成本国许多大型企业集团的破产，并迅速波及欧洲，一直蔓延至全球。

（3）社会文化环境

社会文化环境指一个国家或地区的宗教信仰、文化传统、价值观念、民族状况、审美观点和教育水平等。这些要素直接影响目标市场的产品选择取向和消费习惯等，会直接影响企业的产品选择。

（4）科技环境

任何企业的生产活动都是在一定的物质条件下进行的，这些物质条件反映了对应的技术水平。企业所处的社会环境中的科技要素，主要包括全球范围内同类产业和企业的技术水平、技术手段、技术装备以及技术获取与创新的能力等。企业技术能力是构成企业竞争力的重要组成部分，企业竞争很大程度上取决于技术的领先。科技要素的研究，除了及时考察和把握相关技术水平及其发展变化趋势以外，还应关注国家鼓励政策等。

（5）自然环境

自然环境是企业宏观环境中最稳定的要素，主要包括目标市场的区域位置、地形地貌、气候条件、资源配置、能源条件、交通运输条件等。这些自然条件是一个企业存在的基础，对企业经营活动及员工生活都有很大影响。

2.2.1.2 微观环境分析

生产战略的微观环境是指同企业有密切关系、直接影响企业经营活动的各种要素，它们大多跟企业形成某种类型的竞争关系，因此也叫竞争环境。研究企业竞争环境的目的在于从竞争角度，看这些要素带来的是合作机会还是竞争威胁；从竞争态势上看，企业跟相关要素的对比是占有优势还是劣势，企业应该采取怎样的应对之策。同类企业的竞争能力和生产能力将直接影响到本企业生产战略的制定，特别是在开发新产品时，更应仔细分析行业环境。关于竞争要素的结构分析，可以借鉴哈佛商学院教授迈克尔·波特（Michael Porter）的五力竞争要素模型，如图 2-3 所示。

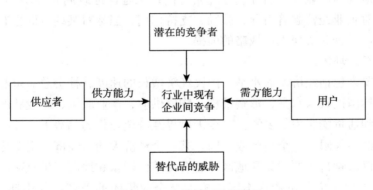

图 2-3　五力竞争要素模型

按照波特的观点，一个行业的激烈竞争，其根源在于多样化的竞争结构。对一个企业来说，有可能存在五种竞争力量，即一个企业除了面对现有同行业竞争者之外，还有可能有潜在的竞争者、替代品、上游企业和下游企业等要素的竞争。

（1）同业竞争者

企业要直接面对的就是行业中现有企业的竞争对手，这是"真刀真枪"地直接竞争，电视厂家与电视厂家竞争，蛋糕店与蛋糕店竞争，苹果与华为竞争。我销售得多就意味着你销售得少。同业竞争是看得见的竞争关系，相互间没有什么秘密，要想确立相对于对手的竞争优势，靠的就是自己在某个方面超过对手的竞争力。

（2）潜在的竞争者

在竞争中，一定不能只盯着同业竞争者，而忽略了这种潜在的威胁。在同行企业打得不可开交的时候，新进的侵入者取得渔翁之利是很常见的。这种藏在暗处的竞争者之所以难防，就因为不知道它会进入，或者不知道它什么时候进入。

（3）替代品的威胁

替代品往往是产品更新换代时的产物。随着技术更新，新的产品出现，直接促使原有产品走向消亡，这种例子比比皆是，如数码时代到来，胶卷相机、录音机、录像机应声消失，强大如柯达也是应声倒地，顺之者昌逆之者亡，不可逆转。替代品往往拥有比原产品功能更全、质量更好、价格更低等一些可以取代原有产品的潜质。如果替代品产生，企业所能做的只有迎头赶上，或者提前预判，引领变革。

（4）供方讨价还价的能力

供应商是企业经营中所需各种物质资源的提供者，它们所提供的物质资源在质量、数量、及时性、稳定性等方面直接影响企业经营。企业和供方之间，在供应链角度而言是合作者，也应该是共赢的两面，但现代的竞争已经是一种广义的竞争，企业与供应商之间形成供应链之间的竞争，供方提供的产品价格高就压缩了本企业的利润空间，反之对企业有利。双方之间的利益分成取决于相对实力的对比，谁的实力强就拥有更强的定价能力。

（5）用户讨价还价的能力

用户跟企业的关系与供方类似，但顺序相反。用户是本体企业的下游企业，如果它的能力强，就可能拥有更强的定价能力，将价格定的较低，压缩本企业的利润空间。

在竞争激烈的行业中，一般不会出现某个企业获得非常高收益的状况；在竞争相对缓和的行业中，会出现相当多的企业都可获得较高的收益。五种基本竞争力量的作用是不同的，问题的关键是在该行业中的企业应当找到能较好地防御这五种竞争力量的位置，甚至对这五种基本竞争力量施加影响，使它们朝着有利于本企业的方向发展。

任何企业都处在复杂的外部环境中，同时面对宏观环境和微观环境的挤压，图2-4揭示了企业的外部环境。环境相同的情况下，企业都要做出什么样的生产战略选择，需要分析自身实力。

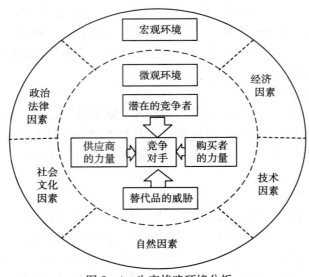

图 2-4　生产战略环境分析

2.2.2　生产战略内部条件分析

所有企业面临的宏观环境是相同的，同行业的企业面对的行业环境也是一样的，但各企业却拥有完全不同的现状和前景，战略制定得合不合适直接决定企业的走向，相对于外部环境，企业内部实力才是起决定意义的要素。对企业生产战略产生影响的内部条件要素很多，在此选择最重要的几个方面简单介绍。

（1）人力资源

人是各项要素中唯一活的资源，只有人有创造性。现阶段的竞争是人才的竞争，哪个企业掌握了足够多卓越的人才，迟早处于领先地位。

（2）产品和劳务

现有的产品和劳务有没有竞争力，以及新产品和新劳务的投放速度，决定着企业的市场份额。

（3）工具设备

企业机器设备能不能适应多样化高要求的产品要求，其能力、布局、保养及运行成本都会影响企业的产出。

（4）技术力量

现代的生产是由技术驾驭的，没有技术，企业固定资产就是一堆废物，企业的技术能力包括现有技术和创新技术。

（5）资金来源

企业的资金来源在另外一个层面代表着企业的实力，现金流量、资金的筹措、债务负担以及资金成本都是值得重视的。

（6）无形资产

超高的市场美誉度是企业无形资产之一，可以让企业的经营得心应手。

（7）供应商

与供应商的关系、对其依赖程度、供货的质量和柔性以及服务都是尤其应当考虑的。

（8）忠实于顾客

忠诚于顾客、与之建立的客户关系管理以及正确把握其需求，对一个企业是至关重要的。

企业实力对制定生产战略的影响是指企业在生产能力、技术条件以及人力资源等方面与竞争对手相比所体现的优势和劣势。对企业实力的评价比较复杂，它需要在全面评估企业内部条件的基础上对企业能力作出判断。

2.2.3 生产战略的 SWOT 分析

以上内容分析了企业外部环境和企业内部实力，这就诠释了一个重要战略分析工具——SWOT 分析的基本要素。SWOT 分析是对企业内外部条件各方面内容进行综合和概括，分析企业的优势和劣势、面临的机会和威胁，进而帮助企业进行战略选择的一种方法。"S"是指企业内部的优势（Strengths），是组织机构的内部因素，具体包括有利的竞争态势、充足的财政来源、良好的企业形象、技术力量、企业规模、产品质量、市场份额、成本优势等；"W"是指企业内部的劣势（Weakness），也是组织机构的内部因素，具体包括设备老化、管理混乱、缺少关键技术、研究开发落后、资金短缺、经营不善、产品积压、竞争力差等；"O"是指企业外部环境中的机会（Opportunities），是组织机构的外部因素，具体包括新产品、新市场、新需求、竞争对手失误等；"T"是指企业外部环境中的威胁（Threats），也是组织机构的外部因素，具体包括新的竞争对手、替代产品增多、市场紧缩、行业政策变化、经济衰退、客户偏好改变、突发事件等。模型如图 2-5 所示。

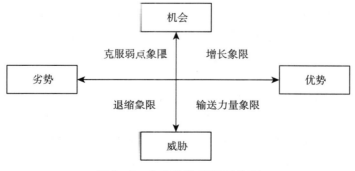

图 2-5 企业战略 SWOT 分析

两个垂直的轴就构成了 SWOT 分析的 4 个象限，分别为增长象限、克服弱点象限、退缩象限和输送力量象限。根据企业所处的不同位置，应采取不同的战略。处在增长象限的企业拥有强大的内部优势和众多的机会，企业应采取增加投资、扩大生产、提高市场占有率的增长性战略，企业能够很快做强做大；输送力量象限的企业尽管须面临严峻的外部挑战，但企业自身具有较大的内部优势，可利用自身实力击败对手，保持强大的竞争力，更容易形成寡头竞争的局面，或者利用自身的优势开展多元化经营，避免或降低外部威胁的打击，分散风险，寻找新的发展机会；处于克服弱点象限的企业，面临大量的外部机会，但自身内部缺乏条件，应采取扭转性战略，尽快克服企业内部弱点，改变企业内部的不利条件，一旦成功就变成增长象限；最糟糕的是处于退缩象限的企业，既面临外部威胁，自身条件也存在问题，采取防御性战略，避开威胁是明智的选择，否则企业损失严重。

2.2.4 生产战略的竞争力要素

生产战略强调生产系统是企业的竞争之本，只有具备了生产系统的竞争优势才能赢得产品的优势，才会有企业的优势，因此生产战略是以竞争优势的获取为基础的。企业在经营活动中超过其竞争对手的能力，是一企业能够长期以比其他企业（或竞争对手）更有效的方式提供市场所需要的产品和服务的能力，这就是竞争力。竞争力是获取竞争优势的关键，主要表现在成本、质量、服务和柔性 4 个方面，随着市场经济的确立，营销在竞争中的地位越来越重要，有人把交货速度和市场响应速度从服务中独立出来单独介绍，从交货期的管理角度来说也是可以的，它依然属于服务的一个侧面。

（1）成本

价格是顾客必须为产品或服务支付的金额。在相同的条件下，顾客将选择价格较低的产品或服务。价格竞争的实质是成本竞争，成本越低，企业在价格上就有竞争优势。成本，包括生产成本、流通成本、使用成本和管理成本等。企业降低成本、提高效益的措施很多，诸如优化产品设计与流程设计、降低单位产品的材料及能源消耗、降低设备故障率、缩短生产周期、提高产能利用率和减少库存等。

（2）质量

质量指产品的质量或可靠性，包括产品的功能、耐用性、可靠性、外观造型、产品的合格率等，质量的好坏反映产品满足顾客需要的程度。现阶段的质量是指全面的质量，既包括产品本身的质量，也包括生产过程的质量。质量优势来源于生产系统的保证能力，即生产系统从工艺、技术、作业过程等方面来控制产品质量达到规定的标准并保证质量的稳定性。对服务业来说，消费者对服务的评价是衡量服务质量的重要标志。

（3）服务

包括有效的售前售中售后服务、产品的服务保障、方便的服务网点，以及快速响应并满足市场需求的能力等。对制造业来说，要强调产品服务的重要性；对服务业来说，服务本身就是它的主体内涵。为了突出市场管理，需要把服务中快速响应市场的交货期管理单独阐述。

（4）响应速度

新时期的竞争在某种意义上是一种速度竞争，尤其以交货速度和市场响应速度为主。顾客对交货期的要求具体可表现在快速交货或按合同交货两个方面。交货期的管理是一种基于时间的竞争，是企业参与市场竞争的一个重要要素，体现在对交货期的保证上，就是满足顾客对产品快速交货或按时交货的要求。市场响应速度指比竞争对手更快捷地响应市场需求，尤其是新产品的推出等方面，谁能率先推出新产品，比竞争者抢先一步迅速地占领市场，谁就能赢得顾客，赢得先机。

（5）柔性

也叫作适应性。随着市场需求的个性化、多元化、波动性变化，企业应迅速改变产品设计、产品组合以及产品批量生产的能力，这就要求生产系统具有柔性。柔性是企业面临市场变化时在组织和生产方面体现出来的快速而又低成本地适应市场需求的能力，反映了企业生产系统对外部环境做出反应的能力，涉及生产系统的设备柔性、人员柔性和能力柔性等，甚至对供应商也会提出这方面相应的要求。

要想在以上五个方面同时具有优于竞争对手的竞争力一般是不现实的，企业必须从具体情况出发，选取一个要素或多个要素的组合，集中企业的主要资源形成自己的竞争优势。

2.3 生产战略的制定与实施

2.3.1 生产战略的制定程序

生产战略是职能战略之一，必须在企业总体战略的框架下制定，既要保证与各层次战略的协调性，又要体现生产战略具体化的特点。一般而言，生产战略的制定程序有以下几步（图2-6）。

（1）制定战略目标

根据企业的战略使命、企业的总体战略（公司战略）目标和业务战略目标，进一步确定企业生产战略的战略目标。具体可包括产能利用目标、质量目标、产量目标和物资消耗目标等。

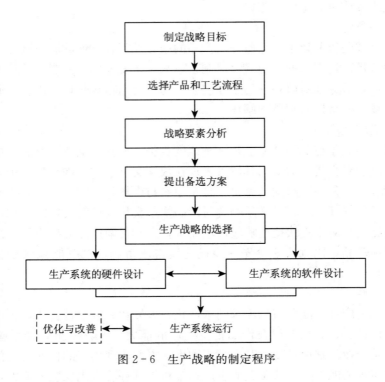

图 2-6　生产战略的制定程序

（2）制定产品选择方案和工艺流程

生产战略是具体到产品的，产品选择是生产战略的重要组成部分，也是战略制定的基础。

（3）战略要素分析

这是企业在制定生产战略时必须要做的工作，包括外部环境分析和企业内部条件分析。通过外部环境的分析发现企业面临的机会与威胁，通过内部条件的分析总结出企业的优势和劣势。此外，还要对企业制定的总体战略（公司战略）、业务战略进行系统分析，更好贯彻层级战略的指导思想。

（4）提出备选方案

根据企业生产战略目标，结合战略要素，拟定出备选的生产战略方案。备选方案的不少于3个，备选方案的制定要考虑企业规模、实力及企业的性质，并针对不同的条件，体现方案的差异性。

（5）制定备选方案并选择战略方案

对企业拟定的备选方案从成本、收益、风险及它们对企业长期竞争优势的影响等方面进行全面评估，综合运用定性、定量分析的方法，以形成对备选方案的综合评价，作为企业选择生产战略的依据。

（6）组织实施

为了更好地实施生产战略，应根据选定的战略方案制定具体的方案实施计划，建立协调和控制机制，具体到企业行为，主要体现在生产系统的设计和运行。另外，还需对企业员工进行深入发动，调动员工参与战略实施的积极性，确保战略目标实现。

2.3.2　生产战略的选择

生产战略属于职能战略，存在形式比较具体，就是决定生产什么或提供什么服务，用什么样的生产系统保证，选择什么样的流程满足生产，这些决策都指向一个目的，即提高产品的竞争力。竞争力是企业在经营活动中超过其他对手的能力，是决定一个企业生存、发展、壮大的重要要素，有了竞争力，企业就取得了竞争优势。生产战略的选择主要考虑的就是竞争力问题，围绕竞争力策略，并选择相应的战略模式。

（1）基于成本的生产战略

降低成本是很多企业不懈的追求。成本降低可以使生产企业获得更高的利润，在合适的时候降低产品价格，赢得更强的竞争力，在任何时候，价格竞争都是一个不变的主题。基于成本的战略就是在降低管理成本和减少浪费的基础上，通过发挥生产系统的规模优势，使得产品成本低于竞争对手，进而获取价格优势的一种战略，典型模式就是采用大批量流水线生产方式，20世纪初的福特公司把这一优势发挥到极致，造就了一代制造业的神话。但这种战略在越来越个性化的市场需求环境下竞争力在减弱。

（2）基于质量的生产战略

质量意味着产品优质，在经济社会发展到一定阶段后，顾客愿意为高质量的产品付出更高的价格。基于质量的战略指企业把提供高质量的产品或服务作为竞争优势的来源，依靠自身质量管理的保障能力提供明显优于竞争对手的产品，从而赢得更高的市场占有率和稳定的利润。运用此战略最为成功的中国企业当属早期的海尔集团，亲手砸碎76台不合格冰箱，宣示了海尔集团质量时代的到来，也让员工意识到质量是企业的生命线，使海尔迅速强大并打入全球市场。海尔并不是个例，在国际市场上，日本加工企业的成功大多由于其过硬的质量吸引了全球消费者的眼球，从统计质量管理，到零缺陷的理论，再到后来的全面质量管理，是日本质量战略的理论和技术保证，慢慢地，日本产品成为高质量的代名词。

（3）基于服务的生产战略

服务对于服务企业来说，就是其产品，而对于非服务企业来说，服务是一种增值要素，也就是说，无论什么类型的企业，服务都是必要的。对于企业来说，服务可以是伴随销售过程的增值服务，可以是产品使用过程中的辅助，可以是给顾客提供购买和使用中的便利，也可以是快速响应消费者的需求，并以此获得消费者的信赖和忠诚。基于服务的战略是指企业以提高企业信誉、培养消费者满意度为目标，针对不同顾客需求，快速响应并提供合适的质量、价格的产品和服务，以提高企业竞争优势的一系列举措。基于服务的战略，催生了客户关系管理，利用电子商务为支撑环境，巧妙地将个性化与大规模生产结合起来，形成一种面向顾客的全新生产方式，这就是大规模定制。

（4）基于时间的生产战略

随着社会发展，时间的竞争越来越重要，主要表现在两个层面，一是哪家企业迅速发现市场的变化，用最短的时间率先把产品开发出来并满足市场，将在竞争中处于特别有利的地位；二是在企业接到订单后迅速组织生产并尽快交货，提高自己的交货服务水平。对企业来说，时间的竞争很重要，提高生产的连续性，缩短生产周期，企业就可以加快资金的周转速度，更高效地利用资金。基于时间的战略是指企业把时间作为资源转化为竞争要素，通过缩短产品研发和制造周期以提高对市场需求的反应速度，获得竞争优势的一种决策与战略。敏捷制造就是实施这种时间竞争战略快速响应的生产组织方式，其手段是通过虚拟组织，集中行业中优势资源，快速进行生产资源优化重组，缩短产品上市的时间。

（5）基于柔性的生产战略

随着经济发展和社会生活水平提高，顾客越来越追求个性化的产品和服务，市场的多样性趋势越来越明显，企业必须生产多品类的产品适应市场，以多样化的产品满足市场就成为一种特别重要的竞争力因素。基于柔性的战略需要建立适应性更强的生产系统，同时满足多样化的生产需求，适应市场的变化。多品种中小批量的生产方式在这种环境下就成为主流。多品种小批量生产方式的效率提高又成为一个普遍面对的问题，并且在今后很长的时间内，都是一个值得研究的课题。众多生产管理专家为此付出了很多努力，先后设计出一些先进生产管理模式，在一定程度上改善了多品种小批量生产的弊端，譬如成组技术、柔性制造系统等。

面对竞争日益激烈的市场，能力强的企业可以选择以上多种竞争力的组合战略，甚至有能力的企业可以兼顾 5 个方面，形成全面压倒性的竞争优势。

2.3.3　生产战略的实施

生产战略实施是生产战略管理的关键环节，是动员企业生产系统的全体员工充分利用并协调企业内外一切可利用的资源，沿着生产战略的方向和所选择的途径，自觉而努力地贯彻战略，以期待更好地实现企业生产战略目标的过程。企业生产战略的实施步骤如下。

（1）明确战略目标

生产战略是根据企业经营战略来制定的，在企业战略中已经明确有关生产的基本方向性的粗略目标。在生产战略实施时，还要把该目标进一步明确，使之成为具有可执行性的具体化目标。

（2）制定实施计划

为确保生产战略目标的实现，企业还要制定相应的实施计划。具体到生产管理，主要包括生产计划、生产能力计划、质量计划、成本计划和系统维护计划等，生产计划又包括总体生产计划、生产进度计划、物料需求计划和生产作业计划。

（3）确定实施方案

计划明确了生产的方向，但要具体实施还要确定相应的实施方案。通过所选择的实施方案进一步明确实施计划的行动，从而使计划目标落实到具体的执行过程中。

（4）确定工作程序

工作程序规定了完成某项工作所必须经过的阶段或步骤的活动细节，具有技术性和可操作性的特点。

思考与练习

判断题：

1. 当质量成为影响竞争力的主要因素时，价格降低就没有意义了。（   ）

2. 生产战略是一种职能战略。（   ）

3. 五力竞争要素模型是巴贝奇经过了很长时间的研究做出的。（   ）

4. 企业的微观环境就是指的竞争环境。（   ）

5. 由于生产战略属于职能战略层次，具体、可操作性强，不具有风险性的特点。（   ）

多项选择题：

1. 产品竞争力包括以下哪几个因素（   ）。

    A. 价格　　　　　　　　　B. 技术　　　　　　　　C. 研发能力

    D. 质量　　　　　　　　　E. 服务

2. 以下属于职能战略的有（   ）。

    A. 竞争战略　　　　　　　B. 营销战略　　　　　　C. 财务战略

    D. 产品战略　　　　　　　E. 生产战略

3. SWOT 分析中涉及的要素包括（   ）。

    A. 宏观环境　　　　　　　B. 竞争环境

C. 企业内部条件　　　　D. 市场需求

问答题：

1. 生产战略的竞争力要素有哪些？

2. 生产战略与公司战略的关系是什么？

3. 生产战略有何特点？

需求预测

学习目标

> 了解需求预测的基本过程
> 了解定性的预测方法
> 掌握定量的预测方法
> 掌握预测精度的计算

3.1 需求预测

预测即根据反映预测对象过去和现在的有关信息，通过科学的方法和逻辑推理，对其未来发展趋势和水平作出一定的推测和判断。需求预测是预测未来一定时期某产品需求的数量、发展趋势和市场占有率等，它是制订生产计划的前提条件。可以进行需求预测，是因为产品的市场需求有一定规律，而这种规律可以被人们认识和掌握，从一定程度上说，产品的未来需求情况是其过去和现在需求情况的延续。需求预测可帮助人们认识产品市场需求发展的趋势和规律，是企业经营决策的前提。企业要进行生产经营决策、安排生产计划，就要对产品的需求作出科学的预测。为此，企业首先要调查研究，搜集市场需求的有关信息，掌握影响市场需求的要素及其变化的规律，根据预测对象的特点及掌握的数据信息选择预测方法，建立预测模型，对特定时期某种产品的市场需求进行预测；其次，根据本企业的资源条件、技术条件、竞争能力及产品的特色，参考专家的知识、经验、直觉以及有关因素的变化情况对预测结果进行修正；最后，在上述基础上，确定本企业的生产计划以及生产资源需求。需求预测的基本过程如下。

3.1.1 明确需求预测的对象和周期

需求预测的对象是指要预测的某种型号、规格产品的市场需求量；预测周期是指针对预测对象进行预测的时间跨度。预测周期长，预测对象的市场需求信息不确定性大，信息不易获得；预测的成本高，决定了预测结果的准确性也相对较差。因此，要根据需求预测的对象和企业经营的需要，确定合适的预测周期。同时，预测周期的长短也会影响预测方法的选择。只有明确了需求预测的对象和周期，才能有的放矢搜集资料和选择合适的预测方法。

3.1.2 搜集和分析需求信息资料

有关需求信息的资料可分为第一手资料和第二手资料。第二手资料具有成本低、容易获得等优点，同时为进一步搜集信息资料提供了起点，但现有资料可能时效性较差、不一定准确可靠。在这种情况下，要花费较多的费用和时间去搜集更为准确可靠的第一手资料。产品需求的信息资料来源主要有：国家政府部门的计划和统计资料，本行业和有关行业的计划和统计资料，商业部门的市场统计和分析资料，情报部门整理的有关技术与经济情报和国内外市场动态资料，政府出版物、期刊和书籍上有关的数据和资料，企业有关部门如生产部门和销售部门的实际活动统计资料（产品展销会、订货会等）。对搜集来的信息资料要分析其准确性、可靠性和可比性，要去粗取精、去伪存真。

3.1.3 选择需求预测方法

根据美国斯坦福研究所[①]的统计，现有的预测方法大约有 150 多种，常用的有 30 多种，大致分为定性预测方法和定量预测方法。

（1）定性预测方法

主要靠专家的知识、经验和分析判断能力，来预测事物未来发展变化趋势和水平的非数量化方法。具有速度快、费用低的特点，在信息资料数据缺少或较少的情况下，如技术预测和新市场产品需求预测等，多采用此类方法。常用的定性预测方法有：专家会议法、德尔菲法（Delphi Method）、趋势分析法和主观概率法等。

（2）定量预测方法

利用数学手段，以数量的形式准确地揭示事物发展变化趋势或水平的预测方法。其基本数学手段是数学模型、计算机模拟、曲线图等。在应用定量预测方法进行预测时，要求具有比较完整的统计数据资料。在预测对象的发展变化比较稳定时，选用适当的数学方法进行定量预测，即可得到比较准确的预测结果。但是实际上影响预测对象的因素很多，所选择和建立的数学模型不可能把所有的因素都考虑进去，大多数情况下只考虑某些主要的影响因素，因此，定量预测的结果也可能会出现误差。

需求预测的每种方法各有其特点和适用范围，究竟选择哪种方法，是由需求预测的预测对象、预测周期、信息资料搜集情况、预测精度和预测成本等因素所决定的。在可能的情况下，最好将定性预测方法与定量预测方法结合起来进行预测。

---

① 斯坦福研究所：1977 年改名为斯坦福国际咨询研究所——编者注。

3.1.4　建立需求预测模型

为了寻求需求预测对象的发展趋势和有关因素对其影响的规律，需要建立需求预测模型。许多产品的市场需求往往随着时间的推移有某种固有的变化规律，如大多数消费品的市场需求，这时可根据市场需求的统计资料，分析研究其发展变化的规律，建立时间序列预测模型。如移动平均预测模型、指数平滑预测模型、季节预测模型或回归预测模型等；若没有掌握某种产品市场需求的变化规律，但掌握影响该种产品市场需求的主要因素的变化规律，可建立因果预测模型；对于投放市场的新产品，在没有掌握其市场需求规律时，可根据相近产品的市场需求预测模型经过修正来预测；若没有掌握某种产品在某种条件下市场需求的发展规律时，可借助该产品在其他条件下的预测模型，经过修正来预测该产品的市场需求。

3.1.5　分析与修正需求预测结果

对市场需求进行预测时，影响其未来发展变化的因素很多，而且很多因素是随机性的，人们对某一产品市场需求规律的认识不可能绝对准确，往往有一定的片面性和局限性，预测结果绝大多数与未来的实际情况有一定的误差。因此，对需求预测模型计算的结果要进行误差分析。在实际预测时，一定的误差是允许的，但误差太大，预测结果的可靠性就变差，甚至失去了实际意义。这时就要对需求预测的结果进行修正，分析误差产生的原因，如是否由于信息资料不完整、需求预测方法选择不当、需求预测模型有问题以及外部环境条件变化等原因造成的预测误差。针对存在问题采取措施加以修正，使需求预测的结果更符合实际，这样需求预测结果才能作为企业生产决策和安排生产计划的依据。

3.2　定性预测方法

3.2.1　德尔菲法

德尔菲法（Delphi Method）又称专家调查法，是 20 世纪 40 年代末期由美国兰德公司（RAND Corporation）的海尔默（Helmer）、达尔克（Dalkey）和戈登（Gordon）开发的，它很快就在世界上盛行起来。兰德公司是美国最重要的以军事为主的综合性战略研究机构，它先以研究军事尖端科学技术和重大军事战略而闻名于世，继而又扩展到内外政策各方面，逐渐发展成为一个研究政治、军事、经济科技、社会等各方面的综合性思想库，被誉为现代智囊的"大脑集中营""超级军事学院"，以及世界智囊团的开创者和代言人，它可以说是当今美国乃至世界最负盛名的决策咨询机构。此法的应用过程概述如下。

首先是挑选专家，具体人数根据预测课题的大小而定，一般问题需 20 人左右。在进行函询的整个过程中，自始至终由预测单位函询或派人与专家联系，不让专家互相发生联系、互相交换意见。

专家选定之后，即可开始第一轮函询调查。一方面向专家寄去预测目标的背景材料，另一方面提出所需预测的具体项目。首轮调查，任凭专家回答，完全没有限制。专家可以以各种形式回答问题，也可向预测单位索取更详细的统计材料。预测单位对专家的各种回答进行综合整理，把相同的事件和结论统一起来，剔除次要的、分散的事件，用准确的术语进行统一的描述。然后将结果反馈给各位专家，进行第二轮函询。

第二轮函询要求专家对所预测目标的各种有关事件发生的时间、空间、规模大小等提出具体的预测，并说明理由。预测单位对专家的意见进行处理，统计出每一事件可能发生日期的中位数，再次反馈给各位专家。

第三轮是各位专家再次得到函询综合统计报告后，对预测单位提出的综合意见和论据加以评价，修正原来的预测值，对预测目标重新进行预测。

上述步骤，一般经过 3～4 轮，预测的主持者要求各位专家根据提供的全部预测资料，提出最后的预测意见，若这些意见收敛或基本一致，即可以此为根据作出判断。

以上所述是德尔菲法的基本过程。它是在专家会议的基础上发展起来的一种预测方法。其主要优点是简明直观，预测结果可供计划人员参考，受到计划人员的欢迎。该方法避免了专家会议的许多弊端。在专家会议上，有的专家崇拜权威，跟着权威"一边倒"，不愿发表与权威不同的意见；有的专家"随大流"，不愿公开发表自己的见解。德尔菲法是一种有组织的咨询，在资料不甚齐全或不多的情况下均可使用。

德尔菲法虽有比较明显的优点，但同时也存在着缺点。例如，专家的选择没有明确的标准，预测结果的可靠性缺乏严格的科学分析，最后趋于一致的意见，仍带有"随大流"的倾向。

在使用德尔菲法时必须坚持 3 条原则：第一条是匿名性，对被选择的专家要保密，不让他们彼此通气，使他们不受权威、资历等方面的影响；第二条是反馈性，一般的征询调查要进行 3～4 轮，要给专家提供充分反馈意见的机会；第三条是收敛性，经过数轮征询后，专家们的意见相对收敛，趋向一致，若个别专家有明显的不同观点，应要求他详细说明理由。

3.2.2　部门主管集体讨论法

部门主管集体讨论法（Jury of Executives）是指由高级决策人员召集销售、生产、采购、财务、研究与开发等各部门主管开会讨论，与会人员充分发表意见，提出预测值，然后由召集人按照一定的方法，如简单平均或加权平均，对所有单个的预测值进行处理，即得预测结果。

这种方法的优点是：①简单易行；②不需要准备和统计历史资料；③汇集了各主管的经验与判断；④如果缺乏足够的历史资料，此法是一种有效的途径。

这种方法的缺点是：①由于是各主管的主观意见，故预测结果缺乏严格的科学性；②与会人员间容易相互影响；③耽误了各主管的宝贵时间；④因预测是集体讨论的结果，故无人对其正确性负责；⑤预测结果可能较难用于实际目的。

3.2.3　用户调查法

当对新产品或缺乏销售记载产品的需求进行预测时，常常使用用户调查法（Users' Expectation）。销售人员通过信函、电话或访问的方式对现实的或潜在的顾客进行调查，了解他们对与本企业相关的产品及其特性的期望，再考虑本企业的可能市场占有率，然后对各种信息进行综合处理，即可得到所需的预测结果。

这种方法的优点是：①预测来源于顾客期望，较好地反映了市场需求情况；②可以了解顾客对产品优缺点的看法，也可以了解一些顾客不购买这种产品的原因，有利于改进完善产品、开发新产品和有针对性地开展促销活动。

这种方法的缺点是：①很难获得顾客的通力合作；②顾客期望不等于实际购买，而且其期望容易发生变化；③由于对顾客知之不多，调查时需耗费较多的人力和时间。

3.2.4　销售人员意见汇集法

销售人员意见汇集法（Field Sales Force）有时也称基层意见法，通常由各地区的销售人员根据其个人的判断或与地区有关部门交换意见并判断后作出预测。企业对各地区的预测进行综合处理后即得企业范围内的预测结果。有时企业也将各地区的销售历史资料发给各销售人员作为预测的参考；有时企业的总销售部门还根据自己的经验、历史资料、对经济形势的估计等做出预测，并与各销售人员的综合预测值进行比较，以得到更加正确的预测结果。

这种方法的优点是：①预测值很容易按地区、分支机构、销售人员、产品等区分开；②由于销售人员的意见受到了重视，增加了其销售信心；③由于取样较多，预测结果较具稳定性。

这种方法的缺点是：①带有销售人员的主观偏见；②受地区局部性的影响，预测结果不容易正确；③当预测结果作为销售人员未来的销售目标时，预测值容易被低估；④当预测涉及紧俏商品时，预测值容易被高估。

3.3 定量预测方法

定量预测的方法很多，如时间序列预测法、回归分析预测法等。以下面为几种比较常用的预测方法。

3.3.1 简单平均法

简单平均法也叫算术平均法，是把过去时期的时间序列数据全部相加，再除以资料的期数，求得平均值，以这个平均值作为下一期预测值。设有 n 期资料，分别为 x_1，x_2，$\cdots x_i$，则简单平均法的计算公式为：

$$\bar{y} = \sum_{i=1}^{n} x_i / n \qquad (3-1)$$

式中：$\bar{y}$ 为 n 期资料的简单平均值，这一平均值就作为下一期即第 $n+1$ 期的预测值。预测公式为：

$$F_{n+1} = \bar{y} \qquad (3-2)$$

式中：F_{n+1} 为第 $n+1$ 期的预测值。

使用简单平均法进行预测简单易算，这种方法实际上是没有考虑不规则、季节性的变化。如果产品需求起伏变动不大，则应用这种方法预测确实简单可靠；如果产品需求起伏变动较大，有明显的季节性变动或具有长期增减趋势时，这种方法预测的结果误差较大，这时就需要采用其他的预测方法。

3.3.2 移动平均法

移动平均法（Moving Average Method）对历史数据按顺序逐点分段移动平均，反映产品需求的长期变化趋势。常用的移动平均法有一次移动平均法和二次移动平均法。

（1）一次移动平均法

一次移动平均法是对产品需求的历史数据逐点分段移动平均的方法，其计算公式为：

$$M_t^{[1]} = (x_t + x_{t-1} + x_{t-2} + \cdots + x_{t-n+1}) / n \qquad (3-3)$$

式中：$M_t^{[1]}$ 为第 t 期的一次移动平均值，x_t 为第 t 期的实际值，n 为移动平均周期（即每次移动平均所包含的实际值）。

一次移动平均法预测时，本期移动平均值就是下一期的预测值，其预测公式为：

$$F_{t+1} = M_t^{[1]} \qquad (3-4)$$

式中：F_{t+1} 为第 $t+1$ 期的预测值。

从一次移动平均值的计算公式（3-3）可看出：$M_t^{[1]}$ 是从第 t 期开始前 n 期实际发生值的算术平均值。n 值越小，对近期的变化趋势反映得越明显，n 取极限小时，也就是 $n=1$ 时，$M_t^{[1]}$ 就是当期的实际发生值，即对产品需求的历史数据没有进行平均。n 值越大，对产品需求的历史数据的修匀程度也越大，极限当 n 等于资料期数时，则一次移动平均值就是简单平均值。由此可见，移动平均周期 n 的取值是关键，一般要视产品需求历史数据的多少、历史数据有无比较明显的季节性变化或循环周期性变化等情况而确定。

（2）二次移动平均法

在一次移动平均后，如果移动平均的数据仍不能明显反映预测对象的变化趋势，可进行二次移动平均。二次移动平均是在一次移动平均的基础上，对一次移动平均的结果再进行一次移动平均。其计算公式为：

$$M_t^{[2]} = (M_t^{[1]} + M_{t-1}^{[1]} + \cdots + M_{t-n+1}^{[1]})/n \qquad (3-5)$$

式中：$M_t^{[2]}$ 为第 t 期的二次移动平均值。

移动平均的过程实际上是对历史数据的线性化过程，历史数据经过一次移动平均或二次移动平均后，得到的数据点都会呈现出明显的线性趋势，这种线性趋势可由下式的线性方程表示，可采用该线性式进行预测。

$$y_{t+T} = a_t + b_t T \qquad (3-6)$$

式中：y_{t+T} 为第 $t+T$ 期的预测值，T 为从基准期 t 到预测期的时间跨度，a_t 为线性方程所表示直线的截距（即目前数据水平），b_t 为线性方程所表示直线的斜率（即预测对象随 T 的变动趋势）。

a_t 和 b_t 的确定过程如下：移动平均时，预测值与实际值之间有一个偏差，当 n 为奇数时，一次移动平均值相对实际发生值从时间上滞后 $(n-1)/2$ 期，偏差为 $(n-1)b_t/2$；同样，二次移动平均值与同期的一次移动平均值的偏差为 $(n-1)b_t/2$。由此可得：

$$\begin{cases} y_t - M_t^{[1]} = (n-1)b_t/2 \\ M_t^{[1]} - M_t^{[2]} = (n-1)b_t/2 \\ y_t = a_t \end{cases} \qquad (3-7)$$

解此方程组得：

$$\begin{cases} a_t = y_t = 2M_t^{[1]} - M_t^{[2]} \\ b_t = 2(M_t^{[1]} - M_t^{[2]})/(n-1) \end{cases} \qquad (3-8)$$

在求得 a_t 和 b_t 的值后，就可用公式（3-6）进行预测。在实际应用中，一般二次移动平均法多用于短期的预测，而一次移动平均法多用于近期预测和对预测对象原始数据的处理，以消除原始数据因随机性因素引起的异常现象。

【例3-1】某空调制造企业1994—2010年的某型号空调销售统计数据如表3-1。取 $n=5$，用移动平均法建立预测模型，预测2011年、2015年该企业此型号空调的销售量。

表 3-1　销售统计数据、$M_t^{[1]}$ 和 $M_t^{[2]}$

单位：台

序号	年份	实际销售量 X_i	$M_t^{[1]}$	$M_t^{[2]}$
1	1994	890		
2	1995	1 160		
3	1996	3 490		
4	1997	4 990		
5	1998	3 560	2 818	
6	1999	6 460	3 932	
7	2000	9 760	5 652	
8	2001	15 290	8 012	
9	2002	23 020	11 618	6 406.4
10	2003	21 930	15 292	8 901.2
11	2004	22 690	18 538	11 822.4
12	2005	18 640	20 314	14 754.8
13	2006	23 680	21 992	17 550.8
14	2007	24 540	22 296	19 686.4
15	2008	30 820	24 074	21 442.8
16	2009	31 060	25 748	22 884.8
17	2010	36 990	29 418	24 705.6

解：根据一次移动平均值和二次移动平均值的计算公式，可得：

$M_5^{[1]} = $（3 560＋4 990＋3 490＋1 160＋890）/5＝2 818

…

$M_{17}^{[1]} = $（36 990＋31 060＋30 820＋24 540＋23 680）/5＝29 418

$M_9^{[2]} = $（11 618＋8012＋5 652＋3 932＋2 818）/5＝6 406.4

…

$M_{17}^{[2]} = $（29 418＋25 748＋24 074＋22 296＋21 992）/5＝24 705.6

所有移动平均计算结果如表，本例中 $t=2010$ 年，由式可得：

$a_{2010} = $29 418－24 705.6＝34 130.4

$b_{2010} = $2×（29 418－24 705.6）/（5－1）＝2 356.2

得预测方程为：

$y_{2010+T} = $34 130.4＋2 356.2$T$

2011 年和 2015 年对应时间跨度 T 分别为 1 和 5，2011 年和 2015 年的预测值分别为：

$y_{2011} = 34\ 130.4 + 2\ 356.2 \times 1 = 36\ 486.6$

$y_{2015} = 34\ 130.4 + 2\ 356.2 \times 5 = 45\ 911.4$

2011 年的空调销售量预计为 36 486.6 台；2015 年的空调销售量预计为 45 911.4 台。

在移动平均法中，各期数据的权重是相同的。如果近期数据对预测结果的影响大，远期数据对预测结果的影响小，这时采用加权移动平均法预测更合适。

3.3.3 加权移动平均法

加权移动平均法是对时间序列中各期数据加权后再进行平均的预测方法。该方法的基本思想是近期数据对预测结果的影响大，远期数据对预测结果的影响小，根据各期数据影响程度的大小不同分别赋予不同的权重（各期的权重之和等于1），以这个权重进行加权后计算预测对象的加权平均值，本期的加权平均值即为下期的预测值，这样可以比较明显地反映时间序列的近期发展趋势。计算公式为：

$$M_t = \sum_{i=t-n+1}^{t} \omega x_i \qquad (t \geqslant n) \qquad (3-9)$$

式中：M_t 为第 t 期的加权移动平均值，ω_i 为第 i 期的权重；x_i 为第 i 期的实际值。

由此可见，一次移动平均法各期资料的权数相等都为 $1/n$，而加权移动平均法各期资料的权数不等。由于权重的确定方法不同，因而产生了不同的预测方法。以下面为一种权数特殊的预测方法。

3.3.4 指数平滑法

指数平滑法（Exponential Smoothing Method）是从移动平均法演变而来，是将当期实际值和上一期指数平滑值加权平均。指数平滑法实质上是对各期数据按照发生的先后次序不同分别给出具有指数变化规律的权数，求出加权平均值，以此为基础进行预测的方法，是一种权数特殊的加权平均法。常用的有一次指数平滑法、二次指数平滑法。

（1）一次指数平滑法

一次指数平滑法是对原时间序列进行一次指数平滑后进行预测的方法。计算公式为：

$$S_t^{[1]} = \alpha x_t + (1-\alpha) S_{t-1}^{[1]} \qquad (3-10)$$

式中：$S_t^{[1]}$ 为第 t 期的一次指数平滑值，x_t 为第 t 期的实际值；α 为指数平滑系数（$0 \leqslant \alpha \leqslant 1$）。

在应用一次指数平滑法进行预测时，是以第 t 期的一次指数平滑值作为第 $t+1$ 期的预测值，预测公式：

$$F_{t+1} = S_t^{[1]} \qquad (3-11)$$

假定有一组时间序列 x_t，x_{t-1}，$\cdots x_1$，可得：

$S_t^{[1]} = \alpha x_t + (1-\alpha) S_{t-1}^{[1]} = \alpha x_t + \alpha (1-\alpha) x_{t-1} + \alpha (1-\alpha)^2 x_{t-2} + \cdots + \alpha (1-\alpha)^{t-1} x_1 + (1-\alpha)^t S_0^{[1]}$

可以看出，第 t 期的一次指数平滑值实际上是第 t 期和第 t 期以前各期实际值（包括初始值）的加权平均值。在应用指数平滑法进行预测时，应选择不同的 α 值进行试算，然后比较不同的 α 值下的预测误差，选取预测误差相对较小的 α 值来进行预测。在计算指数平滑值时，从上面推出的 $S_t^{[1]}$ 可知，除 x 值对指数平滑值有很大影响外，初始值 $S_0^{[1]}$ 对指数平滑值也有影响，因此就存在初始值如何确定的问题。初始值 $S_0^{[1]}$ 对 $S_t^{[1]}$ 大小的影响体现 $(1-\alpha)^t$ 上，在 $0<\alpha<1$ 的情况下，$(1-\alpha)<1$。$(1-\alpha)^t$ 值随 t 值的增大而减小，当 $t \to \infty$ 时，$(1-\alpha)^t \to 0$，即在 t 比较大时，初始值 $S_0^{[1]}$ 对 $S_t^{[1]}$ 几乎没有影响；在 α 取值较大时，随 t 增大，$(1-\alpha)^t$ 下降速度更快，初始值 $S_0^{[1]}$ 对 $S_t^{[1]}$ 的影响就更小。因此，通常在原始数据较多时，就直接把第一期的实际值当作初始值 $S_0^{[1]}$；在原始数据较少时，建议用最初几期实际值的算术平均值作为初始值。但在实际中使用较多的是以第一期的实际值作为初始值。

一次指数平滑法主要用于短期的预测或用于对原始数据的处理。如果一次指数平滑后的时间序列还有较大波动、不够平滑，或者想用指数平滑法进行更多期预测时，就需要用 2 次或 3 次指数平滑法进行预测。

（2）二次指数平滑法

二次指数平滑法就是对一次指数平滑后所得到的时间序列再进行一次指数平滑。二次指数平滑值的计算公式为：

$$S_t^{[2]} = \alpha S_t^{[1]} + (1-\alpha) S_{t-1}^{[2]} \qquad (3-12)$$

式中：$S_t^{[2]}$ 为第 t 期二次指数平滑值。

二次指数平滑法指数平滑系数 α 的确定与一次指数平滑法一样。初始值的确定一般是取第一期的一次指数平滑值，即 $S_0^{[2]} = S_0^{[1]}$。应用二次指数平滑法预测，不像一次指数平滑法直接用上期的平滑值作为下期的预测值，而是要根据指数平滑值找出时间序列所具有的线性趋势，建立线性趋势方程来进行预测。

$$y_{t+T} = a_t + b_t T \qquad (3-13)$$

式中：y_{t+T} 为第 $t+T$ 期的预测值，T 为从基准期 t 到预测期的时间跨度，a_t 为线性方程所表示直线的截距（即目前数据水平），b_t 为线性方程所表示直线的斜率（即预测对象随 T 的变动趋势）。

对于 a_t 和 b_t 的确定，与前面 2 次移动平均法中 a_t 和 b_t 的确定方法一样，即考虑指数平滑值滞后于当期实际发生值。这样 a_t 和 b_t 分别为：

$$\begin{cases} \alpha_t = 2S_t^{[1]} - S_t^{[2]} \\ b_t = \dfrac{\alpha}{1-\alpha}\ (S_t^{[1]} - S_t^{[2]}) \end{cases} \qquad (3-14)$$

求得 a_t 和 b_t 的值后，即可应用式（3-13）进行预测。在原时间序列具有线性变化趋势时，可得到比较准确的预测结果并能进行较多期的预测。

【例 3-2】某发动机制造企业 1981—2000 年的某型号发动机销售统计数据如表 3-2，用指数平滑法预测该企业 2001 年和 2005 年的市场需求量，其中一次和二次指数平滑系数均取 0.3。

表 3-2　销售统计数据、$S_t^{[1]}$ 和 $S_t^{[2]}$

单位：台

年份	需求量 X_i	$S_t^{[1]}$	$S_t^{[2]}$
1981	50	50.00	50.00
1982	53	50.90	50.27
1983	47	49.73	50.11
1984	52	50.41	50.20
1985	49	49.99	50.14
1986	47	49.09	49.83
1987	51	49.66	49.78
1988	46	48.56	49.41
1989	49	48.70	49.20
1990	52	49.69	49.35
1991	53	50.68	49.75
1992	59	53.18	50.78
1993	58	54.63	51.94
1994	64	57.44	53.59
1995	66	60.01	55.52
1996	67	62.11	57.50
1997	70	64.48	59.59
1998	76	67.94	62.10
1999	77	70.66	64.67
2000	81	73.76	67.40

解：由表 3-2 可以得出各年的一次指数平滑值和二次指数平滑值，可得：

$$S_{1982}^{[1]}=\alpha x_{1982}+(1-\alpha)S_{1981}^{[1]}=0.3\times53+(1-0.3)\times50.00=50.90$$

...

$$S_{2000}^{[1]}=\alpha x_{2000}+(1-\alpha)S_{1999}^{[1]}=0.3\times81+(1-0.3)\times70.65=73.76$$

$$S_{1982}^{[2]}=\alpha S_{1982}^{[1]}+(1-\alpha)S_{1981}^{[2]}=0.3\times50.90+(1-0.3)\times50.00=50.27$$

...

$$S_{2000}^{[2]}=\alpha S_{2000}^{[1]}+(1-\alpha)S_{1999}^{[2]}$$
$$=0.3\times73.76+(1-0.3)\times64.67$$
$$=67.40$$

计算预测模型参数，可得：

$$a_{2000}=2\times73.76-67.40=80.12$$

$$b_{2000}=0.3/(1-0.3)\times(73.76-67.40)\approx2.73$$

得预测方程：

$$y_{2000+T}=80.12+2.73T$$

继而可得：

$$y_{2001}=80.12+2.73\times1=82.85$$

$$y_{2005}=80.12+2.73\times5=93.77$$

该企业 2001 年和 2005 年的市场需求量分别为 82.85 台和 93.77 台。

3.3.5 因果分析法

因果分析法是将需求作为因变量，将影响要素作为自变量，通过对影响需求的有关要素变化情况的统计计算与分析，来对需求进行预测的方法。由于反映需求及其影响要素之间因果关系的不同，因果分析预测法的模型又分为回归分析模型、经济计量模型、投入产出模型等。以下介绍一元线性回归分析模型，它将需求作为因变量，将时间作为自变量。

一元线性回归分析模型可用下式表达：

$$y_F=a+bx \tag{3-15}$$

式中：y_F 为因变量（一元线性回归预测值），x 为自变量（需求影响要素的变化量），a、b 为回归系数，a 是回归直线的截距，b 是回归直线的斜率。根据最小二乘法原理，a、b 的计算公式为：

$$a=\frac{\sum y-b\sum x}{n} \tag{3-16}$$

$$b=\frac{n\sum xy-\sum x\sum y}{n\sum x^2-(\sum x)^2} \tag{3-17}$$

其中，n 为数据数量。

【例 3-3】某生产学生书包企业 1982—2000 年的销售量与该地区学龄儿童人数的统计数据如表 3-3 所示。根据预测该地区学龄儿童人数将每年递增 10%，试预测该企业 2001 年、2002 年、2003 年书包的销售量。

表 3-3　企业 1982—2000 年销售量与学龄儿童人数等数据计算

年份	学龄儿童数 X_i（万人）	书包销售量 Y_i（万件）	X_iY_i	X_i^2
1982	4.54	72	326.88	20.61
1983	4.76	93	442.68	22.66
1984	5.93	99	587.07	35.16
1985	6.81	109	742.29	46.38
1986	6.72	111	745.92	45.16
1987	7.35	105	771.75	54.02
1988	8.52	123	1047.96	72.59
1989	8.43	112	944.16	71.06
1990	10.43	146	1 522.78	108.78
1991	11.97	169	2 022.93	143.28
1992	13.84	201	2 781.84	191.55
1993	16.79	178	2 988.62	281.90
1994	20.57	231	4 751.67	423.12
1995	24.55	268	6 579.40	602.70
1996	30.52	420	12 818.40	931.47
1997	36.92	493	18 201.56	1 363.09
1998	43.45	495	21 507.75	1 887.90
1999	51.36	610	31 329.60	2 637.85
2000	57.99	696	40 361.04	3 362.84
$\sum$	371.45	4731	150 474.30	12302.12

解：设书包销售量 y（万件），学龄儿童数 x（万人），根据表 3-3 数据，运用一元线性回归法建立书包销售量与学龄儿童数之间的回归模型数据，计算结果如下。

根据计算可得：

$$b = \frac{n\sum xy - \sum x \sum y}{n\sum x^2 - (\sum x)^2} = \frac{19 \times 150\ 474.30 - 371.45 \times 4\ 731}{19 \times 12\ 302.12 - 371.45^2} \approx 11.5$$

$$a = \frac{\sum y - b\sum x}{n} = \frac{4731 - 11.5 \times 371.45}{19} = 24.175$$

则回归预测方程为：

$$y = 24.175 + 11.5x$$

利用这个方程就可对未来书包销售量进行预测。已知该地区学龄儿童数将每年递增 10%，则 2001 年、2002 年、2003 年的学龄儿童数将分别达到 63.79、70.17 和 77.19（千万），将其代入上面的方程，可预测得到 2001 年、2002 年、2003 年的书包销售量分别为 757.79、831.13 和 911.86（万件）。

最后说明，衡量一元线性回归方法的偏差，可采用两个指标：线性相关系数 r 和标准差 S_{yx}。

$$r = \frac{n \sum xy - \sum x \sum y}{\sqrt{\left[n \sum x^2 - \left(\sum x \right)^2 \right] \left[n \sum y^2 - \left(\sum y \right)^2 \right]}} \qquad (3-18)$$

$$s_{yx} = \sqrt{\frac{\sum (y - y_F)^2}{n-2}} \qquad (3-19)$$

当 r 为正，说明 y 与 x 正相关，即 x 增加，y 增加；当 r 为负，说明 y 与 x 负相关，即 x 增加，y 减少；当 $|r|$ 越接近 1，说明 y 与 x 具有越强的线性关系，s_{yx} 越小，表示预测值与直线的距离越接近。

以上介绍的产品市场需求预测方法在实际运用时要注意以下 3 点：①尽可能搜集充分的信息资料，并对搜集的信息资料进行分析，去粗取精、去伪存真，保证信息资料的准确性；②如果数据资料比较齐全，可采用定量预测方法，否则就要采用定性预测方法，在具体选择预测方法时，要考虑产品市场需求变化的规律、预测的基本原理和搜集的信息资料情况；③应对预测结果进行分析，判断其是否符合该产品市场需求的变化规律，同时根据以往预测值与实际值的差异对预测值进行修正。

3.4 预测误差与监控

3.4.1 预测误差测量

由于需求受许多不确定因素的影响，不可避免地存在预测误差（Forecast Accuracy）。所谓预测误差，是指预测值与实际值之间的差异。误差有正负之分，当预测值大于实际值时，误差为正；反之，误差为负。预测模型最好是无偏的模型，即应用该模型时，正、负误差出现的概率大致相等。平均误差是评价预测精度、计算预测误差的重要指标。它常常被用来检验预测与历史数据的吻合情况，同时也是判断预测模型能否继续使用的重要标准之一。在比较多个模型孰优孰劣时，也经常用到平均误差。以下介绍平均绝对偏差、平均平方误差、平均预测误差和平均绝对百分误差这 4 个常用的评价指标。

（1）平均绝对误差（MAD，Mean Absolute Deviation）

平均绝对误差就是整个预测期内每一次预测值与实际值的绝对误差（不分正负，只考虑误差量）的平均值。用公式表示为：

$$MAD = \frac{\sum_{t=1}^{n} |A_t - F_t|}{n} \qquad (3-20)$$

式中：A_t 为时段 t 的实际值，F_t 为时段 t 的预测值，n 为整个预测期内的时段个数（或预测次数）。

MAD 的作用与标准误差相类似，但它比标准误差容易求得。如果预测误差是正态分布，MAD 约等于 0.8 倍的标准误差。这时，1 倍 MAD 内的预测精度约为 58%，2 倍 MAD 内的预测精度约为 89%，3 倍 MAD 内的预测精度约为 98%。

MAD 能较好地反映预测的精度，但它不容易衡量无偏性。

（2）平均平方误差（MSE，Mean Square Error）

平均平方误差就是对误差的平方和取平均值。沿用上式的符号，MSE 用公式表示为：

$$MSE = \frac{\sum_{t=1}^{n} |A_t - F_t|^2}{n} \qquad (3-21)$$

MSE 与 MAD 相类似，且可以较好地反映预测精度，但无法衡量无偏性。

（3）平均预测误差（MFE，Mean Forecast Error）

平均预测误差是指预测误差的和的平均值。用公式表示为：

$$MSE = \frac{\sum_{t=1}^{n} |A_t - F_t|}{n} \qquad (3-22)$$

在式中，$\sum_{t=1}^{n}(A_t - F_t)$ 被称作预测误差滚动和（RSFE，Running Sum of Forecast Errors）。如果预测模型是无偏的，RSFE 应该接近于零，即 MFE 应接近于零。因而，MFE 能很好地衡量预测模型的无偏性，但它不能够反映预测值偏离实际值的程度。

（4）平均绝对百分误差（MAPE，Mean Absolute Percentage Error）

平均绝对百分误差用公式表示如下：

$$MAPE = \frac{100}{n} \sum_{t=1}^{n} \left| \frac{A_t - F_t}{A_t} \right| \qquad (3-23)$$

MAD、MFE、MSE、MAPE 是几种常用的衡量预测误差的指标，但任何一种指标都很难全面地评价一个预测模型，在实际应用中常常将它们结合起来使用。

表 3-4 是 MAD、MSE、MFE、MAPE 的计算。

【例 3-4】。

表 3-4 MAD、MSE、MFE、MAPE 计算

实际值 A_t	预测值 F_t	偏差 $(A_t - F_t)$	绝对偏差 $\vert A_t - F_t \vert$	平方误差 $(A_t - F_t)^2$	百分误差 $100\left(\dfrac{A_t - F_t}{A_t}\right)$	绝对百分误差 $100\left\vert\dfrac{A_t - F_t}{A_t}\right\vert$
130	100	30	30	900	23.08	23.08
80	100	−20	20	400	−25.00	25.00
105	100	5	5	25	4.76	4.76
125	100	25	25	625	20.00	20.00
95	100	−5	5	25	−5.26	5.26
110	100	10	10	100	9.09	9.09
115	100	15	15	225	13.04	13.04
85	100	−15	15	225	−17.65	17.65
$\sum$		45	125	2 525		117.88

$$① \ MAD = \frac{\sum\limits_{t=1}^{n} \vert A_t - F_t \vert}{n} = 125/8 = 15.625$$

$$② \ MSE = \frac{\sum\limits_{t=1}^{n} (A_t - F_t)^2}{n} = 2\ 525/8 = 315.625$$

$$③ \ MFE = \frac{\sum\limits_{t=1}^{n} (A_t - F_t)}{n} = 45/8 = 5.625$$

$$④ \ MAPE = \left(\frac{100}{n}\right) \sum\limits_{t=1}^{n} \left\vert \frac{A_t - F_t}{A_t} \right\vert = 117.88/8 = 14.735$$

3.4.2 预测监控

预测监控（monitoring and controlling forecasts）概念里，预测的一个十分重要的理论基础是：一定形式的需求模式在过去、现在和将来起着基本相同的作用。然而，实际情况是否如此呢？换句话说，过去起作用的预测模型现在是否仍然有效呢？这需要通过预测监控来回答。

检验预测模型是否仍然有效的一个简单方法是，将最近的实际值与预测值进行比较，看偏差是否在可以接受的范围以内。另一种方法是应用跟踪信号（TS，Tracking Signal）。

所谓跟踪信号，是指预测误差滚动和与平均绝对偏差的比值，即：

$$TS = RSFE/MAD = \frac{\sum_{t=1}^{n}(A_t - F_t)}{MAD} \qquad (3-24)$$

式中：MAD 为平均绝对误差，$RSFE$ 为预测误差滚动和。

每当实际需求发生时，就应该计算 TS。如果预测模型仍然有效，TS 应该比较接近于零。反过来，只有当 TS 在一定范围内时（图 3-1），认为预测模型可以继续使用。否则，就应该重新选择预测模型。

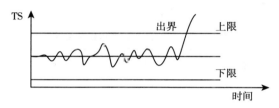

图 3-1　预测跟踪信号

思考与练习

1. 阐述需求预测的一般过程。

2. 定性的预测方法有哪些？定量的预测方法有哪些？说明它们各自的特点和适用范围。

3. 阐述德尔菲法的基本过程。

4. 表 3-5 给出了某显示器制造企业近 10 个月的实际销售量和用 A、B 两种模型进行预测的预测值：

表 3-5　企业近 10 个月销售量和 A、B 预测值

月份	1	2	3	4	5	6	7	8	9	10
实际销售量	588	522	580	650	744	677	703	623	577	615
A 模型预测值	610	630	610	630	640	660	640	660	630	630
B 模型预测值	600	600	600	600	650	650	650	650	600	600

（1）计算两种模型的 MAD 和 MAPE。

（2）计算两种模型的 RSFE。

（3）哪一种模型好一些？为什么？

5. 表 3-6 是某企业汽车轮胎的月销售记录：

表 3-6 轮胎销售记录

月份	1	2	3	4	5	6	7	8	9	10	11	12
销售量	105	103	100	98	102	95	107	101	105	110	108	105

(1) 计算当 $S_0^{[1]}=100$，$\alpha=0.2$ 时的一次指数平滑值；

(2) 计算当 $S_0^{[1]}=100$，$\alpha=0.3$ 时的一次指数平滑值；

(3) 分别计算前两种情况下的 MAD 和 RSFE。

6. 表 3-7 给出了某城区居民平均每季鸡蛋消费量，请选用适当的模型预测该城区居民下一年各季平均鸡蛋消费量。

表 3-7 居民平均每季鸡蛋消费量

	春	夏	秋	冬
第一年	3.06	2.44	3.96	4.25
第二年	3.65	3.17	4.22	4.53
第三年	3.89	3.50	4.86	5.42
第四年	4.23	4.18	5.12	5.98

产品开发与设计

学习目标

- ➢ 了解产品开发概念
- ➢ 熟悉产品开发过程
- ➢ 了解产品设计理念与方法
- ➢ 了解产品开发技术与方法

4.1 产品开发

4.1.1 产品开发概述

4.1.1.1 研究与开发分类

研究与开发（Research and Development，R&D）包括基础研究、应用研究和技术开发，是为发展新技术、新产品和改进老产品所进行的一系列科学研究和技术工作。基础研究进行的是探索新的规律、创建基础性知识的工作。应用研究是将基础理论研究中开发的新知识、新理论应用于具体领域。技术开发研究是将应用研究的成果经设计、试验而发展为新产品、新系统或新工程的科研活动。

在新一代科技革命和产业革命与经济全球化背景下，研究与开发的重要性日趋明显，它在宏观上影响着一个国家的技术和经济实力，在微观上决定了一个企业的生存与发展。为了更好地理解 3 类不同工作的内容，之间的比较如表 4 - 1 所示。

表 4 - 1 3 种科研类型的比较

	基础研究	应用研究	技术开发
目的	寻求真理，扩展知识	探讨新知识应用的可能性	将研究成果应用于生产实践
性质	探求发现新事物，新规律	发现新事物	完成新产品、新工艺，使之实用化商品化
内容	发现新事物，新现象	探求基础研究应用的可能性	运用好基础研究、应用研究成果从事产品实际、产品试制、工艺改进

（续）

	基础研究	应用研究	技术开发
成果	论文	论文或专利	专利设计书、图纸、样品
成功	成功率低	成功率较高	成功率高
经费	较少	费用较多，控制松	经费多，控制严
人员	理论水平很高，基础雄厚的科学家	创造能力强、应用能力强的发明家	知识和经验丰富、动手能力强的技术专家
管理原则	尊重科学家意见，支持个人成果，采用同行评议的方式	尊重集体意见，支持研究组织在适当时做出评价	尊重和支持团体合作
计划	自由度高，没有严格的指标和期限	弹性，有战略方向，期限较长	硬性，有明确目标，期限较短

4.1.1.2 新产品的分类

新产品是指在技术、性能、材料、结构、功能等方面（或仅一方面）具有先进性或独创性的产品。所谓先进性，是指由新技术、新材料产生的先进性，或由已有技术、经验技术和改进技术综合产生的先进性。所谓独创性，一般是指产品由于采用新技术、新材料或引进技术所产生的全新产品或在某一市场领域范围内属于全新产品。按照新产品与现有产品相比的创新程度，新产品可以分为以下几种。

（1）创新产品

采用新原理、新技术、新结构、新工艺、新材料等成果研制的新产品，是创新程度最高的一类新产品。例如，IBM 公司推出的世界上第一台个人计算机、日本东芝公司推出的世界上第一台便携式计算机、摩托罗拉公司推出的世界上第一部手机、IBM 公司推出的世界上第一部智能手机等，这些革命性的产品深刻改变了人们的生活和工作方式。

（2）换代产品

产品的基本原理不变，通过采用新技术、新材料等使产品功能、性能等指标有重大突破。例如，从电子管、晶体管、集成电路到大规模集成电路的发展；从第三代战机、三代半战机、第四代战机到第五代战机的发展等。换代产品有助于企业拓宽产品族，保持市场活力和利润的持续增长。

（3）改进产品

即对老产品的改进和完善，使其在功能、性能、质量、型号、外观等方面有一定的改进和提高，是对现有产品的补充和延伸。例如，汽车行业每年会针对某一车型推出新车；软件行业会不断对原有产品升级优化推出新版本等。通过不断改进和延伸现有产品线，使企业在短期内保持市场份额。

4.1.1.3 产品开发的概念

产品开发就是企业在开发新产品、改造老产品、采用新技术和改变生产组织时所进行的一系列技术活动。企业的研究开发分为产品开发（产品革新）、生产方法开发（工艺革新）和生产手段开发（生产设备、设施革新）等。

（1）产品开发

包括开发新产品和改造老产品，它是企业技术开发的"龙头"。

（2）生产方法开发

在生产过程中劳动者运用劳动工具作用于劳动对象的技术组合和加工方法。这种开发主要是伴随制造新产品或改进老产品和为降低产品成本提高生产效率而进行的新工艺的研究开发，如发明新的加工方法或操作方法等。机器设备和工具是企业的生产手段，是现代化生产的物质技术基础。

（3）生产手段开发

主要包括对现有设备的更新改造、设计和制造各种先进的专业设备和工具，这种研究开发主要是围绕新产品的开发和生产能力的提高而进行的企业技术设备和生产设施的改造。

在新一代科技革命和产业革命背景下，用户需求向个性化和多样化方向发展，产品生命周期急剧缩短。企业要生存和发展，一方面要不断采用新技术、新工艺、新设备，不断提高产品质量，降低产品成本，提高生产效率；另一方面要不断开发新产品，提高企业的竞争能力和适应能力，才能不断地提高经济效益。

4.1.1.4　新产品开发的压力

格雷格 A. 史蒂文斯（Greg A. Stevens）和詹姆斯·伯利（James Burley）调查统计后提出：3 000 个新产品的原始想法，只有 1 个能成功，用成功曲线表述，如图 4-1 所示。阿尔巴拉（Albala）在总结以往研究的基础上，指出新产品开发的死亡率为 98.2%。在初期的项目中只有 2% 可以进入市场，其他的都半途而废。通过在美国和欧洲的文献中查到的所谓失败事例进行研究，其结果是：大约 25% 的工业新产品与开发者的愿望相去甚远，同时 30%～35% 的消费品也遭遇了同样的命运。

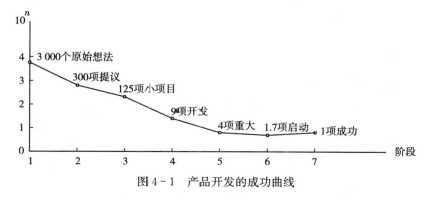

图 4-1　产品开发的成功曲线

新产品失败可归纳为 3 个关键原因：没有潜在的用户和需求，新产品是按照设计人员的想象开发出来的；新产品与当前的需求不匹配，要么不能满足需求、要么功能过剩；在营销方面，特别是在将产品介绍给顾客的相互沟通方面的工作不得力。

4.1.2 产品开发过程

4.1.2.1 产品开发动力模式

新产品开发过程中有两种动力模式，即技术推动型和需求拉动型。

（1）技术推动型

所谓技术推动型，是指按照被称为"Seed Theory"的方式进行的新产品开发。即从最初的科学探索出发来开发新产品，以供给的变化带动需求的产生和变化。技术推动型的产品以"科研—生产—营销"的模式出现。例如，青霉素是在进行结核菌的培养过程中首次被发现的，推动了新的抗生素的生产。

（2）需求拉动型

所谓需求拉动型，是指按照被称为"Need Theory"的方式进行的新产品开发。首先，进行市场调查，了解市场需要什么样的新产品；然后，进行生产技术、价格、性能等方面的研究；最后，根据销售预测是否开发这种产品。需求拉动型产品以"市场—研发—生产—市场"的形式出现。当今发展迅速的模糊控制洗衣机、电饭煲、空调等家用电器产品，就是典型的需求拉动型产品。

4.1.2.2 产品开发阶段

产品开发过程包括 6 个阶段，如表 4-2 所示。这一过程从计划阶段开始，计划阶段包括前期研究和技术开发活动，计划阶段的工作成果是项目陈述，它是概念开发阶段初期的必要信息，同时对开发团队有一定的指导作用。产品设计阶段之后是产品投放，这时产品成为市场上可购买的产品。

表 4-2　一般产品的开发过程

第 0 阶段： 计划	第 1 阶段： 概念开发	第 2 阶段： 系统设计	第 3 阶段： 细节设计	第 4 阶段： 测试和完善	第 5 阶段： 投入生产
市场营销					
● 计算市场机会 ● 定义市场部门	● 收集客户需求 ● 确定主要用户 ● 确定与其竞争的产品	● 产品选择和延伸产品的开发计划 ● 设定销售目标的价格点	● 开发市场计划	● 开发促销方式和推出原材料 ● 在小范围内进行测试	● 让关键顾客试用样品

（续）

设计					
第0阶段：计划	第1阶段：概念开发	第2阶段：系统设计	第3阶段：细节设计	第4阶段：测试和完善	第5阶段：投入生产
● 平台的构建 ● 评估新技术	● 调查产品概念的可行性 ● 设计生产过程 ● 建立并测试实验的原型	● 设计新产品的结构 ● 定义主要的子系统和接口 ● 完善工业设计	● 定义部件的平面图形 ● 选择原材料 ● 设定误差容许量 ● 完成工业设计并控制文档	● 可靠性测试、生命周期测试、性能测试 ● 获得审批手续 ● 进行设计修改	● 评估早期的产品样品

生产					
● 确定工艺规格 ● 建立供应链战略	● 估计制造成本 ● 估计生产的可行性	● 确定关键部件的供应商 ● 进行外包分析 ● 定义最终装配图表 ● 建立目标成本	● 定义零部件生产过程 ● 设计安装工具 ● 定义质量保证过程 ● 开始为长期生产采购设备	● 不断为供应商提供便利 ● 完善生产和组装过程 ● 培训劳动力 ● 完善质量保证过程	● 开始整个生产系统的运行

其他职能					
● 调查：证实技术的有效性 ● 财政：提供计划目标 ● 一般管理：分配项目资源	● 财政：进行经济分析 ● 法律：确定服务问题	● 财政：执行外包分析 ● 服务：确定服务问题		● 销售：开发销售计划	

　　一般产品的开发过程包括6个阶段。

　　（1）第0阶段：计划

　　计划活动通常被称为"第0阶段"。因为它发生在项目批准和产品开发过程启动之前。这个阶段从公司的战略出发，包括技术开发和市场评估。计划阶段的成果是项目陈述，它详细说明了产品的目标市场、经济目标、关键假设和约束。

（2）第 1 阶段：概念开发

此阶段必须明确目标市场的需求，开发并评估新产品概念，并为进一步的开发和测试设定一个或多个概念。概念是产品形状、功能和特征的描述，它通常包含规格、竞争性产品的分析以及项目的经济情况分析。

（3）第 2 阶段：系统设计

系统设计阶段包括产品结构的定义、产品子系统和零部件的分解，以及生产系统的最终装配图。这一阶段的成果包括产品的平面设计、每个子系统的功能说明以及最终装配过程的初步流程图。

（4）第 3 阶段：细节设计

这一阶段包括对平面图、原材料、每个产品独特部件的公差进行说明；对于需要从供应商处购买的所有特殊标准零部件，必须给出鉴定；建立流程计划，以及为等待装配的每一零件确定生产设备。这个阶段的成果是一些图表或计算机文档（说明了每个部件的几何图形和生产设备）、采购部件的说明书以及产品制造装配的过程。

（5）第 4 阶段：测试和完善

测试和完善过程涉及各种样品的试验和评估。作为产品的生产模板，早期的原型通常由几何图形和物理属性相同的部件构成，但实际生产过程中并非完全按照早期模型装配。这一阶段要测试原型并决定产品是否按其设计要求运行，以及是否满足顾客的要求。

（6）第 5 阶段：投入生产

在投入生产阶段，将用预定的生产设备制造产品，目的是培训劳动力并解决生产过程中出现的所有问题，这一阶段逐步从投入生产发展到提升产量，最后在某个时期推出产品并大力销售。

4.1.3 产品开发管理

4.1.3.1 产品生命周期

产品生命周期是指从产品研制成功投放市场开始一直到最后被淘汰退出市场为止所经历的时间。对从产品设计、工艺制造、生产、使用、维护到回收整个产品生命周期中产生的所有数据进行的管理，称为产品生命周期管理（Product Lifecycle Management，PLM）。产品生命周期大致分为引入期、成长期、成熟期和衰退期 4 个阶段，如图 4 - 2 所示。

引入期是指企业的新产品刚刚进入市场，用户对产品还不了解，销售量小而且增长缓慢，销售收入不足以弥补生产成本和销售费用，通常不能提供利润。这一阶段要求企业采取增加广告宣传、改善工艺、提高生产效率、降低成本、稳定和提高产品质量等措施，使产品尽快进入成长期。

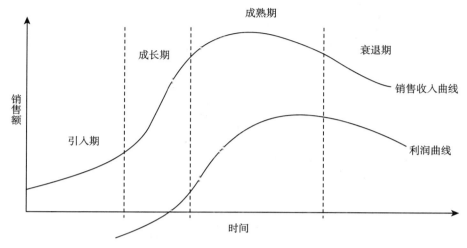

图 4-2　产品生命周期曲线

成长期是指产品被消费者接受，销售量迅速增长的阶段。这时产品产销量大幅度上升，成本下降，利润也迅速增长，同时，竞争开始加剧。这一阶段企业应采取的主要策略是，迅速提高生产能力，扩大市场占有率，同时稳定和提高质量，促进产量高速增长并进入成熟期。

成熟期是产品的主要销售阶段，这时产品已经享有盛誉，有一定的市场份额。企业为开发新产品和营销所支付的投资已经全部收回，产品所提供的利润达到最高水平，但与此同时，竞争也到了白热化阶段。这一阶段企业应采取的主要策略是，不断降低成本，加强服务，同时要注意对产品进行改进，以延长成熟期。

衰退期时产品已不能适应市场需求的发展，销售量锐减，直至被市场所淘汰，退出市场。这时要果断抉择，用改型产品取代原型产品，组织新产品投放市场。

产品生命周期曲线揭示了大多数产品在市场上的销售收入（利润）随着时间变化的一般规律。它表明任何一种产品在市场上有兴旺也有衰退的现象，产品生命周期主要受4种因素的影响，即技术进步的推动、消费者需求和偏好的变化、市场竞争的压力、企业追求经济利益的驱动。产品的生命周期越来越短，更新换代速度加快，实践证明，若产品生命周期为5年，产品开发时间每延长6个月，利润就损失预计应得利润的1/3。

在一般情况下，企业为了保持良好的经营状况，要不断地研究开发新产品。然而，企业开发一代产品是很不容易的，不应该轻易就让它退出市场，应该想方设法延长其生命周期。如图4-3所示，可以通过以下方式：一是增加广告宣传；二是在不改变产品整体结构的基础上，对产品进行局部改进设计，如更换产品的外观和包装、增加某些新机构和新功能等，以吸引新用户和稳定老用户；三是开拓新市场，在产品尚未被认识的新销售区域或经济较落后的区域争取新用户；四是寻找新用途，这一般需要对产品做较大的改进。总之，要千方百计地使这一代产品为企业创造更多的效益。

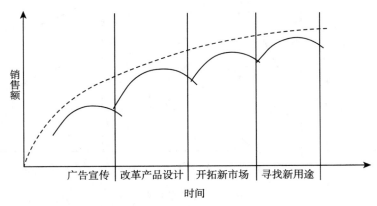

图 4-3　延长产品生命周期的途径

4.1.3.2　产品开发策略

采取正确的新产品开发策略是使新产品开发获得成功的前提条件之一。在制定新产品开发策略时，应预测技术发展和市场需求的变化，还应做到"知己知彼"，即不仅要知道本企业的技术力量、生产能力、销售能力、资金能力以及本企业的经营目标和战略，还应了解竞争对手的相应情况。新产品开发策略一般归纳为领先型策略和跟随型策略。

（1）领先型策略

领先型策略是指企业定位为该行业或领域的领跑者。在产品研发技术方面，能够掌握该行业或领域的技术前沿和发展趋势，具备很强的研发能力和雄厚的技术储备；在市场需求分析方面，不仅能够准确地掌握目前现实的消费者需求，还可以预测潜在的市场需求，即消费者对市场上还没有出现的产品的需求；在管理方面，具有很高的研发管理水平、生产管理水平和市场营销水平。这样的企业具有主动引导消费和主动创造新市场的能力。

（2）跟随型策略

跟随型策略是指企业发现市场上出现有发展前途的产品时，就不失时机地进行跟随和仿制，并迅速投入市场。一些中、小企业常采用这种策略。这种策略也要求企业有较强的应变能力、高效率的开发组织和通畅的销售渠道。

4.1.3.3　产品开发评价

为了使企业保持长久的竞争力，必须不断向市场推出新的产品，为此，企业必须有效响应用户需求，并且能超过竞争对手。企业要有抓住机会的能力，快速开发出新产品，用很短的时间将产品推向市场。这些对一个企业而言都是十分重要的，因为产品的市场寿命是有限的。

为此，企业必须对产品开发的绩效进行测量和控制，争取取得最大的效益。根据企业在市场上的竞争要素，通常用表 4－3 所列出的内容作为度量产品开发绩效的主要指标。

表 4－3　产品开发的绩效评估

绩效指标	评介标准	对竞争力的影响
上市时间	新产品推出的频率 从开始构思到产品推向市场的时间 产品开发数量和最终成功数量 实际效果与计划效果的比例 新产品的销售份额	对顾客和竞争者反映的敏感程度 设计的质量—贴近市场 项目的频率—模型寿命
生产率	每个项目的研发周期 每个项目的原材料成本和制造工具的成本 实际与计划的差异	项目数量—新产品设计与开发的频率 项目的频率—开发的经济性
质量	舒适度—使用中的可靠性 设计质量—绩效和顾客满意度 生产产量—工厂和地区	信誉—顾客的忠诚度 对顾客的相对吸引力—市场占有率 盈利能力—利润率

4.1.3.4　产品组合策略

一个新产品的产品方案选定以后，这种产品的价格定为多少市场可以接受，预计销售量可达到多少，开发和生产成本控制在什么范围内企业才能盈利，这样的成本范围企业有没有能力达到等等，这些都需要详细分析。关于成本效益分析的方法有很多，在此只讨论损益平衡分析法。

损益平衡分析的基本假定是，生产某种产品的全部成本分为固定成本和变动成本两大类。其中变动成本包括原材料成本、人工成本和间接成本中的变动部分，这部分成本随产量而变化；固定成本主要是指设施设备成本（如折旧、利息、保险费用等），它不随产量而变化，有时还包括不随产量而变化的部分人员费用、促销费用等。所谓损益平衡点，是指这样一个量，在该点，全部生产成本等于全部销售收入。即：

$$pQ = F + cQ \qquad (4-1)$$

其中，p 为单位产品的销售价格，c 为单位产品的变动成本，F 为年固定成本，Q 为年销售量。

从式（4－1）可得到损益平衡销售量为：

$$Q=\frac{F}{p-c} \qquad\qquad (4-2)$$

这个量的含义是，在企业固定成本和变动成本一定的条件下，只有该产品的销售量达到这个量以上，企业才有可能盈利，如图4-4所示。如果预计的销售量达不到这么大，就需要重新考虑有无降低成本、提高价格或扩大销售量的可能性。因此，利用损益平衡分析方法，企业可做敏感性分析，对多种可能的成本、价格、销售量假设做损益平衡分析，以确定每一要素对产品利润的影响，从而决定新产品的取舍和改进方向。

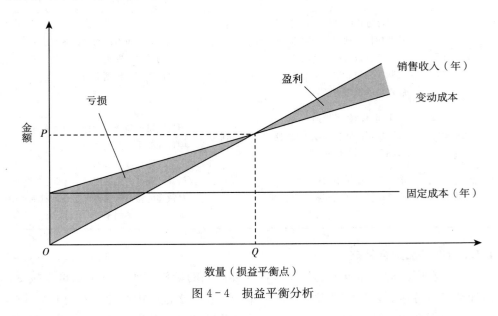

图4-4　损益平衡分析

4.1.4　产品开发组织方法——并行工程

4.1.4.1　串行的产品设计方法

按过程分析的方法，产品开发由许多过程组成。过程中存在两种类型的活动：一类是专业活动，如需求分析、结构设计和工艺设计；另一类是协调活动，通过协调顾客域、功能域、物理域及制造域的方案和建议，取得各方面一致认可决策的活动。

传统产品设计的做法是，设计者在没有从制造部门获得任何信息的情况下就开发一种新产品，然后将该设计方案送到制造部门，接下来，制造部门再为这种新产品设计和配置相应的生产系统。如图4-5所示，从需求分析、结构设计、工艺设计一直到加工制造和装配，形成串行方式。这种"隔墙"方式给制造部门带来了巨大的挑战，使得成功地生产一种新产品所需的时间大为增加，造成以下两个关键缺陷。

第一，各下游开发部门所具有的知识难以加入早期设计，越是设计的早期阶段，降低费用的机会越大。而发现问题的时间越晚，修改费用越大，费用随时间成指数增加。

第二，各部门对其他部门的需求和能力缺乏理解，目标和评价标准的差异和矛盾降低了产品整体开发过程的效率。

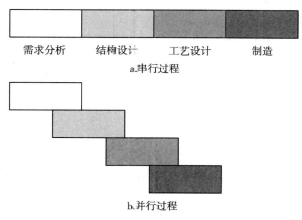

图 4-5　产品开发的 2 种方式

4.1.4.2　并行工程的思想和优点

为实现从产品设计到实际生产的顺利过渡并减少产品开发时间，许多公司在产品设计过程中采用了并行工程方法。从狭义上说，并行工程是指在设计阶段的早期将设计和工程制造人员召集起来，同时进行产品和生产系统的开发。近年来，这个概念的应用范围得以扩大，扩展到包括产品设计、原料采购、产品生产和销售等部门；相应地，所涉及的人员也可能来自这些不同的部门；此外，供应商和顾客也经常被请来提出设计方面的建议。在产品设计过程中采用并行工程的目的是让产品设计既能反映顾客需求，又与产品制造能力相匹配。

并行工程的主要优点如下。

（1）缩短产品投放市场的时间

并行工程技术可大大缩短产品开发和生产准备时间，并行工程可较快地完成产品开发并投放市场，有利于企业抓主市场机遇。

（2）降低成本

并行工程可在以下 3 个方面降低成本：首先，它可以将质量缺陷控制在设计阶段。众所周知，在产品开发过程中，质量缺陷发现的越晚，造成的损失就越大。其次，并行工程不同于传统的"反复试制样机"的做法，强调"一次达到目的"，应用计算机仿真和快速样件生成实现，减少了样机试制的成本。其三，由于在设计时就考虑到加工、装配、检验、维修等因素，降低产品的寿命周期成本，既有利于制造者，也有利于用户。

（3）保证和提高产品质量

根据现代质量控制理论，质量首先是设计出来的，其次才是制造出来的，检验只能去除废次品，而不能提高质量。采用并行工程技术，尽可能将质量缺陷消灭在设计阶段，使所设计的产品便于制造、易于维护。

（4）保证了功能的实用性

由于在设计过程中有销售人员参加，有时甚至还包括顾客的参与设计，这样的设计方法能够更加准确地把握用户的要求，有利于去除冗余功能，既降低了产品成本，又提高了产品的可靠性和实用性。

4.2 产品设计

4.2.1 产品设计的重要性

产品设计是指从确定产品设计任务开始，到确定产品的机体结构为止的一系列技术工作和管理活动，是产品开发的重要环节，也是产品生产过程的开始。由于产品设计阶段要全面确定整个产品的具体结构和规格，从而也就确定了生产该产品的整个生产系统的构成，甚至售后的维修服务工作的构成和报废后的处理工作构成。所以，产品的设计阶段决定了产品的前途和命运，一旦设计出了错误或设计不合理，将导致产品的先天不足，工艺和生产上的一切努力都将无济于事。据统计，产品设计时间占总开发时间的近 60%。因此，产品设计的意义重大，具有"牵一发而动全局"的"龙头"作用。产品设计的重要性具体体现在以下几方面：

第一，产品能否在预定的使用环境中发挥预定的性能、机能，主要取决于设计阶段。

第二，产品成本责任主要在于设计阶段。研究表明，产品成本的 80% 取决于设计开发部门和生产技术郊门，如图 4-6 所示。

第三，产品设计影响产品的制造工艺性。在规定的产量规模条件下，能否采用经济的加工方法，能否制造出合乎质量要求的产品，通常是产品的结构工艺性好坏的标准。据统计，制造过程中生产率的 70%～80% 是在设计和工艺阶段决定的。良好的结构工艺性，要求设计的产品结构能够最大限度地降低产品制造的技术难度和劳动量、减轻产品的重量、减少材料耗费、缩短生产周期等。

第四，设计阶段对控制产品质量有重要的意义。因为在设计阶段将具体确定产品及其零部件的各种技术参数，如材料型号、公差、配合精度、表面粗糙度

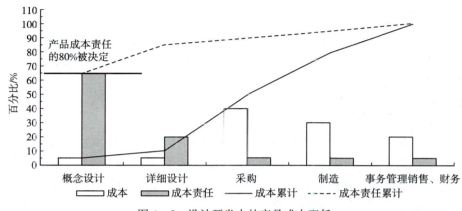

图 4-6　设计开发中的产品成本责任

等，这些技术参数的设置不仅影响产品的性能、加工工艺性，还影响产品加工质量的保证程度和使用过程中的可靠度。据统计，所有质量问题的 40% 可以归因于低劣的设计和工艺。因此，必须人设计阶段就树立产品质量观念，尽量不使任何会带来不良产品的因素掺杂到设计中。

4.2.2　产品设计的原则与程序

4.2.2.1　产品设计原则

选择一个真正能为企业带来效益的产品很不容易，关键看产品开发人员是否真正具备市场经济的头脑。一方面，新技术的出现对新产品的形成有重要影响；而另一方面，主要看企业是否真正把用户放在第一位。

因此，产品设计和选择应该遵循以下原则。

（1）设计创新性的产品（服务）

设计本身就是创造性思维活动，只有大胆创新才能有所发明，有所创造。但是，今天的科学技术已经高度发展，创新往往是在已有技术基础上的综合。有的新产品是根据他人研究试验结果而设计的，有的是博采众长加以巧妙的组合。因此，在继承的基础上创新是一条重要原则。

（2）设计可制造性（Manufacturability）强的产品

可制造性原则表述了产品是否能用现有的生产技术和手段制造出来，并符合产品的质量和成本要求。在产品的设计阶段就考虑产品的可制造性，从而保证设计出的产品易于制造和装配，缩短产品的开发周期，降低产品成本，保证产品质量。

（3）设计可靠性强的产品（服务）

产品设计力求技术上先进，但更要保证使用中的可靠性，即无故障运行的时间长短。所以，产品要进行可靠性设计。

（4）设计绿色产品

出色的设计应该兼顾环保，致力于维持稳定的环境，合理利用原材料。同时，设计也不应仅仅局限于防止对环境的污染和破坏，也应该注意不让人们的视觉产生任何不协调的感觉。

4.2.2.2　产品设计程序

（1）编制技术任务书

技术任务书是产品设计的指导文件，是在新产品方案论证基础上编制的。其目的在于正确地确定产品最佳总体设计方案、主要技术性能参数、工作原理、系统和主体结构。其主要内容包括：确定新产品的用途、适用范围、使用条件和使用要求，设计和试制该产品的依据；同国内外同类先进产品对比，说明其结构、特征及技术经济指标的先进程度，提出选型的依据；确定产品的基本性能、结构和主要参数，概括地做出总体布置、传动系统略图、电气系统略图、产品型号、尺寸、标准系列等；概略地计算技术经济指标。

（2）方案设计

这是产品设计的选型阶段，主要任务是确定产品的基本功能、性能结构和参数，一般包括产品的功能和使用范围、产品的总体方案设计和外观造型设计、产品的原理结构图、传动系统图、电气系统图、产品型号、尺寸、性能参数标准等。对各选型方案，计算其技术经济指标并进行经济效果分析。

（3）技术设计

这是产品设计的定型阶段，主要任务是将方案设计中确定的基本结构和主要技术参数进一步具体化，根据技术任务书中的要求，进一步确定产品结构和技术经济指标，以总图、系统图、明细表等形式表现出来。技术设计的基本内容应视产品类别而异。对于机电产品，一般包括试验、计算和分析确定主要零部件的结构、尺寸和配合，并画出机器总图、重要零部件图、液压系统图、冷却系统图和电气系统图等；编写部件、附件、通用件、标准件、外购件等明细表及特殊材料明细表；编写设计说明书，说明产品结构特点和结构间的相互关系，以及重要零件强度、刚度和计算公式等；制定加工和装配的技术条件，以及产品验收和订货的技术条件；产品的技术经济指标和技术经济效果分析等。

（4）工作图设计

工作图设计的任务是将技术设计进一步具体化，在技术设计的基础上绘制供试制（生产）及随机出厂用的全套工作图样并编写必要的文件。工作图设计的主要内容包括：设计并绘制全部零件的工作图，详细注明尺寸、公差、配合、材料和技术条件；绘制产品总图、部件装配图、包装图和安装图；编写零件一览表；编制产品说明书和使用、维护保养规程等。工作图的质量直接影响新产品试制。

因此，保证图样质量、加强图样的审查校核工作也很重要。

不同类型的产品设计程序和具体内容有所不同，但一般来说，产品设计程序为编制技术任务书、方案设计、技术设计和工作图设计。对复杂的非标准产品，尚需在技术设计之前进行初步设计。利用引进技术开发的新产品，一般只进行技术设计和工作图设计。

4.2.3 产品设计中的应用技术

4.2.3.1 质量功能展开

质量功能展开（Quality Function Development，QFD）是将顾客的需求融入产品设计中的一个方法，这种方法是营销部门、设计部门、制造部门 3 个职能交叉部门开发出的。丰田汽车公司曾用该方法大幅度缩短了设计时间，从而将汽车成本降低了 60%。

质量功能展开过程从倾听和了解顾客的需求入手，以确定一个好的产品应该有哪些功能。通过市场研究，确定顾客对产品的需求和偏好并将其分类，称之为顾客需求。图 4-7，这是一家汽车制造商改进车门设计的例子：通过顾客调查与访问，公司明确了顾客对车门的两个重要要求："在斜坡上依然可维持打开状态"和"容易从外面关上"。确定顾客的需求之后，根据这些需求的重要程度，分别赋予它们权重。接下来，请顾客对公司及其竞争者的产品进行比较与排序。这个过程有助于公司了解顾客所希望的产品特征并衡量自己的产品与其他公司产品的相对关系，这么做的结果是更好地理解与关注了需要改进的产品特征。

顾客的需求信息可以用一个特殊的矩阵表示出来，这个矩阵称为质量屋，如图 4-7 所示。质量屋有以下主要部分：①左墙—顾客需求；②右墙—竞争力评价表；③天花板—技术要求；④房间—关系矩阵表；⑤地板—质量规格；⑥地下室—技术能力评价表；⑦屋顶—技术要求之间的相关矩阵。

4.2.3.2 价值工程

价值工程（Value Engineering，VE）是一种以提高产品附加价值为目的的定量分析方法，是一种现代管理技术。价值工程运用集体的智慧和有组织的活动，通过对产品（或服务）进行功能成本分析，用最低的生命周期成本，实现必要的功能。在新产品设计中应用价值工程的目的是要设计出既能保证所需的特定功能，又能降低产品生命周期成本的新产品。

价值工程的主要特点如下：

（1）价值工程采取多种途径来提高价值

既不是单纯强调产品功能，也不是片面地要求降低成本，而是致力于提高两者的比值。根据 VE 的基本公式，提高价值的途径有：①功能不变，成本降低；②功能提高，成本不变；③功能提高，成本降低；④功能大幅度提高，成本略有

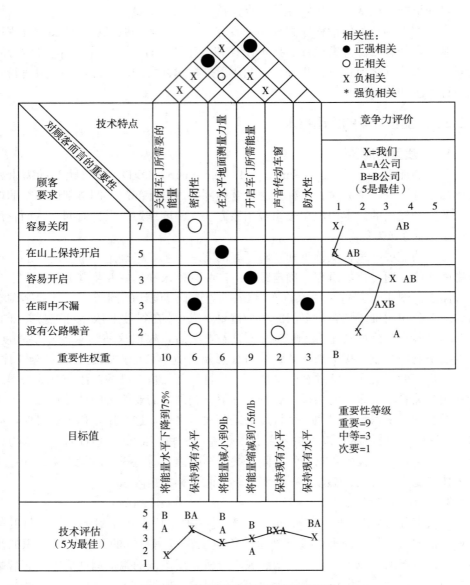

图 4-7 汽车车门完整的质量屋矩阵

提高；⑤功能略有下降，成本大幅度下降。

（2）价值工程以功能分析为核心

功能分析是 VE 活动中的一个重要手段，它针对产品及其零部件，系统地分析和比较它们的功能，去除不必要的功能和过剩功能，改善必要功能，从而达到以最少的成本可靠地实现必要功能的目的。

（3）价值工程强调有组织地运用集体智慧

开展 VE 要涉及研究、设计、制造、供应、财务、销售等许多部门，需要各种专业人员的经验和智慧，相互协作、博采众长才能获得成功。

4.2.3.3　成组技术

成组技术（Group Technology，GT）是研究如何识别和发掘生产活动中有关事物的相似性，并把相似的问题归类成组，寻求解决这一组问题相对统一的最优方案的一种科学方法。相似性分析方法是成组技术的基本分析方法。

所谓相似性分析，就是按照相似性原理对产品的结构、工艺等各个方面进行分析。成组技术不是以单一产品为生产组织的对象，而是打破产品之间的界线，从零件的"个性"中找"共性"，按照产品零件结构和工艺的相似性来组织产品的设计和制造，相似性分析的直接结果是分类和建立零件族（组）。

分类建族的依据是相似性特征和相似性程度，按照不同的相似性特征，可以建立不同的零件族。例如，根据零件的结构和功能特征可建立设计族；根据零件的工艺特征可建立加工族；根据生产管理的需要，可建立调整族、材料族等。通过在生产的各个阶段所建立的零件族（组），达到扩大成组批量的目的；采用先进的设计、制造技术、生产组织形式和生产管理方法，把多样性、个性化的市场需求转化成企业内部的批量稳定生产，使复杂的制造过程简化、专业化和标准化，从而可以大大提高经济效益。

4.2.3.4　模块化设计

模块可以被定义为一组具有同一功能和接合要素（指连接方式和连接部分的结构、尺寸、配合等），但性能、规格或结构不同的可以互换的单元。由此可知，模块具有 2 个基本特征：一是模块具有特定的功能；二是模块具有通用的接口，即一个模块与另一个相关模块可以实现自由连接，相同或相似的模块之间可以实现互换。由模块组成的产品称为模块化产品。模块化产品又有两种类型，即纯模块化产品和混合模块化产品。纯模块化产品完全由模块组成，混合模块化产品则以模块组成为主，同时含有非模块部分。

采用模块化方法设计模块化产品具有以下几种优点：①可以明显减少设计工作量，缩短产品设计周期；②将新技术融入所设计的模块，有利于加速产品的更新换代；③可以提高设计标准化程度，并有利于实现设计优化；④可以扩大生产批量，降低生产成本，有利于发展专业化生产，提高生产率；⑤对市场需求的应变能力强，可以在最短的时间内生产出所需的产品，最大限度地满足顾客的需求；⑥可以使生产系统具有较大的柔性，以快速适应市场需求的变化；⑦模块化产品便于维护和更新。

4.2.3.5　DFX 设计

DFX 是 Design for X（面向产品生命周期各环节的设计）的缩写。其中，X

可以代表整个产品生命周期或某一环节，如装配、制造、使用、维修、回收、报废等，也可以代表产品竞争力或决定产品竞争力的要素，如质量、成本、时间等。这里的设计不仅仅是指产品本身的设计，也指与产品有关的制造、装配和服务等相关过程的设计。DFX方法通过在产品的设计阶段最大限度地考虑与产品全生命周期有关的影响要素，以此达到提高产品质量、缩短开发周期和降低产品成本的目的。最常见的DFX技术有：面向装配的设计（Design for Assembly，DFA）、面向制造的设计（Design for Manufacturing，DFM）、面向成本的设计（Design for Cost，DFC）、面向服务的设计（Design for Service，DFS）等。

面向装配的设计（DFA）是一种针对装配环节来进行产品设计的思想和方法，是在产品设计过程中充分考虑产品的装配环节和相关要素，如零件间的配合、定位、装配方向和装配角等，在满足产品性能与功能要求的条件下，改进产品的装配结构，使设计出的产品是可以装配的，并尽可能降低装配成本和总成本。其原则包括最小零件数、最少接触面和易装配等。

面向制造的设计（DFM）在产品的设计阶段就尽早地考虑与产品制造有关的约束（如可制造性），全面评价产品设计和工艺设计，同时提供改进设计的反馈信息，在设计过程中完成可制造性检测，以使产品的结构合理、制造简单、装配性好。其一般设计原则主要有简化零件形状、选用便于加工的材料、设置较大的公差、采用标准件等。

4.3 工艺设计

4.3.1 工艺设计的重要性

工艺设计是指根据产品设计要求，设计或规划出从原材料到产成品所需要的一系列加工过程、加工方法、材料消耗、工时消耗、设备和工艺装备需求等技术文件。工艺设计过程是产品结构设计过程和制造过程之间的桥梁，它把产品的结构数据转换为面向制造的工艺设计过程数据。

优良的工艺设计意义在于：

①通过有效的工艺方法和工艺装备保证产品质量；②通过合理的工艺参数和标准的工艺过程提高生产效率或缩短生产周期；③通过相应的自动化装置降低劳动强度；④通过最大限度地利用有效资源，减少生产准备时间和降低生产成本。

4.3.2 工艺设计的内容和程序

4.3.2.1 产品图样的工艺分析和审查

工艺分析和审查的主要目的，是从工艺角度检验结构的合理性和经济性，以便所设计的产品能制造、好制造，并符合本企业制造条件，力求达到最好的经济效益。产品图样工艺分析和审查的主要内容，是技术要求的经济合理性；结构关系是否合理、零件的继承性如何，力争有较高的继承性系数；结构是否符合分解原则、部件装配系数是否满足要求；结构的标准化与规格化程度如何，标准化系数是否足够高；材料选择是否经济合理，加工性能是否良好；工厂现有设备上能否加工制造，有没有条件采用高效率的先进工艺和先进生产组织方式；工艺装备系数是否合理，需要检查重新设计和制造的专用工具有多少，能否充分利用现有的工具和标准工具等。

为了缩短产品开发周期，避免工作图过多地被更改、减少损失，工艺分析与审查应贯彻从编制技术任务书开始的产品开发各个阶段，按严格的程序进行，产品图纸只有在工艺审查完毕和批准之后，才能用于指导生产。

4.3.2.2　拟定工艺方案

工艺方案是工艺设计的指导文件，规定了试制新产品或改造老产品过程中诸如关键件的加工方法、工艺路线、工艺装备的原则和系数，以及装配要求等关键性问题，以切实保证试制或改造进度。工艺方案的内容一般包括：根据产品设计要求，确定所采取的工艺原则，规定工艺设计的特殊要求；从新产品试制过程到成批或大量生产时应达到的质量要求以及材料利用率、劳动量、设备利用率和制造成本等技术经济指标；列出产品加工关键的工序必须具备的物质条件和应采取的措施；确定工艺路线，规定产品零件加工单位划分准则和零件分布情况。

4.3.2.3　制定工艺文件，编制工艺规程

工艺文件包括：工艺路线表（或车间分工明细表）、工艺规程、工艺程序图、工艺装备图、工时定额及原材料消耗定额等。在大批量生产中，还要进行设备负荷计算、设备平面布置设计、劳动组织和工作地布置设计、运输方案设计，及其他服务于工艺过程的辅助设施设计等。

工艺路线是指产品或零部件在生产过程中，由毛坯准备到成品包装入库所经历的全部生产环节（车间）及其先后顺序。工艺路线设计完毕，应提出工艺路线表（或车间分工明细表），也有的企业采用"流程表"，进一步指导车间分工和工艺过程卡等工艺文件的设计。

在工艺文件中，最主要的是工艺规程，它是安排生产作业计划、生产调度、质量控制、原材料供应、工具供应、生产组织、劳动组织的基础资料，是具体指导工人进行加工制造、进行操作的文件。工艺规程包括：产品及各部分制造方法和顺序，设备的选择，切削规范的选择，工艺装备的确定，劳动量及工作物等级的确定，设备调整方法，产品装配与零件加工的技术条件等。

工艺规程的形式一般有 4 种：工艺过程卡片、工艺卡片、工序卡片、工艺守则（操作指导书）。除此之外，还有调整卡片和检查卡片等辅助性文件。

（1）工艺过程卡片

它是按零件编制的，规定工件制造过程所经历的全部工序及其顺序，各道工序名称、加工方法，采用的设备、工装、工时定额等。它是指导零件加工制造的概略综合卡片，也是进行生产组织和计划的重要文件。单件小批生产、产品试制多采用此种卡片。

（2）工艺卡片

它是为零件加工制造的工艺阶段（车间）编制的，例如铸工、冷作、热处理、机械加工、装配等。工艺卡片列有某一工艺阶段的全部工序，其形式与工艺过程卡片相似，不同点是只针对一个工艺阶段。一般来说，使用工艺卡片的企业就不用工艺过程卡片了。

（3）工序卡片

它是按零件加工的每一道工序编制的，即一序一卡。工序卡片带有工序图，详细标明了工件在该工序的定位方式和加工表面。工序卡片还列出该道工序每一工步的详细操作，包括工步内容、所用工艺装备、切削速度、进给量、吃刀量、进给次数等详细的工艺参数，对工艺方法和要求都有具体而明确的规定。大量生产的全部零件、成批生产的重要零件，均需编制工序卡片；在单件小批生产中，只对特别重要的工序编制工序卡片。工序卡片一般与工艺过程卡片或工艺卡片配合使用，此时工艺过程卡片的作用主要是标明工件加工所要经历的工序及顺序，工序卡片的作用则是说明各工序内部具体的工艺方法和工艺参数。

（4）工艺守则

它规定了操作的要领及其注意事项。守则一般是根据同类工艺操作制定的，不受工厂具体条件限制，通常只对关键工序制定工艺守则。

4.3.2.4 工艺装备的设计与制造

工艺装备是工具、夹具、量具、刀具、模具和工位器具等的总称，简称"工装"。工装分通用和专用两类。通用工装可用来加工不同的产品，专用工装只能用于特定的产品。工装是制造新产品不可缺少的物质条件，对保证产品质量、提高生产效率都有重要作用。同时，工装设计和制造又是新产品开发中工作量最大、周期最长的阶段。在此阶段应注意几点。

（1）正确确定工装设计与制造的数量

工装数量应根据生产批量、产品结构和生产性质来确定。产品的生产批量越大，越应该相应地增加工装数量；产品结构越复杂，为了保证制造质量，也应增加工装数量；产品和工装的系列化、标准化和通用化程度高的企业，专用工装数量可适当减少。此外，不同制造阶段的工装数量也不同：样品试制阶段，只设计和制造必不可少的工装；小批试制阶段，应按工艺要求设计和制造主要工装；批量生产阶段，应设计和制造工艺要求的全部工装，包括保证质量的工装、提高效率的工装、保证安全生产的工装和减轻劳动强度的工装等。

（2）提高工装的继承性

在设计时，要充分利用企业中现有工装。设计工装时，首先从企业中已有工装中选用，只有在无法选用时，才允许设计新的工装。

（3）加强工装的标准化、通用化

尽量减少工装结构的多样性和型式，包括工装中零部件的标准化、通用化，以及工装结构的标准化、通用化，如此可以减少工装设计、制造的劳动量，扩大工装的制造批量，从而缩短工装设计、制造周期，满足试制或生产的需要，提高工装质量，节约工装设计制造费用。

（4）加强工装设计和制造的计划管理

新产品需要的工装数量很大，但是多数工装的结构简单、设计制造周期短。应抓住结构复杂、工序多、周期长的关键工装，注重早设计、早投料的原则，来带动全部工装的设计与制造。一个零件的加工往往经过许多道工序，需要数种不同的工装，应尽量使这些工装的设计和制造在时间上和数量上互相配合，保证成套供应。应按试制或生产的先后次序组织工装设计制造，早用的工装先设计制造，晚用的工装后设计制造，保证满足生产需要，同时使工装制造单位的能力得到充分的利用。

4.3.3 工艺知识管理

对于制造企业来讲，知识中最为重要的当属工艺知识。工艺知识就是在企业产品的设计、生产准备、制造和经营管理活动中，贯穿产品全生命周期的与工艺有关的事实、规则、诀窍、各种经验等知识。工艺知识从表现形式上可以分为显性知识和隐性知识两类。显性知识指的就是能够以一定形式表现出来的知识，比如事实、规则、定律等。隐性知识指的是隐含在大量数据或事实当中而没有被总结出来的知识，比如诀窍、技巧、经验等。

（1）工艺知识

在企业中的重要地位和作用是保证产品质量及企业经济技术效益的重要条件之一。工艺知识在企业中的重要地位和作用主要表现在以下几方面：

①工艺工作是科学技术转变为生产力的实践过程，而工艺工作离不开工艺知识的支撑。工艺知识具有决策作用、反馈控制作用和积累共享作用。

②工艺知识是新产品开发和老产品技术改造更新换代的保证。在产品和技术引进过程中，样机、设计图样是可以买到的，但工艺技术和成分配方等是很难得到的，尤其是制造技术的关键诀窍（隐性知识）是保密的。因此，这些技术难点往往就成为国产化的关键。

③工艺知识是影响产品质量的重要原因。实践表明，产品存在大量质量问题，往往是工艺知识落后、工艺管理不善和工艺纪律松弛导致的。同时，工艺技术的每项重大进展和应用会显著提高产品质量。

因此，如何科学地对工艺知识进行管理，以便充分利用企业的工艺知识资源是非常重要的。

（2）工艺知识管理

工艺知识管理是即对工艺知识进行分类、编码、表达、搜集、存储、检索、发布和挖掘，在此过程中，个人和组织可以获得新知识和新经验，为企业技术创新提供技术支持，辅助企业进行决策。除具有知识管理的一般功能外，它还具有以下作用：

①由于工艺知识涉及范围广，任何个人不可能拥有所有的工艺知识。通过工艺知识管理系统，将所有的工艺知识存放在一个工艺知识库中共享，员工可以快速检索到自己需要的工艺知识，并在系统导引下按流程完成工艺制作。

②由于工艺知识的隐含性，必须建立工艺知识管理机制激励员工献出自己的知识，促进隐性知识的显性化。用户可以通过系统平台进行交流，不受时间、空间的限制。

③由于工艺知识的动态性，通过工艺知识管理系统可以更好地对其进行管理，使工艺知识库时刻处于最新状态，用户可以实时了解国内外最新的工艺情报。

④由于工艺知识的复杂性，必须对企业的历史数据和知识进行存储和挖掘，才能辅助企业的决策者作出合理的决策。

工艺知识作为知识的一个组成部分，其管理系统的功能与一般的知识管理系统功能是类似的，主要也分为四大模块，即工艺知识的获取、工艺知识的转化、工艺知识的发布和工艺知识的应用，如图4-8所示。

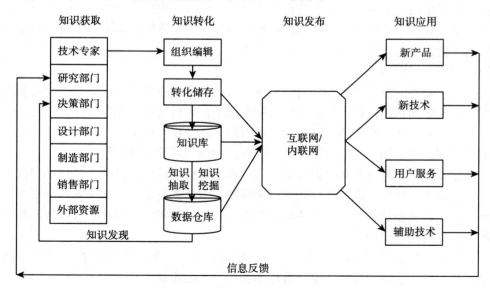

图4-8　工艺知识管理系统框架图

思考与练习

（1）讨论新产品开发在企业战略中的重要性。

（2）讨论新产品开发过程中概念开发阶段产品构思的来源与重要性。

（3）讨论产品生命周期各阶段的企业战略如何应对。

（4）讨论损益平衡分析法在产品组合策略中的作用。

（5）讨论并行工程组织方法在产品开发过程中的重要性。

（6）分析并行工程的思想和优点有哪些?

（7）讨论产品设计在整个产品研发与生产过程中的重要性。

（8）产品设计是如何进行的?

（9）讨论产品设计过程中都有哪些技术，其作用是什么?

（10）工艺设计的内容和程序有哪些?

（11）讨论工艺知识管理的重要性。

生产组织设计

学习目标

➢ 理解制造业各种生产类型的特点以及对管理的要求
➢ 掌握生产组织的空间组织和时间组织的基本理论
➢ 了解设施选址的影响因素
➢ 掌握流水线设计的程序和方法

5.1 生产类型的划分

5.1.1 生产类型的概念

企业生产类型是根据企业的产品结构、生产方法、设备条件、生产规模和专业化程度等各方面的特点所进行的分类，是影响生产过程组织的主要因素，也是设计企业生产系统首先应确定的重要问题。这些特点都直接影响企业的生产过程组织，因此，有必要将各种不同的生产过程划分为不同生产类型，以便根据不同生产类型的特点有针对性地选择合适的生产组织形式。

5.1.2 生产类型的种类及其特点

从生产类型的概念来看，影响生产类型的因素较多，为了便于研究，需按一定的标志，将企业划分为不同的生产类型，并根据各生产类型的特点来确定相应的生产组织形式和计划管理方法。生产发展史上出现过许多生产类型的划分方式，譬如最早的产业划分法，在社会经济研究中发挥了很大作用，但对于生产本身价值并不大，因此从实际出发，为了更好地研究和组织企业的生产，必须选择合理的划分标志。以下，根据每种类型划分的重要程度，按照由次至主的顺序给出四种划分标志。

5.1.2.1 按生产的形式划分

（1）合成型

将不同的原材料（零件）合成或装配成一种产品。

（2）分解型

将原材料加工后生产的多种产品，例如化工性质的产品。

（3）提取型

例如植物精油、通过从地下或海洋中提取的产品。

（4）调制型

通过改变加工对象的形状或性能而制成的产品，例如炼钢。

5.1.2.2 按生产的连续程度划分

（1）连续型生产

它是指物料长时间连续不断地投入、源源不断地生产一种或很少几种产品，产品、工艺流程和使用的生产设备都是固定的、标准的，最后形成产品的一种生产方式，如药品、化肥、化学制剂、炼油、冶金等。

（2）离散型生产

它是指生产过程的各种物料是间断性地投入，按照一定工艺顺序运动，在运动中不断改变形态和性能，最后形成产品的生产。生产设备和运输装置必须适应多种产品的加工需要，工序之间往往有一定的在制品储存。加工装配式生产的产品是由离散的原材料投入，零部件装配而成的。譬如制造业，我们投入的原材料是一批批投进去的，生产过程也是分阶段的。加工装配式生产是生产管理理论的主要研究对象，它的生产组织比较复杂，是生产管理研究的重点。

5.1.2.3 按生产任务的来源划分

（1）存货型生产（Make to Stock，MTS）

存货型生产也叫备货型生产，是在没有接到用户订单的时候，经过对市场需求量进行预测的基础上，按照已有的产品标准或产品系列有计划地进行生产，生产的直接目的就是补充库存，通过维持一定量的成品库存满足市场需求。这种类型的产品一般通用性强，标准化程度高，有广泛的用户，通常是标准化、大批量地进行轮番生产，其生产效率比较高。为防止库存积压和脱销，生产管理的重点是产品品种与产量的确定，把握好生产进度，保持好生产过程各环节之间的平衡，保证全面完成计划任务。大多数日用品和标准件属于这个类型，例如纸、笔、橡皮、水杯、笔记本、衣物，还有工业中使用的螺钉、螺柱等。当然也有例外，大型耐用产品的汽车除了少量定制外属于存货生产类型。

（2）订货型生产（Make to Order，MTO）

订货型生产是在接到顾客的订单之后，按顾客的特定要求组织生产，其间有可能包括设计、供应、制造和发货等工作。用户可以对产品提出个性化的要求，经过谈判和协商，以合同的形式确认了产品的性能、价格、质量、数量和交货期等要求。由于是按顾客的要求定制，故产品可能是非标准化的，在规格、数量、质量和交货期等方面可能各不相同。由于是按订货合同规定的交货日期进行生产，产品生产出来立即交货，所以基本上没有产成品存货。订货型生产生产管理的重点是接货决策和确保交货期，按"期"保证生产过程各环节的衔接平衡。一般大型耐用的专用产品、非标准产品和特殊行业产品属于这种类型，例如飞机、轮船、航母、军事武器等。

最初对生产管理理论的研究大多以存货型生产为对象，其实对订货型生产也是适用的，无论是预测还是订单，都要经过生产计划、物料需求计划编制作业计划、调度排序等活动来完成。但由于两者组织流程不一样，有些具体方法只能用于其中一种。存货型生产是预测驱动的，它要经过需求预测才能编制计划，有库存，所以要有库存控制，预测品种与产量一般可以用线性规法优化产品组合，这些不适用于订货型生产；订货型生产是订单驱动的，产品既可以包括已有产品系列的产品，也可能有各种变型产品或非标准品，所以组织订货型生产就会有产品设计环节，运用整数规划进行接货决策，但没有产品积压。所以说两者是有联系又有区别的，如表5-1所示。

表 5-1 存货型生产与订货型生产的主要区别

项目	存货型生产（MTS）	订货型生产（MTO）
产品类型	标准产品	按用户要求生产，无标准产品、大量的变型产品与新产品
生产任务来源	预测	订单
对产品的要求	共性，可以预测	个性化，难以预测
价格	事先确定，偏低	订货时确定，偏高
交货期	不重要，由成品库随时供货	很重要，订货时决定
设备	多采用专用高效设备	多采用通用设备
人员	专业化人员	多种操作技能人员

5.1.2.4 按工作地专业化程度划分

国民经济是面向全社会所有领域的，各种各样的产品都有，产品差别极大，而产量也相差悬殊。品种少产量大的企业，生产的重复性高，工作地专业化程度也高；相反，品种多产量小的企业生产的重复程度低，专业化程度也低，生产特点不同，生产组织方式也不同。生产计划与控制就是要按照各自的特点进行分类，把握各种生产类型的特点和规律，针对性地组织生产。按生产任务的重复程度或工作地的专业化程度，可将制造性生产划分为大量生产、成批生产和单件小批量生产三种类型。

（1）大量生产类型

大量生产的特点是生产的品种少，每一品种的产量大，生产稳定、重复程度高。一般这种产品在一定时期内具有相对稳定的、很大的社会需求。工作地固定完成一、二道工序，专业化程度很高。大量生产类型有条件采用高效的专用设备和专用工艺装备，采用流水线的生产组织形式。在生产计划和控制方面也由于生产不断重复进行，规律性强，有条件应用经过仔细安排及优化的标准计划、自动化装置对生产过程进行监控。工人也易于掌握操作技术，迅速提高熟练程度。专业化的设备和专业化的人员可以大大缩短生产周期，大量生产的效率很高，产量稳定、产量大、易于获得规模效应。采用该生产类型生产的典型举例如螺钉、螺母、轴承等标准件，家电产品、轿车等。

（2）成批生产类型

成批生产的特点是生产的产品产量比采用大量生产类型的少，而产品品种较多，各种产品在计划期内成批地轮番生产，大多数工作地要负担较多工序。成批生产只能采用部分高效专用设备、多数为通用设备以适应多种产品的加工，因此生产效率不及大量生产高。成批生产的生产线上更换产品品种时，工作地上的设备和工具要进行相应的调整，每批产品的数量越大，则工作地上调整的次数越少；反之，每批产品的数量越少，则调整的次数越多。所以，合理地确定批量，组织好多品种的轮番生产，是成批生产类型生产管理的重要问题。根据生产的稳定性、重复性和工作地专业化程度，成批生产又可分为大批生产、中批生产和小批生产。该生产类型典型举例如机床设备、办公家具等。

（3）单件小批量生产类型

单件小批量生产的特点是产品对象多，但每一种产品的产量很少，甚至是一次性需求的专用产品，只有一件。该生产类型生产中品种繁多，生产对象不断在变化，生产设备和工艺装备必须采用通用型的；工作地的专业化程度很低，设备调整时间和生产中断时间较多，有些工作还采用手工制作的方式，效率低、周期长、经济效益最差。在生产对象复杂多变的情况下，无法组织固定的生产线，一般宜采用集群式布置的生产组织形式。单件生产要求工人具有较高的技术水平和较广的生产知识，以适应多品种生产的要求。由于产品繁多，单件小批量生产的生产作业计划编制比较复杂，一般采取多级编制自上而下逐级细化的方法，在生产指挥和监控上要使基层能够根据生产的实际运行情况有较大的灵活处置权，以提高生产管理系统的适应能力。重型机械、大型船舶、精密设备属于这一类生产，例如大型军舰就是典型，航空母舰更是严格的单件制造，世界上没有两艘完全一样的航母，此外还有一些非标准产品也属于此类产品。

大量生产、成批生产和单件生产这3种类型的主要区别如表5-2所示。

表5-2　3种生产类型特点分析

生产类型	单件生产	成批生产	大量生产
产品品种	多	较多	少
产量	少	较大	大
工作地专业化程度	基本不重复	批量轮番	重复生产

（续）

生产类型	单件生产	成批生产	大量生产
设备	通用设备	部分专用设备	专用设备
设备	通用	部分通用	专用
工艺装备	通用	部分专用	专用
劳动分工	粗	一定分工	细
工人技术水平要求	高而且多面手	一般	不高
生产效率	低	中	高
生产周期	长	中	短
成本	高	中	低
适应性	强	较差	差
更换品种	易	一般	难
追求目标	柔性	均衡性	连续性
计划工作	复杂	较复杂	易

5.1.3　生产类型的划分方法

5.1.3.1　工序数目法

工序数目法是按工作地所担负的工序数目来确定生产类型的一种方法。具体划分可参考表 5-3。

表 5-3　工序数目参考值

生产类型	工作地所担负工序数目（个）
大量生产	1～2
成批生产	2～40
单件生产	>40

5.1.3.2　大量系数法

这种方法是根据工序大量系数的数值确定工作地的生产类型。大量系数是指每个零件的每道工序所需单件加工时间与该零件的平均生产节拍之比：

$$K = \frac{T}{r} \tag{5-1}$$

式中：K 为工序大量系数，T 为工序单件工时（分/件），r 为零件平均节拍（分/件），节拍 $r = F/N$

故大量系数可用以下公式表示：

$$K = \frac{T \times N}{F} \qquad (5-2)$$

式中：F 为年度有效工作时间（分），N 为年度零件生产数量（件）。

用大量系数确定生产类型参考数据如表 5-4。

表 5-4　大量系数参考值

工作地生产类型	大量系数
大量生产	＞0.5
成批生产	0.025～0.5
单件生产	＜0.025

通过分析可知，工序大量系数和二序承担的工序数目是倒数关系，两种划分方法实际上是一致的。

工序数目法和大量系数法都是针对工作地而言的。知道每个工作地的类型，怎么确定企业生产类型？在一个企业并不是所有工作地都会获得同一个生产类型的指标数据，也就是说工作地的生产类型不可能完全相同，其方法就是：

①根据工作地的专业化程度确定工作地生产类型；

②根据占比重最大的工作地的生产类型确定工段生产类型；

③根据占比重最大的工段的生产类型确定基本生产车间生产类型；

④根据占比重最大的基本生产车间的生产类型确定企业生产类型。

从中可以看出，确定某个企业生产类型，只是因为这种生产类型在这个企业中占更高的比重，并不是所有环节都是这种类型。比如在单件小批量生产的企业中，某些环节也有可能是成批生产甚至大量生产的，如一些标准件的生产；而大量生产的企业中，其工装的生产、刀具磨制，很可能采用的是小批量生产。

也有的传统方法可以直接决定企业的生产类型，产量法就是一种，直观、浅显易懂，在实际工作中，经常用这种简单的方法估计企业生产类型，因为它直接显示企业的规模。

5.1.3.3　产量法

产量法是根据产量的不同来判定企业生产类型的方法，在机械制造业普遍采用。表 5-5 就是机械制造企业按零件大小和产量来区分生产类型。

表 5-5　按零件大小和产量划分生产类型

企业生产类型	年产量/件		
	重型产品（>15 000kg）	中型产品（>2 000kg）	轻型产品（>100kg）
单件生产	<5	<10	<100
成批生产	5～1 000	10～5 000	100～50 000
大量生产	>1 000	>5 000	>50 000

5.1.4　服务业的生产类型

　　服务的生产也是生产计划与控制关注的内容，服务业比制造业复杂得多，遍布我们生活的任何一个领域和任何一个角落。服务业的对象是人，不像制造业面对的是产品和机器设备，制造业的失误可以经过返工弥补，而服务业有的失误是不可弥补的。把服务业合理分类并找出每一类服务行业的共性和特点，可以更好地组织服务产品的开发。

5.1.4.1　纯服务型和混合服务型

　　服务业按照是否提供有形产品，可划分成纯服务型和混合服务型两种。纯服务型不提供任何有形产品，如咨询、指导和讲课等。混合服务型则提供有形产品，如批发、零售、邮政、运输、图书馆书刊借阅等。

5.1.4.2　高接触型和低接触型

　　服务业按照与顾客直接接触的程度，可划分成高接触型和低接触型。高接触型是指那些与顾客直接打交道或直接交往的服务型运作，如理发店理发、旅馆的接待服务、保险公司的个人服务、餐厅的上菜服务、零售企业的柜台销售服务、医院的门诊服务和课堂教学等。高接触型运作的效率和质量，主要取决于服务人员的职业道德和工作能力。低接触型就是几乎不与顾客直接打交道，而是从事业务和信息处理的服务型工作，如采购作业、批发、物流配送、维修服务等。从性质上看，低接触型与制造系统类似，可直接应用制造业先进的生产管理方法来优化，提高服务效率。

5.1.4.3　技术密集型和人员密集型

　　服务业按生产系统的特性划分，可划分为技术密集型和人员密集型。这种分类方式的区别主要在于人员与设施装备的比例关系。技术密集型需要更多的设施及装备投入或有高超的技术含量，航空公司、运输公司、银行、娱乐业、通信业、医院等都属于技术密集型。人员密集型则需要高素质的人员，百货商店、餐饮业、学校、咨询公司等属于人员密集型。从生产管理的角度出发，前者更注重合理的技术装备投资决策、加强技术管理、控制服务的及时性和准确性；后者更注重员工的聘用、培训和激励以及工作方式的改进等问题。

5.2 生产过程组织

5.2.1 合理组织生产过程的要求

合理组织生产过程，不仅要对企业内部各生产单位和部门在空间上进行科学的组织，而且要使劳动对象在车间之间、工段（小组）之间、工作地之间的运动在时间上互相配合和衔接，最大限度地提高生产过程的连续性，提高设备的利用率，缩短生产周期，加速资金周转，降低成本，提高企业劳动生产率。怎么样评价生产过程组织的合理性，比较一致的观点是合理的生产过程组织至少应该包括五个特性。

（1）生产过程的连续性

指产品在生产过程的各个阶段、各个工序，在时间上紧密衔接、连续进行，不发生或很少发生中断现象。具体地说，空间上的连续性要求生产过程各个环节在空间布置上合理紧凑，使物料的流程尽可能短，没有迂回往返现象；时间上的连续性要求物料在生产过程的各个环节的运动，自始至终处于连续流畅状态，没有或很少有不必要的停顿与等待现象。生产的连续意味着产品在生产系统中处于增值状态的时间多，等待时间少，产品的生产周期短。

（2）生产过程的比例性

指生产过程各个工艺阶段、各工序之间，在生产能力上和产品劳动量上保持必要的比例关系。比例关系表现在各生产环节的工人数、设备数、生产面积、生产速率和开动班次等因素之间相互协调和适应。比例性提高减少各工艺阶段之间由于生产能力的不均衡导致的相互等待造成的不可避免的浪费，生产线上产品的流通更加流畅。

（3）生产过程的均衡性

指生产过程的各工艺阶段、各道工序在相同的时间间隔内，产品产量大致相等或均匀递增，使每个工作地和工作人员的负荷保持均匀，避免"前紧后松"或"前松后紧"现象，保证生产正常进行。均衡生产能够充分利用人力物力，可以防止经常性的突击加班，有利于保证产品质量、缩短生产周期、降低产品成本，对过度加班可能带来的人员疲劳和安全事故也有一定的预防作用。

（4）生产过程的平行性

指物料在生产过程中应实行平行交叉流动。平行指一批相同的在制品同时在数个工作地上同时加工；交叉指一批在制品在上道工序还未加工完时，将已完成的部分在制品转到下道工序加工。平行交叉流动使得一批产品同时在不同的工作地加工，可以大大缩短产品的生产周期。

（5）生产过程的适应性（柔性）

指生产过程的组织形式要灵活，能及时地满足市场变化需求，主要涉及加工制造的灵活性、可变性和调节性，即在短时间内以最少的资源从一种产品的生产转换为另一种产品的生产，从而适应市场的多样化、个性化需求。以上四项要求都是着眼于效率而言的，只有适应性是针对应变和变化的。适应性是应对新的市场环境的产物，在卖方市场阶段，企业只需要考虑以高效的方式提供满足质量要求的产品即可。但在买方市场环境下，生产决定消费的时代一去不复返了，市场的需求是多样化的，企业必须生产出多样化的产品，谁的应变能力强就能快速响应市场，适应能力差的企业只有被淘汰的命运。围绕提高生产系统的适应性，很多学者专家做了大量的研究，推出来很多新思路、新理论、新方法，提高生产系统的适应性还将是一个持续很长时间的课题。

此外还有学者认为，生产过程的准时性、生产的绿色环保性也应该推广，在生产发展过程中还会有更多其他的要求。

以上生产过程组织的合理要求是相互联系的，但有时候也是矛盾的，譬如系统的适应性强很可能意味着连续性和效率的降低。合理的生产组织不能只顾一个方面的优化忽略了其他方面的要求，必须在各种要求之间找到一个最佳结合点。

5.2.2 产品—流程矩阵

生产组织首先要考虑的是流程选择问题，流程选择的一个重要内容就是要求生产系统的生产组织与市场需求相适应，针对各种需求选择匹配的工艺流程，进而确定生产类型，才能合理组织生产。产品—流程矩阵清晰地表达了工艺流程和需求特性之间的对应关系，为生产组织者提供了十分有效的分析和选择框架，如图 5-1 所示。

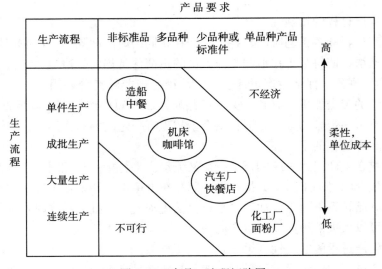

图 5-1 产品—流程矩阵图

在产品—流程矩阵中可以发现一个基本规律，我们常见的行业均分布在产品—流程矩阵的一条对角线上，因为只有这样才是最合理的一种选择。非标准品所有的环节均为独有的，需要重新设计，独立加工装配，只能采用单件制造的方式；多品种的产品有一定批量，但品种比较多不宜采用大量流水线的方式进行，但可以按产品要求组成多品种共用的生产线；少品种或标准化产品，品种少甚至只有一个品种，产量就一定大，完全可以组织专业化程度极高的流水线进行生产，获得规模效应；单品种的产品往往指化工类的产品，按照连续生产的方式进行即可。

产品—流程矩阵揭示了生产流程选择的一般规律，绝大多数企业都遵循这个选择规律，但也有例外。随着科技水平提高，某些生产模式的柔性也在提高，直接影响就是把不可能区域变为可能，譬如成组技术的应用，柔性制造系统的开发，大规模定制模式的产生，使得产品选择向左下角偏离是可能的；还有比较独特的案例，如汽车中的劳斯莱斯，用手工方式打造汽车生产，保证产品的稀缺度，反而成为贵族阶层的奢侈品，但它依托的是自己的强大品牌，不是普通企业能借鉴的。

5.2.3 生产过程的空间组织

生产组织是为了更好地以高效的方式提供市场所需要的产品，生产过程空间组织是在空间上按什么样的原则布置生产设施，生产过程空间组织形式决定着企业内部的生产分工和协作关系，决定着工艺过程的流向及物料的运输路线和运输量。有两种占主导地位的专业化原则几乎涵盖制造业生产的90%以上的企业，即工艺专业化原则和对象专业化原则。

5.2.3.1 工艺专业化原则

工艺专业化原则按照工艺特点的专业化建立生产单位。在工艺专业化的生产单位中，集中了同类的设备和同工种的工人，对不同零件进行相同工艺的加工。在规模较大的企业当中，每个工种由比较多的设备组成可以建立专业化的车间，例如集中了所有车床和车工的车削车间，只负责完成车削加工，全厂所有的车削工作全都到车削车间加工，这就是工艺专业化的车间；在规模较小的企业中，单独一个工种不足以建立一个车间，可以组建设备组，无论组建工艺专业化的车间还是组建设备组，均是按照工艺特点的专业化进行的。在这种模式的企业，产品在加工过程中，总能找到提供某种加工的设备，如图5-2所示。

（1）工艺专业化原则优点

①生产单位适应性强，生产组织没有针对性，没有组织具体生产对象的生产，可以随时更换产品；

②设备利用率高，所有设备都是开放的，只要有加工任务就可以利用；

③便于车间内协作和管理，生产单位集中了同类设备和工人，可以合理安排

每台设备的生产任务，工人属于同专业的工种，便于互相帮忙，互相学习，在交流过程中方便技术水平提高。

（2）工艺专业化原则缺点

①运输路线长，运输量大，效率低；

②产品生产周期长，在制品多，流动资金占用多，成本高；

③生产管理复杂，生产过程涉及多个单位，之间联系复杂，出现问题责任不好界定。

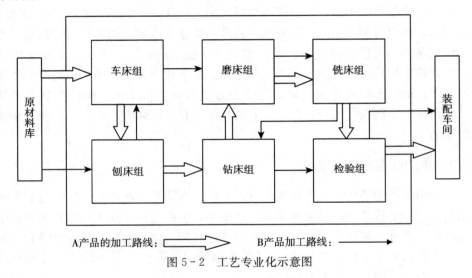

图5-2　工艺专业化示意图

5.2.3.2　对象专业化原则

就是按照加工对象的生产要求来组织生产单位，每个生产单位只负责一种或一类产品的加工，形成一个相对封闭的场地，即按特定产品要求组成的生产线。在对象专业化的生产单位集中了不同类型的机器设备、不同工种的工人，对同种或同类加工对象进行不同工艺的加工，完成其所担负的加工对象的全部工艺过程，如图5-3所示。

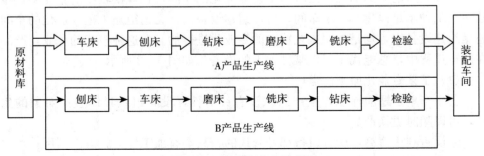

图5-3　对象专业化示意图

（1）对象专业化原则优点

①专业化程度高，在制品少，生产周期短，劳动生产率高，生产成本低；

②运输路线短，运输量小，节约运输费用；

③便于管理。

（2）对象专业化原则缺点

①适应性差；

②不利于充分利用设备和工人的工作时间；

③不利于协作，不利于工人间的技术交流及水平提高。

企业采用何种专业化形式，要因地制宜，灵活运用。在制造企业中，品种少产量较大，可以组织专业生产线，以对象专业化原则为主流；产量小品种多的企业，由于产品千差万别，不能有针对性地组建固定生产线，可以按工艺专业化原则组建，在某些特定的加工中心，只提供某种特殊加工，也可以建立工艺加工中心（如精密加工、热处理车间等）。有的企业在实际工作中，是结合起来应用的。一个企业不同车间采用不同的组织形式，主导产品产量大采用的是对象专业化原则，而辅助车间刀具的磨制采用的工艺专业化原则，两种专业化形式兼而有之；甚至一个车间内部也有结合的可能，由于各工段的生产特点不同，有些工段或班组按对象专业化原则建立的，而另一些工段或班组按工艺专业化原则建立的。服务业的布局则多按工艺专业化原则建立。

除了上述两种主流的专业化原则，还有一种叫作定位布置，这种布置比较特殊，是因为产品体积或重量比较大，不适于移动，只能要求工人、设备、工具和原材料移动，为大型产品在对应的部位进行加工装配。

5.2.4 生产过程的时间组织

合理组织生产有序地进行，最大限度提高生产效率，减少资金占用量，不但要求生产过程的各个组成部分在空间上紧密配合，而且还要求在时间上互相协调。生产过程的时间组织，就是要尽可能使产品的加工在时间上互相配合和衔接，以提高生产过程的连续性、缩短生产周期、加速流动资金的周转并按时完成计划任务。

5.2.4.1 生产过程的时间组织内容

生产过程的时间组织，主要是要正视客观实际，不断寻求科学方法，用最短的时间生产出所需的产品。

生产过程的时间组织内容主要包括：①产品生产过程的时间构成；②缩短产品生产周期的途径；③加工对象在生产过程中的移动方式；④多种零件加工排序优化问题。

生产过程的时间组织问题的研究对于合理组织生产过程，缩短产品的加工周期，科学地编制生产计划和生产作业计划，都具有十分重要的意义。这方面需要研究的问题很多，以下仅就加工对象在生产过程中的移动方式问题详细介绍，主要是研究加工对象在生产过程中各道工序之间的衔接方式，其他诸如排序等方面问题在以后章节再做介绍。

5.2.4.2 加工对象在工序间的移动方式

产品（或制品、或加工对象）在生产中要经过多道工序加工，如果产品仅有一件，只要顺序经过每一道工序加工，就能实现产品加工的完成，无所谓移动方式问题。然而，现实生产中的产品生产往往是按批进行的，就自然而然地产生了在每道工序生产的产品如何往下一道工序移动的问题，是生产一件就移动到下一道工序，还是全部加工完了统一搬运。移动方式不同，直接影响产品生产周期，正确选择工件在工序间的移动方式既可以方便生产组织，又能改善生产周期。产品在工序间的移动方式有顺序移动方式、平行移动方式、平行顺序移动方式三种形式。

（1）顺序移动方式

顺序移动方式是指一批产品经多道工序加工时，采取整批产品在每道工序全部加工完以后，统一移动到下一道工序的方式。为了说明问题，借用一个简单的例子辅助介绍。

【例 5-1】已知某批零件批量 $n=4$，顺序经过 4 道工序的加工，其单件工时 $t_1=10$ 分钟，$t_2=5$ 分钟，$t_3=15$ 分钟，$t_4=10$ 分钟，求顺序移动方式下的生产周期。不考虑产品移动所需要的时间。

为了感性认识这一移动方式的周期，画出顺序移动方式的示意图见图 5-4。

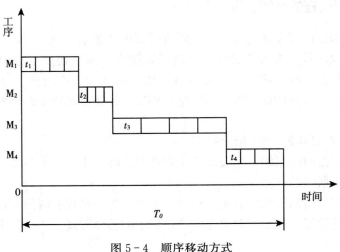

图 5-4　顺序移动方式

由图看出，在顺序移动方式下的周期就是整批产品在各工序的加工时间相加，用 T_o 表示顺序移动的周期，得到顺序移动生产周期的公式（5-3）：

$$T_o = nt_1 + nt_2 + nt_3 + nt_4 = n\sum_{i=1}^{m} t_i \qquad (5-3)$$

式中：n 为零件加工批量，t_i 为第 i 道工序的单件工时；m 为零件加工的工序数。

将数据代入公式（5-3）得到本例顺序移动方式下的周期：

$$T_o = 4 \times (10 + 5 + 15 + 10) = 160（分钟）$$

在 3 种移动方式中，顺序移动方式是最简单的一种，理解简单、生产组织简单，但周期最长。能不能找到一种周期短的移动方式？接着看一下平行移动方式。

（2）平行移动方式

平行移动方式是指一批产品中的每件产品在前一道工序加工完成后，立即转移到后一道工序去加工的一种移动方式，由此使得每件产品在各道工序上的加工平行地进行。显而易见，平行移动方式下，产品在工序之间是单件移动的。我们同样画出其周期的示意图如图 5-5。

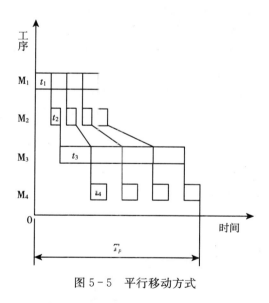

图 5-5 平行移动方式

用 T_p 表示平行移动方式下整批产品的加工周期，由图看出，平行移动的周期：

$$T_p = t_1 + t_2 + 4t_3 + t_4$$

这不是一个通用公式，我们需要改造。看到公式中其他工序均是单件时间的累加，只有工序三（M_3）特殊，相加的是批量倍的单件工时，为什么特殊，就是因为它是所有工序中的最长工序，是加工时间中的主要消耗，我们把工序三命名为 t_L，得到平行移动方式周期的计算公式（5-4）如下：

$$T_p = \sum_{i=1}^{m} t_i + (n-1)t_L \qquad (5-4)$$

式中：t_L 为最长的单件工序时间。

将【例 5-1】中数据代入公式（5-3），可求得该例中的 T_p。

$$T_p = \sum_{i=1}^{m} t_i + 3t_3 = (10+5+15+10) + (4-1) \times 15 = 85(分钟)$$

在平行移动方式下各零件加工相互之间是平行的，因此其周期大大缩短。但因此也带来一个问题，当后工序单件工时小于前工序时，会造成设备加工过程中的不连续。对前两种移动方式进行总结发现，顺序移动方式零件运输次数少，设备利用充分，管理简单，但加工周期长；平行移动方式加工周期短，设备空闲时间多而且零散，不便利用。为了综合两者的优点，可采用平行顺序移动方式。

（3）平行顺序移动方式

平行顺序移动方式是既保持每道工序的平行性，又保持连续性的作业移动方式，是前两种方式的结合，既考虑平行性，又考虑顺序性，既保持工期短，又保持加工连续。具体做法就是在平行移动的基础上增加其连续性，后工序比前工序时间短时，以不影响最后一个工件的开工为基准，其他工件均延迟开工。见图 5-6 所示。

从平行移动方式的示意图（图 5-5）可以看出，第二道工序和第四道工序的单间工时比前道工序时间短，按照平行移动方式移动就会产生加工中断，因此前 3 件零件延迟开工（图 5-6），标准是刚好不影响第四件产品加工。

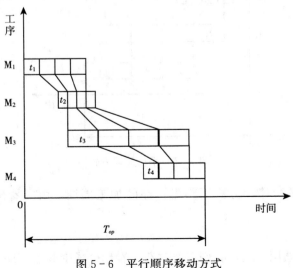

图 5-6　平行顺序移动方式

平行顺序移动方式的周期无法直接求解，可以采用间接的思路来求生产周期。如果把图中所有流程时间加在一起，即 $n\sum_{i=1}^{m} t_i$，是顺序移动方式下的生产周期，由于其平行性，加工时间有重叠，将各工序同时加工的时间减掉，也就是图中重叠的部分。如果用 T_{op} 来表示平行顺序移动方式下的加工周期，得到计算公式（5-5）如下：

$$T_{op} = n\sum_{i=1}^{m} t_i - (n-1)\sum_{j=1}^{m-1} min(t_j, t_{j+1})$$

$$或 = n\sum_{i=1}^{m} t_i - (n-1)\sum_{j=1}^{m-1} t_{短j} \qquad (5-5)$$

式中：t_j，t_{j+1} 为相邻 2 道工序的工时定额，$t_{短}$ 为相邻工序比较出来的较短工时，在 m 道工序的生产线上共比较出（$m-1$）个较短工时。

将【例 5-1】数值代入，得到平行顺序移动方式下的生产周期：

$T_{op} =$ （10+5+15+10）－（4-1）×（5+5+10）＝100（分钟）

5.2.4.3 移动方式的选用

通过对 3 种移动方式的介绍可以看到，顺序移动方式生产组织简单，设备在加工产品时不出现停顿现象，工序之间搬运次数少。这种方式最突出的缺点是生产周期长。

平行移动方式充分发挥了平行性的优势，生产周期最短。缺点是一些短工序在加工产品时，会出现中断的情况，而且零散的空闲时间无法集中利用；运输次数过多，组织生产比较麻烦。

平行顺序移动方式结合了前两者的优点，生产周期较短，设备加工不中断，设备利用率高。但这种方式生产组织比较复杂，运输次数也比较多。

3 种移动方式各有优缺点，各种指标对比如表 5-6 所示，移动方式的选择就成为了生产组织的一个重要环节。在实际生产中采取哪一种方式，要结合现实去分析，综合考虑。考虑的因素一般有企业生产类型、企业内部生产单位的专业化形式、生产任务紧迫程度、每道工序加工量的大小、产品重量的大小，以及改变加工对象时，调整设备所需要的工作量大小等几方面。

表 5-6　零件 3 种移动方式的比较

比较项目	平行移动	平行顺序移动	顺序移动
生产周期	短	较短	长
运输次数	多	较多	少
设备利用	差	好	好
组织管理	复杂	复杂	简单

（1）从企业生产类型考虑

单件小批生产宜采用顺序移动方式，而大批大量生产，像流水线生产，宜采用平行移动方式、平行顺序移动方式。

（2）从企业内部生产单位所采取的专业化形式的角度考虑

对象专业化的生产单位，由于其运输路线短，产品的批量较大，故以采用平行移动或平行顺序移动方式为好；而在工艺专业化的生产单位中，由于其设备布置有它自身的特点，它的排列组合形式，使生产运输受到很大限制和影响，采用平行移动、平行顺序移动运输次数多，很不方便，所以采用顺序移动方式合适。

（3）从生产任务的紧迫程度考虑

任务越紧迫，越要求尽快完成，要想方设法创造一些条件，采用平行移动方式或平行顺序移动方式，缩短产品生产周期，以确保生产任务的按时完成。

（4）考虑工序的加工量大小及产品的重量

加工量大、产品比较重的，应减少运输，采用平行移动方式或平行顺序移动方式为好；反之，运输量较小，可以采取顺序移动方式，适当减少在生产现场加工过程中的搬运次数，减少由搬运多产生的混乱现象。

（5）考虑变换产品加工对象时设备调整工作量大小

如果调整设备的工作量大时，不适合采取平行移动或平行顺序移动方式；反之，改变加工对象时，不需要调整设备或调整设备所需时间很少时，宜采用平行移动方式。

5.3 设施布局方法

生产系统的合理布置采用科学的方法和手段对组成企业的各个部分、各种物质要素进行合理的配置及空间平面布置，使之成为有机的系统，以最经济的方式和较高效率满足生产经营的要求，主要包括设施选址和设施布置。对于新建企业来说设施选址和设施布置是必须进行而且需要慎重考虑的问题。设施布局的合理性如何，将影响企业的长远发展，需要运用科学的方法进行决策。

5.3.1 设施选址

设施选址运用科学的方法决定设施的地理位置，使之与企业的整体生产系统有机结合，以便有效、经济地达到企业的经营目的。随着生产全球化趋势的影响，现代企业选址由原来的只考虑国内选址扩大到全球性选址，遵循先选择一个合适国家，再选择目标国家的一个区域，最后确定适当的地点的一般步骤。

5.3.1.1 设施选址的重要性

设施选址恰当与否，对生产力布局、城镇建设、企业投资、建设速度及建成后的生产经营状况都有重大影响。选址是一项巨大的、长期的投资，如果选址不合理，会造成很大损失。因为设施选址一旦确定，设施建设完工，即使发现选址不合理，一般无法轻易改动。如果维持，有可能投资大、成本高，企业永远都处于不利地位；如果考虑企业搬迁，就要重新选址、投资买地、重建企业设施，耗资巨大，并且将在很长时间内不能生产。企业将会处于进退两难的地步。

无论是什么类型的企业，是生产有形产品的制造企业，还是提供无形服务的企业，设施建在什么地区、什么地点，不仅影响建厂初期的投资和建厂速度，而且还影响工厂的生产布置和投产后的生产经营成本。

对一个企业来说，设施选址是建立和管理企业的第一步，也是扩大事业的第一步。在进行设施选址时，必须充分考虑到多方面的影响因素，慎重决策。除了新建企业的设施选址问题以外，随着经济的发展、城市规模的扩大，以及地区之间的发展差异，很多企业还面临着迁址的问题。可见，设施选址是很多企业都面临的问题，也是现代企业生产管理中的一个重要问题。

对于一个特定的企业，其选址还取决于该企业的类型。工业选址决策主要是为了追求成本最小化；而零售业或专业服务性组织机构一般都追求收益最大化；至于仓储运输企业选址，可能要综合考虑成本及运输速度的问题。总之，设施选址必须考虑很多方面的因素。

5.3.1.2　影响设施选址的因素

在进行设施选址时，企业有很多要考虑的影响因素。在考虑这些因素时，需要注意哪些是与设施选址紧密相关的，哪些虽然与企业经营或经营成果有关，但是与设施位置的关系并不大，以便在决策时分清主次，抓住关键。主要按几个类别分别阐述。

（1）经济因素

①接近原材料供应。原材料占比产品成本大的企业选择接近原材料的地区建厂，可以大大降低运输成本和生产成本，保证原材料的及时供应和良好质量。

②接近目标市场。选址接近目标市场有利于迅速投放市场和降低产品运输成本，还有利于及时了解目标市场的需求信息，对于消费类产品尤其食品和易碎易爆产品而言设施选址更应接近市场。

③能源供应与成本。对于能耗大的企业应考虑供电充足的地方。

④基础设施条件。基础设施条件可以给企业带来便利，节省投资，例如良好的运输条件能保证物料和产品的便捷运输，可以节约时间和运输成本。

（2）政治因素

①政局与治安。由于现在选址已经是全球化的，在国外建厂就必须考虑这个国家的政局是不是稳定；社会治安也会影响企业财产安全甚至生活安全。

②政策与法律。目标区域的政策、法律法规、环保条件，均影响企业今后生

存发展的环境。

③税负。不同国家同一国家不同地区的税率税种各不相同，税负太高增加了企业投资成本和投资风险，不利于建厂；有的国家或地区为了吸引投资制定税收优惠或其他优惠政策，提供很好的投资环境，确实对选址有较大的吸引力。

（3）社会环境因素

①劳动力供给情况。不同国家和地区的劳动力资源、劳动力成本、人力资源的教育程度和素质不尽相同，选址决策时必须根据自身对劳动力的需求特点，考虑劳动力的知识匹配度、受教育程度、劳动技能水平和劳动力成本。

②协作环境。企业选址必须考虑上下游企业的协作条件，尤其是上游企业配套能力，直接影响企业外购零部件的选择。

③科技条件与培训条件。科研院所能够给企业带来研发帮助，营造更好的科研氛围，同时文化教育水平高的地区有利于吸引优秀人才；企业员工学历层次提高，技能培训也有更好的条件。

④生活条件。生活设施包括社区生活、医疗养老、教育体系等多方面，这些条件是不是健全，直接影响企业员工社会生活和身心健康，如果条件不健全企业就必须自己建设，负担重。

（4）自然因素

①土地资源条件。土地条件包括土地的水文、地理地质、地形地貌、土地价格等，这些因素直接影响当地适不适合建厂，建设成本高低。

②气候条件。气候条件包括气温、湿度、风向等，气温可以影响某些对气温条件要求高的企业，而且气温也影响员工工作条件；有的产品对湿度和风力条件要求较高，都应该考虑。

③水资源。水资源条件包括水资源丰富与否和水质优劣，很多企业需要大量的工业用水，水资源丰富和合适的价格直接决定在该地的建厂选择；企业要考虑水质问题，不仅是产品需要，而且员工生活用水必须保证。

5.3.1.3 设施选址的方法

（1）分级加权评分法

分级加权评分法在常用的选址方法中也许是使用得最广泛的一种，因为它以简单易懂的模式将各种不同因素综合起来。分级加权评分法的具体步骤如下：

①列举一组相关的选址决策因素；

②根据企业具体需要，按各因素的重要程度赋予一个权值；

③对所有因素的打分设定一个共同的取值范围，可以取 1~5 或 1~10；

④对每一个备选地址的所有因素，按设定范围打分；

⑤用各个因素的得分与相应的权值相乘，并把所有因素的加权值相加，得到每一个备择地址的最终得分；

⑥选择最高总得分的地址作为最佳的选址。

（2）盈亏平衡分析法

盈亏平衡分析法是设施选址的一种基本方法，这种方法假设可供选择的各个方案均能满足厂址选择的基本要求，但各方案的固定投资不同，投产以后原材料、燃料和动力等变动成本也不同。这时，可利用盈亏平衡分析法的原理，比较每个方案的经济型优劣。

（3）重心法

重心法是一种单设施的定量选址方法，这种方法主要考虑的是选址与现有设施之间的距离和要运输的货物量，使总的运输成本最小。这种方法首先要建立坐标系，在坐标系中标出各个地点的位置，目的在于确定各点的相对距离。其次，根据各点在坐标系中的横、纵坐标值求出成本运输最低的位置坐标 X 和 Y，最后，选择求出重心点坐标值对应的地点作为要布置设施的地点。重心法使用的公式是：

$$C_x = \frac{\sum D_{ix}V_i}{\sum V_i} \qquad (5-6)$$

$$C_y = \frac{\sum D_{iy}V_i}{\sum V_i} \qquad (5-7)$$

式中：C_x 为重心的 x 坐标，C_y 为重心的 y 坐标，D_{ix} 为第 i 个地点的 x 坐标，D_{iy} 为第 i 个地点的 y 坐标，V_i 为运到第 i 个地点或从第 i 个地点运出的货物量。

（4）线性规划法

随着企业规模发展壮大，有供求关系的企业生产设施会形成一个多点网络体系，不仅如此，在企业进一步发展过程中，企业往往还面临着在设施网络中选择新址的问题，怎么样使得设施网络中的各设施之间合作效果最优，这就是多设施选址的问题。线性规划法是应用线性规划中的运输问题模型解决多设施选址的一种方法。对于一个公司下设多个分厂或多个分销中心的中心选址问题，或有多个配送点的中心选址，均可用运输问题来解决。用线性规划的单纯形法求解，还可以用比单纯形法更简便的表上作业法求解，并且借助应用 Excel 进行计算，方便快捷。多设施选址的线性规划法是一种很好的定量决策方法，多用于研究性的层面，具体企业很少使用。有兴趣者可做进一步研究。

5.3.2 设施布置

5.3.2.1 设施布置概述

设施布置是指在一个给定的设施范围内，对多个经济活动单元进行空间位置的安排，通俗地讲，就是指合理安排企业或某一组织内部各个生产单位和辅助设施的相对位置与面积、生产单位内部设备的布置。对制造业来说，既包括这个工厂的平面布局，也包括一个生产单位的内部布局。设施布置的目的是要将企业内的各种物质设施进行合理安排，使它们组合成一定的空间形式，从而有效地为企业的生产服务，获得更好的经济效果。

可以从以下几方面评价一个企业设施布置优劣：

①最短的运输路线；②最大的灵活性；③面积的最有效利用；④最良好的工作环境；⑤最合理的发展余地。

设施布置是在设施选址之后，按照一定的规则确定组成企业的各个组成部分在平面或立体位置上的相互关系，并相应地确定物料流动、运输方式和运输路线，因此首先要确定企业内部生产单位组成和生产单位内部采用的专业化形式之后才能进行。

生产单位的专业化形式按照产品特点决定采用工艺专业化原则还是对象专业化原则，具体问题具体分析，而生产单位的设置可以参考一些影响因素。

5.3.2.2 企业经济活动单元构成的影响因素

各行业生产单位的构成相差甚大，相比较来说制造业的设施最复杂，在此主要以制造企业为例讨论企业内部结构问题。每家企业都有自身的特点，但多受以下因素的影响。

（1）产品结构和工艺特点

企业的产品结构和生产工艺决定着企业经济活动单元的构成。对于制造企业来说，企业产品品种的结构可以决定企业的生产单位。品种多样化，就可能要求按产品配置多个生产单位，品种少，生产单位配置可能就少；产品的结构复杂就需要更长的工艺路线，分工段配置生产单位就有依据，生产单位就多，反之就少。根据工艺特点的不同，可以配置毛坯车间、机械加工车间、装配车间等等；根据工艺加工方法不同也可以配置不同车间，同样是毛坯生产可以用锻造或铸造完成，相应地就产生了锻造车间或铸造车间。

（2）企业规模

生产单位的构成与企业规模是密切相关的。企业规模越大，所需要的生产单位越多。企业规模越大，产品种类和产量越大，就需要更多设施完成，建设更多的生产单位就是必要的，规模小的企业其生产单位就少；即使是同样的车间，由于产量大也可以设置多个，就形成了譬如机加一车间、机加二车间等，而小型企业甚至可以将机加和装配设置在同一个车间。

（3）企业的生产专业化与协作化水平

采用不同的专业化形式，对生产单位的配备要求完全不同，如果是工艺专业化形式的企业，生产单位是针对工种的，而对像专业化这样的企业里，生产单位是按生产阶段进行划分的；在协作化水平方面，协作化水平越高，即通过协作取得的零部件、工具和能源等越多，则企业的主要生产单位就越少。例如，很多标准件都可容易地通过外协而得到，没必要全部自己建立这样的生产单位。

5.3.2.3 设施布置方法

（1）物料流量及流向法

物料流量及流向法是按照生产过程中物料流向及生产单位之间运输量布置设施相对位置的方法，所用工具就是从至表，因此也叫作从至表法。从至表法是一种常用的设施布置方法，用从至表列出不同单位、不同设施或不同设备之间的相对关系，以对角线要素为基准计算各单位之间的相对距离和相对物流量，从而找出整个单位之间或单位内部总运输量最小的方案。这种方法比较适合多品种中小批量的生产组织。从至表法的步骤如下：①制定各种零件的工艺路线，确定所需设备；②统计设备之间的物流量或运输次数；③确定物料在设备之间运输的单位运输成本；④计算各设备间的运输成本；⑤运量最大或成本最高的设备优先就近布置。

举例说明从至表法的应用步骤。

【例5-2】某加工车间需要6个设备组，其生产的零件和加工路线已知，设备组之间每月的运输次数和单位距离成本如表5-7、表5-8所示，请用这些已知数据确定该车间的最佳布置方案。

表5-7 设备间月运输次数

单位：次

	锯床组	磨床组	冲床组	钻床组	车床组	插床组
锯床组		217	418	61	42	180
磨床组	216		52	190	61	10
冲床组	400	114		95	16	68
钻床组	16	421	62		41	68
车床组	126	71	100	315		50
插床组	42	95	83	114	390	

表5-8 单位距离运输成本

	锯床组	磨床组	冲床组	钻床组	车床组	插床组
锯床组		0.15	0.15	0.16	0.15	0.16
磨床组	0.18		0.16	0.15	0.15	0.15
冲床组	0.15	0.15		0.15	0.15	0.16
钻床组	0.18	0.15	0.15		0.15	0.16
车床组	0.15	0.17	0.16	0.20		0.15
插床组	0.15	0.15	0.16	0.15	0.15	

　　将月运输次数表与单位距离运输成本表对应位置相乘，得到设备组间的月运输成本，如表5－9所示。按对角线折叠，即以对角线为基准，对称位置相加，得到任意两台设备组每月总运输成本，如表5－10所示。

表5－9　每月双向运输成本

	锯床组	磨床组	冲床组	钻床组	车床组	插床组
锯床组		32.6	62.7	9.8	6.3	28.8
磨床组	38.9		8.3	28.5	9.2	1.5
冲床组	60.0	17.1		14.3	2.4	10.9
钻床组	2.9	63.2	9.3		6.2	10.9
车床组	18.9	12.1	16.0	63.0		7.5
插床组	6.3	14.3	13.3	17.1	58.5	

表5－10　月运输总成本

	锯床组	磨床组	冲床组	钻床组	车床组	插床组
锯床组		71.5 ③	122.7 ①	12.7	25.2	35.1
磨床组			25.4	91.7 ②	21.3	15.8
冲床组				23.6	18.4	24.2
钻床组					69.2 ④	28.0
车床组						66.0 ⑤
插床组						

　　按照运输总成本从大到小的顺序排列，排序靠前者优先，即排序靠前的设备组优先就近布置。从表5－10中看出，①②③④⑤所标注的排序表明锯床与冲床、磨床与钻床、锯床与磨床、钻床与车床、车床与插床相邻顺序排在前5位，按顺序优先临近布置，最后布置的位置关系如图5－7所示。

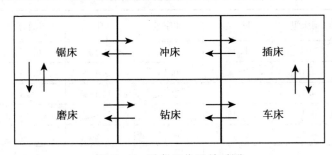

图5－7　设备组位置关系图

（2）生产活动相关图法

生产活动相关图法是根据工厂组成部分（制造业一般是生产单位）之间关系的密切程度进行平面布置，得出较优方案的方法。在生产活动相关图法中，一般将各组成部分之间的密切程度分为 6 个等级，并相应于每一种等级预先设定好分值，见表 5 - 11 所示。

表 5 - 11　关系密切程度分类及评分

代号	关系密切程度	评分	代号	关系密切程度	评分
A	绝对重要	5	O	一般重要	2
E	特别重要	4	U	不重要	1
I	重要	3	X	不予考虑	0

形成其密切程度的原因，可能是单一的，也可能是综合的，一般可根据表 5 - 12 中的原因确定组成部分的关系密切程度，当然也可以根据企业实际需要列举一些关系密切的原因。一般等级划分为 I 级以上，就要给出理由。见表 5 - 12。

表 5 - 12　关系密切的原因

代号	关系密切程度原因
1	使用共同的记录
2	共用人员
3	共用地方
4	人员接触程度
5	文件接触程度
6	工作流程的连续性
7	做类似的工作
8	使用共同的设备
9	可能的不良秩序

在企业设施布置中，生产活动相关图法是一种常用的非定量方法，它的优点在于利用专家系统，可以模糊综合考虑多方面的因素，缺点是各部门之间的关系无法定量准确确定，生产活动相关图法的一般步骤有如下几点。

①用生产活动相关图划分出所有单位之间密切关系等级，如图 5 - 8 所示。

②以生产活动相关图为依据，统计各单位与其他单位之间的相互密切关系，

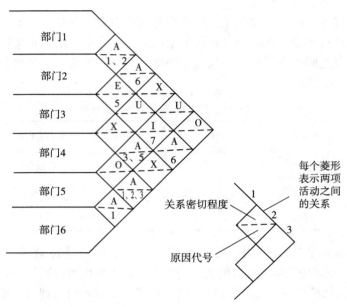

图 5 - 8　生产活动相关图

并算出每个单位的得分，如表 5 - 13 所示。

表 5 - 13　各组成单位密切程度积分表

部门 1	部门 2	部门 3
A－2、3	A－1、6	A－1、5
O－6	E－3	E－2
U－5	I－5	X－4、6
X－4	U－4	
评分　13	评分　18	评分　14
部门 4	部门 5	部门 6
A－6	A－3、6	A－2、4、5
O－5	I－2	O－1
U－2	O－4	X－3
X－1、3	U－1	
评分　8	评分　16	评分　17

　　③得分最高者一般居中布置，然后按关系等级高低的先后顺序将其他单位与之就近布置，得到位置相关图（图 5 - 9）。

部门1	部门2	部门6
部门3	部门5	部门4

图 5-9　各组成单位位置相关图

④考虑企业的实际情况，包括土地面积、规定形状，分割成面积相关图。面积相关图是企业平面布置的基础，有了面积相关图，在考虑辅助设施，譬如道路、绿化、广场、各种活动场所，甚至是各种标识，一个企业的基本布局就形成了。

5.4　流水线组织设计

流水线生产方式起源于福特制，福特在 1914—1920 年间创立了汽车工业的流水线，适应了大规模生产的要求。流水线生产是应用对象专业化的生产组织和加工对象的平行移动方式有机地结合起来，设计而成的一种先进的生产组织形式，在空间上和时间上更加合理，在提高劳动生产率、缩短生产周期、加速资金周转、降低产品成本方面有巨大的效用。在大量生产企业中，流水线生产方式占有十分重要地位。

5.4.1　流水线生产概述

5.4.1.1　流水线生产的特征

流水线生产是指加工对象按照设计好的工艺过程依次顺序地通过每个工作地，并按照统一的速度完成每道工序的加工作业任务，形成一个连续的、不断重复的生产过程。

流水线生产有几个特征：

①工作地专业化程度高，即专业性；②按节拍进行生产，生产具有明显的节奏性；③劳动对象流水般在工序间单向移动，即顺序性；④劳动对象加工过程不中断，生产过程具有高度的连续性；⑤各工序工作地（设备）单件加工时间大致相等或成比例，即比例性；⑥工艺过程是封闭的。

5.4.1.2　组织流水线生产的条件

流水线生产具有很高的效率和效益，作为企业是否需要设计流水线生产方式，首先要考虑的问题是企业是否具备组织流水线生产的条件，从理论上说企业可以下述条件作为决策的理论基础。

（1）产品的产量足够大

流水线的针对性很强，只面对少数品种甚至一个品种生产，一条流水线需要购置大量的设备，固定资产投入特别大，还需要为流水线的顺利运行做好生产技术准备工作，那么就要求其产品的市场需求量一定要很大，或市场前景良好，只有这样上流水线才合算，流水线才具备生命力，否则，大量固定投入无法收回，会给企业造成很大的损失。这是流水线生产至关重要的一个条件。

（2）产品结构和制造工艺稳定

产品品种必须稳定，流水线一旦建成，就不便改变，频繁更换产品，流水线不断调整甚至重组，使得流水线效益无法发挥。客观上要求与其他企业生产的同类产品比较，结构、工艺、性能相对先进，能保持长久的竞争力。

（3）工艺过程能分解或合并

流水线生产要求每道工序生产能力相互一致，工序适当分解与合并，并利用其他各种措施，使得各工序的单件工时大致相等，有利于提高流水线上设备的利用率。

（4）企业自身要具备充分条件

组织流水线生产需要大量资源保证，如必要的厂房，面积、技术条件是否具备，管理制度和管理水平能否跟得上，资金是否充裕，要积极创造条件满足流水线生产。

5.4.2　流水线的分类

流水线有多种形式，为了掌握各种流水线的特点，进行针对性理论研究和实践，可以按照不同的标志进行分类。在图 5-10 中，左边栏目表明了流水线生产

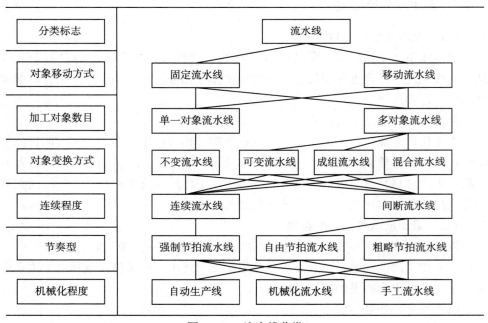

图 5-10　流水线分类

分类的标志，右边栏目列举了按照不同方式分类的项目。各项目之间的连线表示的是不同类别的流水线之间的关系。如固定流水线可以是单一对象的也可以是多对象的；同样，移动流水线既可以组织单一对象也可以组织多对象，单一对象流水线一定是不变流水线，多对象流水线按照对象轮换方式可分为可变流水线、成组流水线和混合流水线。

（1）按加工对象的轮换方式分类

流水线可分为固定流水线和移动流水线。

固定流水线是指加工对象在生产过程中不动，而工人、设备、工具按一定顺序有规律地围绕加工对象完成加工或装配。这种方式主要适用一些大型、不便移动的产品，如大型轮船的生产。

移动流水线是设备不动，加工对象在生产中移动的流水线，即加工对象按工艺需要经过各个工作地完成加工或装配过程，常见流水线大多属于这一种，如汽车装配流水线。

（2）按加工对象数目分类

流水线可分为单一对象流水线和多对象流水线等。在流水线上只生产一种加工对象，就是单一对象流水线，生产两种或两种以上的加工对象就叫作多对象流水线。

（3）按加工对象轮换方式分类

流水线可分为不变流水线、可变流水线、成组流水线、混合流水线。

单一对象流水线的加工对象只有一种，生产的加工对象是固定不变的，生产组织没有任何变化，从轮换的角度看属于不变流水线。可变流水线、成组流水线和混合流水线都属于多对象流水线，都是可变的，它们的区别在于轮换的方式不同。可变流水线是整批轮番进行组织生产，先生产出一个品种，当加工对象变换时，流水线要做适当调整，再生产另一个品种。成组流水线是对产品的相似性进行分类，一条生产线可以适应一组产品的生产，具备直接生产多个品种的能力，当加工对象变换时，流水线本身无须做调整。而混合流水线则是按照产品需求的比例组织最小的产品单元和预先设计好的投产顺序加工几种不同的产品，追求的是生产平准化。

（4）按连续程度分类

流水线可分为连续流水线和间断流水线。

连续流水线是指加工对象从投入到生产，连续地从一个工位转入下一个工位不断地进行加工，中间没有停放时间，生产过程是完全连续的流水线。一般适用于大量生产，是一种完善的流水线形式。间断流水线是指由于各个工位的生产能力不等或不成倍数关系，生产能力不平衡使得加工对象在各工位之间会出现中断等待的流水线形式。

（5）按节奏性分类

流水线可分为强制节拍流水线、自由节拍流水线、粗略节拍流水线等。强制节拍流水线要求准确按节拍生产产品，每道工序必须在规定的时间（节拍）内，对每一件产品，完成所承担工序的所有加工，如有延误会影响下一个工序的生产。自由节拍流水线则要求操作者在一定范围内自行保持节拍，在不影响前后工序进度的前提下，给工人一定的自由度，每件制品的加工时间由工人自己掌握，但在规定的时间间隔内要保持符合节拍的生产率，自由节拍流水线一般在工作地之间设有安全在制品以调节生产节奏。粗略节拍流水线中各工序的加工时间与节拍差距较大，每道工序并不按节拍进行生产，只要求流水线每经过一个合理的时间间隔生产等量的产品。各种节拍的流水线可以用适合各种特点的运输装置来保证节奏性。

（6）按机械化程度分类

流水线它可分为自动流水线、机械化流水线、手工流水线。

5.4.3 单一对象流水线的设计

流水线需要经过严格的设计和规划，定量地配备各种资源要素才能顺利运转，因此流水线的合理设计就成了一切工作的基础。流水线设计包括硬件和软件两个方面。前者是指工艺规程的制定、专业设备的设计、设备改装设计、专用工具夹具的设计和运输传送装置的设计等；后者是指流水线节拍的确定、设备需要量和负荷系数计算、流水线平衡工作、人员配备、生产对象传送方式的设计与选择、流水线平面布置、流水线工作制度和标准计划图表制定等。在硬件满足流水线要求的前提下，需做好软件的设计才能更好地驱动硬件。单一对象流水线是其中最简单的组织形式，以下选择以单一对象流水线为主，多对象流水线为辅，介绍流水线设计步骤。

5.4.3.1 确定流水线的节拍

节拍是指流水线上连续投入或产出两个相同制品的间隔时间。节拍是衡量流水线生产效率的标志，是流水线最重要的工作参数，由计划期产品产量和计划期有效工作时间确定，其计算公式为：

$$r = \frac{F_e}{N} = \frac{F_o K}{N} \qquad (5-8)$$

式中：r 为流水线节拍（分/件），F_e 为计划期有效工作时间（分），N 为计划期产品产量（件），F_o 为计划期制度工作时间（分），K 为时间有效系数。

有效系数 K 考虑了设备检修、设备调整、更换工具，以及工人工作班内休息等各种停断因素。

【例 5-3】某零件计划需求量为 20 000 件，另需生产备件 1 000 件直接出

售，废品率 2%，两班制工作，每班 8 小时，时间有效系数 95%，求流水线的
节拍。

由例题得：

$F_o = 251 \times 2 \times 8 \times 60 = 240\,960$（分钟）

$N = 21000 \div (1-0.02) \approx 21\,429$（件）

$r = \dfrac{F_e}{N} = \dfrac{F_0 K}{N} = \dfrac{240\,960 \times 0.95}{21\,429} = 11$（分钟）

5.4.3.2　工序同期化

工序同期化是组织连续流水线的必要条件，指通过各种可能的技术组织措
施，压缩或调整各工序的单件时间，使它们等于流水线节拍或与节拍成整数倍，
最大限度实现同步化。对应在流水线上就叫作流水线平衡，在装配线上就叫作装
配线平衡。如果各工序的加工时间存在较大差别，流水线就会因为工序时间不相
等或不成比例而使得一些工序出现等待时间，流水线生产的优势无从发挥。在进
行工序同期化时，可以从设备、工作地、操作人员、组织管理、材料供应等多方
面入手考虑。一般来说，工序同期化经常采取如下的措施。

（1）采用高效设备

如果少数瓶颈工序能力太弱，更新设备就是可选措施。引进高效设备虽然产
生固定资产投资，但通过一台或少数几台设备更新，可以达到平衡流水线的目
的，并能提高整条生产线的生产能力。

（2）采用高效工艺装备

对瓶颈工序采用高效工艺装备可以减少换模、换刀、调整时间，可以缩短更
换零件的时间，以达到平衡。

（3）改进工作地布置和操作方法

工作地布置对操作流程有决定性影响，配合操作方法的改善，调整工序时间
进而平衡流水线。

（4）改变切削用量

改变切削用量三要素中任何一项都能对加工时间进行有限调整。

（5）提高工人熟练水平

工人操作熟练水平提高可以减少工序的手动时间，对瓶颈工序少量缩短工时
是可取之策。

（6）工序分解、合并或工序重组

对瓶颈工序进行拆分，时间短的工序合并，可以大范围平衡流水线。如果采
用以上措施依然达不到平衡要求，工序重组也是一种选择，即把所有工序内容全
部拆散，重新组织流水线。

在工序重组时，必须兼顾 3 个条件。

①保证各工序任务的逻辑顺序；②工作地的作业时间之和应尽量等于或接近节拍，但不能大于节拍；③工作地的数目最少。

【例5-4】某装配线节拍预定8分钟，共有13个工步，各工步单件工时以及相互间的逻辑关系如图5-11所示。图中小写英文字母表示工步代号，数字表示单件时间，试进行工序重组，确定各工序工作内容。

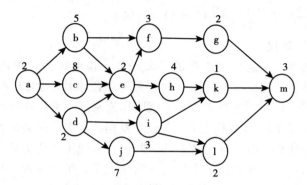

图5-11 工步之间的逻辑关系

解：流水线总装配时间 $\sum t_i = 44$

流水线最少工作地数可以用公式5-9计算：

$$S_{min} = \left[\frac{\sum t_i}{r} \right] = \left[\frac{44}{8} \right] = [5.5] \approx 6 \qquad (5-9)$$

式中"〔 〕"为取整的符号，表示取不小于计算数值的最小整数。

最小工作地数为6，即工序数目不超过6即为最优解，探索式安排每道工序如表5-14所示。

表5-14 工序内容安排

工作地	工步号	工步作业时间	工作地作业时间	空闲
A	a、b	2、5	7	1
B	c	8	8	0
C	d、e、h	2、2、4	7	0
D	j	7	8	1
E	f、g、i	3、2、3	8	0
F	k、l、m	1、2、3	6	2

5.4.3.3 计算设备配备数和设备负荷系数

每个工作地的设备数可根据工序时间来计算，各道工序的设备需要量公式如下：

$$S_i = \frac{t_i}{r} \qquad S_{ei} \text{取大于等于} S_i \text{的整数} \qquad (5-10)$$

式中：S_i 为第 i 道工序所需设备数，t_i 为第 i 道工序的单件时间定额（分钟/件），包括工人在传送带上取放制品的时间，S_{ei} 为实际采用的设备数。

一般来说，计算的设备数都不是整数，但实际所采用的设备数只能是整数，实际采用的设备数取不小于计算设备数的整数。一般情况下，实际采用的设备数比计算设备数大，计算需要的设备数与实际采用的设备数之间的比值表明工作地的负荷程度，叫作工作地负荷系数，工作地负荷系数是一个小于等于 1 的数值，其计算公式为：

$$K = \frac{S_i}{S_{ei}} \qquad (5-11)$$

式中：K_i 为工作地负荷系数。

流水线各工序的计算设备数之和与流水线各工序实际采用的设备数之和之间的比值表明流水线工作地负荷系数，其计算公式为：

$$K_a = \frac{\sum_{i=1}^{m} S_i}{\sum_{i=1}^{m} S_{ei}} \qquad (5-12)$$

式中：K_a 为流水线工作地负荷系数，m 为工序数。

流水线工作地负荷系数是表明设备利用情况的指标，它决定着流水线生产的连续程度。在实际中，负荷率小于 75% 可采用间断流水线生产方式，否则应采取连续流水线生产方式。

5.4.3.4 合理配备人员

流水线上工人配备考虑的因素很多，既要充分利用工人的工作时间，又要减轻工人的劳动强度；既要考虑生产方式的因素，也要考虑工种的协作问题，因此工人配备要具体问题具体分析。

以设备操作为主的流水线，在计算工人数时，考虑机械加工时间与手动操作时间的关系。以操作者手工生产为主，或设备运转过程中，必须由操作者始终照管，这就需要采用一人一台设备的看管；如果在流水线上，设备负荷率不高，设备自动化程度高，或者手动时间相对较少，可进行多设备看管的组织形式。例如，装卸工件、启动设备等手动时间约为 2 分钟，然后设备就可自动加工，耗时 5 分钟，在这种情况下，工人可以同时看管 3 台设备，如果采用一人一机的方式，就是人力浪费。

有些特殊加工，每台设备可能需要几个工人配合，像大型精密仪器制造、大型锻造等。

5.4.3.5 运输方式和运输设备的选择

在流水线上采用什么样的运输方式和运输设备，首先要考虑的是加工对象的形状、尺寸、重量、加工工艺、精度要求等，事实上这些只不过是影响因素，可以影响传送工具的尺寸、材质、承重能力等，流水线的节拍性质才是决定运输方式的因素。

①强制节拍流水线，选择运输装置首选传送带。传送带常见的有连续式传送带、间歇式传送带、分配式传送带等。连续式传送带用于大量生产产品的加工传送；间歇式传送带对于严格执行节拍，保证操作精度的生产，加工对象可装置在传送带上加工，减少辅助时间；分配式传送带多用于工序之间短距离传送加工对象，允许各工序的工作时间有小的波动。

②自由节拍流水线一般采用带阻滞托盘的连续式运输传送带、滚道、滑道，这种流水线允许在工序间储存一定数量的在制品以调节生产速度的波动。

③粗略节拍流水线上一般可采用滚道、重力滑道、手推车、叉车、吊车等。

5.4.3.6 流水线的平面布置

流水线的平面布置，就是将已设计出来的流水线和企业实际平面空间结合起来分析考虑而采用的布置形式。流水线的平面布置要有利于人员的操作；从省时、省力、安全等方面去考虑；要让加工对象在整个加工过程中加工路线最短；要有利于流水线设备的检修；要充分利用生产面积。流水线平面布置的形状各种各样，一般有直线形、直角形、山字形、环形、S形、U形等，如图 5-12 所示，每种生产线组织形式有其优、缺点和适用范围。

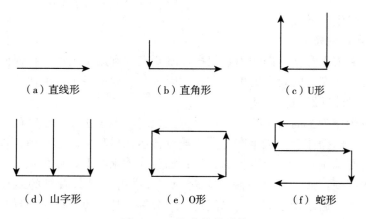

（a）直线形　　　　（b）直角形　　　　（c）U形

（d）山字形　　　　（e）O形　　　　（f）蛇形

图 5-12　流水线的形状

流水线平面布置除了流水线形状，还要考虑设备排列方式，可采用单侧排列或者双侧排列，要结合场地的实际合理配合。

5.4.4　多对象流水线的设计

　　多对象流水线是在一条流水线上生产两种或两种以上加工对象的流水线。它有可变流水线、混合流水线和成组流水线 3 种常见形式。多品种流水线的设计步骤和单一品种流水线相似，但由于是针对多种产品的，设计过程更复杂，和单一对象流水线相比有其特殊的方面，有以下不同的设计内容。

5.4.4.1　可变流水线设计

　　可变流水线上产品是多样的，但从其结构及加工工艺看，可以共用流水线；每种产品在流水线上成批、轮番地进行加工，每种产品按规定的批量完成以后，才转而生产另一种产品；改变加工对象，流水线都要做适当的调整。

　　可变流水线组织设计过程和单一品种流水线相似，所不同的地方主要在于节拍的确定。因为可变流水线上加工对象不同，所以其节拍因产品品种的不同而不同，每一种产品都要确定节拍，要复杂些。可变流水线节拍计算有代表产品法和劳动量比重法两种方法。

　　（1）代表产品法

　　代表产品法是一种以换算为基本手段的方法。具体方法是从流水线上生产的各种产品中，选择一种代表企业主导方向的产品作为代表产品，这种代表性可以是具有产量大、劳动量大、工艺过程较复杂等特性的产品，将其他产品按劳动定额的比例关系换算成代表产品的产量，以换算后代表产品的总量表示流水线总的生产量，再以有效工作时间和总产量的比值计算代表产品的节拍，最后由代表产品的节拍换算成其他各种具体产品的节拍。以下举例说明可变流水线节拍的确定。

　　【例 5-5】某可变流水线上计划生产 A、B、C 3 种产品，其计划月产量分别为 2 000 件、1875 件、1857 件，每种产品在流水线上各工序单件工时分别为 40 分钟、32 分钟、28 分钟，流水线每月有效工作时间为 24 000 分钟，试用代表产品法确定其节拍。

　　解：用代表产品法计算节拍首先确定代表产品，A 产品的劳动量最大，即产量与工时的乘积最大，比其他产品更有代表性，因此确定 A 为代表产品。

　　计划期所有产品换算为代表产品 A 的产量＝2 000＋1 875×32/40＋1 857×28/40＝4 800（件）

　　代表产品 A 的节拍＝24 000/4 800＝5（分钟/件）

　　由代表产品的节拍换算为其他产品的节拍：

　　产品 B 的节拍＝5×32/40＝4（分钟/件）

　　产品 C 的节拍＝5×28/40＝3.5（分钟/件）

　　（2）劳动量比重法

劳动量比重法是按每种产品在流水线上加工的总劳动量所占比重分配流水线有效工作时间，再用其所分配的有效工作时间和产量计算生产节拍的方法。用代表产品法求解【例 5-5】的过程如下。

将计划期的有效工作时间按各种产品的劳动量比例进行分配，需要先计算各产品的比重系数：

$$A \text{产品劳动量占总劳动量的比重系数} = \frac{2\,000 \times 40}{2\,000 \times 40 + 1\,875 \times 32 + 1\,857 \times 28} = 41.67\%$$

$$B \text{产品劳动量占总劳动量的比重系数} = \frac{1\,875 \times 32}{2\,000 \times 40 + 1\,875 \times 32 + 1\,857 \times 28} = 31.25\%$$

$$C \text{产品劳动量占总劳动量的比重系数} = \frac{1\,857 \times 28}{2\,000 \times 40 + 1\,875 \times 32 + 1\,857 \times 28} = 27.08\%$$

各产品的节拍可以利用比重系数分配有效工作时间和产品产量确定各自的节拍：

A 产品的节拍 $= 24\,000 \times 41.67\%/2\,000 = 5$（分钟）

B 产品的节拍 $= 24\,000 \times 31.25\%/1\,875 = 4$（分钟）

C 产品的节拍 $= 24\,000 \times 27.08\%/1\,857 = 3.5$（分钟）

两种方法虽然在本质上是一样的，但两种方法各有优缺点。代表产品法的优点是计算简单，操作性强，计算过程中数据较小，计算的准确度高，但在反复换算过程中，代表产品法必须要求学生思路清晰；劳动量比重法思路直接，每种产品分配有效工作时间，用节拍的公式计算即可，但其计算复杂，还容易产生近似数。上例中，虽然看上去两种方法结果没有变化，劳动量比重法的计算结果实际上是近似数。

5.4.4.2 混合流水线设计

混合流水线已在发达国家被广泛采用，最大的特点是不采用批量轮番的方式，而是将流水线上生产的多种产品，按一定的比例和顺序编成最小组合单元，单元内各种产品在一定时间内按大量流水生产的方式交替生产，既能适应市场需求，不断进行产品生产的变换，又能发挥流水线生产的效率优势，使企业效益提高。在混合流水线上，按照设定的投产顺序同时生产多种产品，大量使用外部工装代替内部工装，或利用其他技术手段，更换产品不需要调整时间，这对流水线的组织设计提出了很高的要求。

混合流水线与可变流水线在设计内容上有两大不同。一个是节拍不定，混合流水线是各种产品混合生产，每种产品的具体节拍是无法确定的，就算是同一种产品的产出时间间隔也不尽相同；二是各品种的投产顺序。

（1）混合流水线节拍计算

混合流水线没有具体节拍的计算方法，但可以确定一个平均节拍，用以体现流水线的效率，其公式如下：

$$R = \frac{T}{\sum\limits_{i=1}^{n} N_i} \qquad (5-13)$$

式中：T 为计划期有效工作时间（分钟），N_i 为计划期各种产品产量（件），n 为品种数。

【例 5-6】某混合流水线生产 A、B、C 3 种产品，计划产量分别为 3 000 件、2 000 件、1 000 件，计划期预定的作业时间为 12 000 分钟，计算其平均节拍。

解：平均节拍为：$R = 12\,000/（3\,000 + 2\,000 + 1\,000）= 2$（分钟/件）

（2）投产顺序编制

当几种加工对象产量相等时，加工对象应按一定规律实行交替性投产，当几种加工对象产量不等时，每种加工对象按照某个比例进行生产，应按一定的规律编制投产顺序，确保严格按照最小的比例单元进行生产，最大限度达到精益化、平准化目的。目前确定混合流水线投产顺序最简单的方法就是生产比倒数法，可按照以下步骤来进行。

①计算生产比。找出所有产品产量的最大公约数，用最大公约数除以各产品产量，得出各产品生产比，各产品生产比之和为生产比产量，也就是一个生产单元的总产量。

②计算生产比倒数。产品生产比直接取倒数即为生产比倒数。

③按照规则投产。编制投产顺序可以按照以下规则进行。

第一步：生产比倒数最小的产品先投产；如有多个最小生产比倒数则安排最小生产比倒数出现晚的先投产，但应避免连续投入。

第二步：更新生产比倒数值。对已选定的生产比倒数 m_j 标注 " $*$ " 并更新 $m_j *$ ：在所选定的产品 $m_j *$ 上再加上这个品种的初始生产比倒数 M_j。

第三步：检查该产品在投产连锁中的数量是不是已经达到生产比，如果达到，该产品排序结束，如果没有达到，返回第一步。

【例 5-7】某混合流水线生产 A、B、C 3 种产品，计划月产量分别为 3 000、2 000、1 000 件。试确定投产顺序。

解：①确定生产比及产量。

$X_A = 3\,000/1\,000 = 3$

$X_B = 2\,000/1\,000 = 2$

$X_C = 1\,000/1\,000 = 1$

即最小加工单元为 3 件 A，2 件 B，1 件 C，生产比产量为 6 件。

②计算生产比倒数。

$$M_A = \frac{1}{X_A} = \frac{1}{3}$$

$$M_B = \frac{1}{X_B} = \frac{1}{2}$$

$$M_C = \frac{1}{X_C} = 1$$

③确定组内产品投产顺序，如表 5 - 15 所示。

表 5 - 15 投产顺序

计算次数	A 产品	B 产品	C 产品	连锁
1	1/3 *	1/2	1	A
2	1/3＋1/3	1/2 *	1	AB
3	2/3 *	1	1	ABA
4	1	1 *	1	ABAB
5	1 *	—	1	ABABA
6	—	—	1 *	ABABAC

5.4.4.3 成组技术与成组流水线

成组流水线是运用成组技术的原理，把企业生产的各种产品和零件，按结构、工艺、尺寸，甚至材料上的相似性原则进行分类编组，根据零件组的工艺流程来配备设备，并以"组"为对象组织生产的一种流水线组织形式。成组流水线具有大批量流水线所固有的特点，但流水线上所流动的不是固定的一种零件，而是一组相似性程度高的相似零件，如图 5 - 13 所示。图中字母表示机床的类型。要理解成组流水线是怎么运行的，就要了解成组技术相关的理论知识。

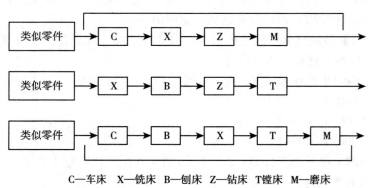

C—车床 X—铣床 B—刨床 Z—钻床 T镗床 M—磨床

图 5 - 13 成组流水线

（1）成组技术的概念和内容

成组技术是组织多品种、小批量生产的一种科学管理方法，是一种基于相似性原理的合理的组织生产技术准备和产品生产过程方法。从被加工零件的工艺工序的相似性出发，相似性主要体现在零件的结构、形状、尺寸、材料、精度、光洁度和毛坯种类等不同的特点分组。

①依照一定的分类系统进行零件的编码和划分零件组；

②根据零件组的划分情况，建立成组加工中心或成组生产单元；

③按照零件的分类编码选择匹配的生产资源。

（2）成组加工中心

成组加工中心是把一些结构相似的零件，在某种设备上进行加工的一种比较初级的成组技术生产组织形式。采用此形式，由于相似零件集中加工，可以减少设备的调整时间和训练工人的时间，如图5-14所示。

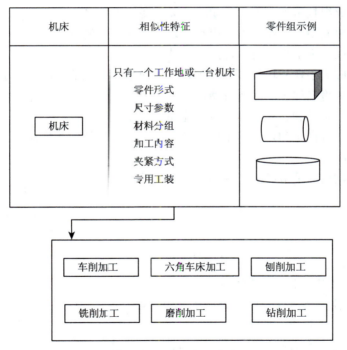

图5-14　成组加工中心

（3）成组生产单元

成组生产单元按一组或几组工艺上相似零件共同的工艺路线配备和布置设备，它是完成相似零件全部工序的生产组织形式，在加工单元中零件的加工是按类似流水线的方式进行的，如图5-15所示。

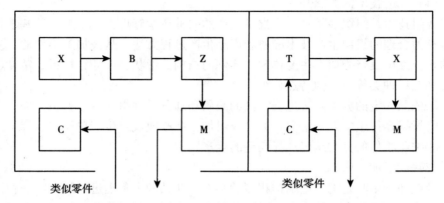

C—车床 X—铣床 B—刨床 Z—钻床 T—镗床 M—磨床

图 5-15 成组生产单元

一般按成组技术配备的生产单元，需具备以下特征：

①生产单元中每一组工人可以独立地完成所涉及的所有操作；

②单元在管理工作上有一定的独立性；

③单元应集中在一块生产面积内，单元内基本上保证工序的流水性，生产过程尽可能不被跨组加工工序所打断；

④工装、夹具和各种工具应尽可能完全属于本单元；

⑤要保证有稳定和均衡的生产任务，单元的产品品种和规模与工艺能力和生产能力相适应；

⑥单元输出的是最终加工好的零件或成品。

思考与练习

判断题：

1. 加工装配式生产是离散型生产类型。（　　）

2. 订货性生产的难点在于确定品种和产量。（　　）

3. 大量生产就是大批量生产。（　　）

4. 混合流水线的特征就是各种产品混合着生产。（　　）

5. 节拍是衡量流水线效率的指标，节拍越大效率越高。（　　）

多项选择题：

1. 单件小批量生产的好处是（　　）。

    A. 短平快，周期短　　　　B. 成本低　　　　C. 以不变应万变

    D. 管理简单　　　　E. 快速响应市场的多样化需求

2. 属于大量生产的有（　　　）。

    A. 汽车制造   B. 飞机制造   C. 轮船制造

    D. 标准件生产   E. 化肥生产

3. 工件在工序间的移动方式有（　　　）。

    A. 平行顺序移动   B. 顺序平行移动

    C. 平移移动方式   D. 顺序移动方式

4. 哪些属于工艺专业化的特点（　　　）。

    A. 周期短   B. 在制品少   C. 适应性强

    D. 运输量小   E. 管理复杂   F. 设备利用率高

问答题:

1. MTO 和 MTS 各有什么优缺点?

2. 3 种移动方式的对比和选用?

3. 工序同期化的措施?

4. 混合流水线的特点?

5. 3 种生产类型的特点?

6. 不同节拍的流水线运输方式的选择?

综合练习:

1. 一批零件经过 5 道工序的加工, 零件批量为 4 件, 各单件工时分别为: 10、6、8、15、10 分钟, 试用图解法和公式法确定本批零件在各种移动方式下的周期。

2. 某混合流水线上生产 A、B、C、D、E、F 6 种产品, 其计划产量分别为 500 件、400 件、100 件、300 件、400 件、200 件, 试用生产比倒数法编制产品投产顺序。

生产计划

学习目标

➤ 掌握企业生产计划的体系
➤ 计算企业生产能力
➤ 掌握综合生产计划的编制方法
➤ 掌握主生产计划的编制方法

6.1 生产计划概述

计划是管理的首要职能。没有计划，企业内一切活动都会陷入混乱。现代企业生产的社会化程度很高，企业之间尤其是同属一条供应链上的企业协作紧密；企业内部各部门的分工十分精细，任何部门的活动都不能离开其他部门而单独进行。因此，需要制定统一的计划来指挥企业各部分的活动。

按照计划来管理企业生产经营活动的行为，称为计划管理。计划管理是一个过程，通常包括编制计划、执行计划、检查计划完成情况和拟订改进措施 4 个阶段。计划管理包括企业生产经营活动的各个方面，如生产、技术、劳资、供应、销售、设备、财务、成本等。计划管理不仅仅是企业计划部门的工作，企业所有部门都要实行计划管理制度。

6.1.1 企业计划的层次

企业里有各种各样的计划，这些计划是分层次的，一般可以分成战略层计划、战术层计划与作业层计划 3 个层次，如图 6-1 所示。

（1）战略层计划

又称长期计划，它涉及企业在市场竞争中地位的变化、产品和服务的发展方向、生产的发展规模、技术的发展水平、新生产服务设施的选址和布置等。企业的战略层计划是一种十分重要的计划，关系到企业的兴衰。作为企业的高层领导，必须站得高，才能看得远。战略层计划为战术层计划提供产能的限制。

（2）战术层计划

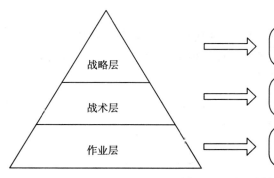

图 6-1　企业计划的层次

又称中期计划，是确定在现有资源条件下所从事的生产经营活动应该达到的目标，如产量、品种、产值、库存、员工和利润。战术层计划又为作业层计划制定了边界。

（3）作业层计划

又称短期计划，确定日常的生产经营活动安排，如任务分配、负荷平衡、作业排序、生产和订货的批量确定、进度控制等。作业层计划支持战术层计划，战术层计划支持战略层计划，从而保证企业战略的实现。

3个层次的计划有不同的特点，如表6-1所示。从表中可以看出，从战略层到作业层，计划期越来越短，计划的时间单位越来越细，覆盖的空间范围越来越小，计划内容越来越详细，计划期内的不确定性越来越小。

表 6-1　不同层次计划的特点

	战略层计划	战术层计划	作业层计划
计划周期	长期（≥5年）	中期（1年）	短期（月、旬、周）
时间单位	粗（年）	中（月、季）	细（工作日、班次、小时）
空间范围	企业	工厂	车间、工段、班组
详细程度	高度综合	综合	详细
不确定性	高	中	低
管理层次	企业高层领导	中层、部门领导	低层、车间领导
特点	涉及资源获取	资源利用	日常活动处理

6.1.2 生产计划的层次

生产计划是在既定的生产过程规划及所选择的工艺和生产技术条件下，根据产品的市场需求，对计划期内生产的产品品种、数量、质量、进度等生产活动作出的预先规定。企业生产计划体系如图 6-2 所示。

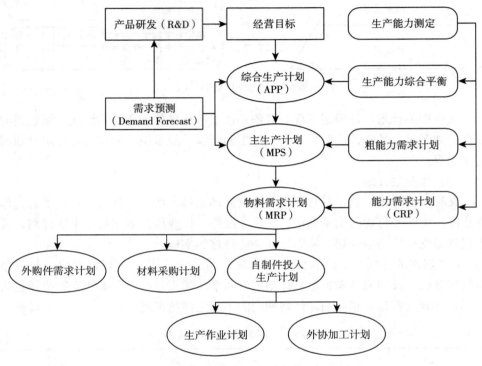

图 6-2 企业生产计划体系

综合生产计划（Aggregate Production Planning，APP）、主生产计划（Master Production Schedule，MPS）、物料需求计划（Material Requirement Planning，MRP）和生产作业计划是其主要的 4 种不同层次的计划，根据企业经营目标、需求预测和企业资源条件，在生产能力综合平衡的基础上，确定综合生产计划；将综合生产计划细化到具体产品，在生产能力粗平衡的基础上确定主生产计划。主生产计划、产品结构文件和库存状态文件经过物料需求计划程序的处理，将其转化为自制件投入生产计划、外购件需求计划和材料采购计划等；自制件投入生产计划是一种生产作业计划，由自制件投入生产计划可计算出对每一工作地的能力需求，从而确定能力需求计划和外协计划。各层次的特征如表 6-2所示。

表 6 - 2　生产计划各层次特征

	综合生产计划（AFP） 主生产计划（MPS）	物料需求计划（MRP）	生产作业计划
计划形式及种类	综合生产计划 主生产计划	零部件（毛坯）投入出产计划、原材料和外购件需求采购计划等	双日（周）生产作业计划、关键机床加工计划等
计划对象	产品系列 具体产品	零件（自制件、外购件、外协件）、毛坯、原材料	工序
基础数据	企业政策、成品库存、单位成本等	产品机构、提前期、相关材料（零部件、原材料、毛坯）库存	加工路线、加工时间、在制品库存
编制部门	计划处（科）	生产处（科）	车间计划科（组）
计划周期	1 年	1 月~1 季	双日、周、旬
时间单位	季（细化到月）	旬、周、日	小时、分
空间范围	全厂	车间及有关部门	工段、班组、工作地
优化方法举例	线性规划、运输问题算法、线性决策法则等	物料需求计划、批量算法等	各种作业排序方法

6.1.3　制定计划的一般步骤及滚动式计划方法

（1）制定计划的一般步骤

制定计划的一般步骤如图 6 - 3 所示。

图 6 - 3　制定计划的一般步骤

第一步：确定目标，根据上期计划执行的结果，目标要尽可能具体，如利润指标、市场占有率等。

第二步：评估当前条件，要弄清楚现状与目标有多大差距。当前条件包括外部环境与内部条件。外部环境主要包括市场情况、原料、燃料、动力、工具等供应情况以及协作关系情况。内部条件包括设备状况、工人状况、劳动状况、新产品研制与生产技术准备状况、各种物资库存情况及在制品占用量等。

第三步：预测未来环境与条件，根据国内外各种政治因素、经济因素、社会因素和技术因素综合作用的结果预测未来，把握现状将如何变化，找出达成目标的有利因素及不利因素。

第四步：确定计划方案包括拟订多个可实现目标的可行计划方案，并按一定的标准从中选择一个计划方案。

第五步：实施计划、评价结果是检查目标是否达到，如未达到是什么原因造成的，需采取什么措施，是否需修改计划等等。

（2）滚动式计划的编制方法

编制滚动式计划是一种编制计划的新方法，这种方法可以用于编制从战略层到作业层各种层次的计划。

按照编制滚动式计划的方法，整个计划期被分为几个时间段，其中第一个时间段的计划为执行计划，后几个时间段的计划为预计计划。执行计划较具体，预计计划较粗略。每经过一个时间段，根据执行计划的实施情况以及企业内、外条件的变化，对原来的预计计划要作出调整与修改，原预计计划中的第一个时间段的计划就变成了执行计划。比如，2019 年编制的 5 年计划，计划期从 2020 年至 2024 年。若将 5 年分成 5 个时间段，则 2020 年的计划为执行计划，其余 4 年的计划均为预计计划。当 2020 年的计划实施之后，又根据当时的条件编制 2021—2025 年的 5 年计划，其中 2021 年的计划为执行计划，2022—2025 年的计划为预计计划，以此类推。修订计划的间隔时间称为滚动期，通常等于执行计划的计划期，如图 6-4 所示。

图 6-4 滚动式计划示例

滚动式计划方法有以下优点：

①使计划的严肃性和应变性都得到保证。由于执行计划与编制计划的时间接近，企业内、外部条件不会发生大的变化，可以基本保证执行计划的完成，体现了计划的严肃性；预计计划允许修改，体现了应变性，如果不是采用滚动式计划编制方法，第一期实施的结果出现偏差，以后各期计划如不做出调整，就会流于形式。

②提高了计划的连续性。逐年滚动，自然形成新的多年计划。当然，编制滚动式计划需要较大的工作量，但在计算机已经普及的今天，工作量不应该成为编制滚动式计划的障碍。

6.2　生产能力的测定

6.2.1　生产能力的概念和种类

6.2.1.1　生产能力的概念

生产能力是指企业在一定时期内和在一定的技术组织条件下，经过综合平衡后所能生产的一定种类产品最大可能的量。工业企业的生产能力是指直接参与产品生产的固定资产的生产能力，在确定生产能力时，不考虑劳动力不足或物资供应中断等不正常现象。企业的生产能力可按年、季、月、日、班、小时作为计算的时间跨度，但通常按年来计算。按年计算的企业生产能力可与企业年度生产计划任务相比较，同行业的不同企业也可以年生产能力相互比较。计算流水线的生产能力常采用轮班、小时等作为时间单位。生产能力以实物指标为计算单位。

6.2.1.2　生产能力的种类

企业的生产能力可分为设计能力、计划能力和实际能力 3 种。

（1）设计能力

指在企业设计时确定的生产能力。它是由企业设计生产规模时所采用的机器设备、生产定额及技术水平等条件决定的。通常，设计能力是在企业建成投产，经过一段时间熟悉和掌握生产技术工艺后，生产用人正常状态时才能达到的生产能力。

（2）计划能力

指企业在计划期内能够达到的生产能力。它是根据企业现有的生产技术条件与计划期内所能实现的技术组织指施情况来确定的。

（3）实际能力

指在企业现有的固定资产、当前的产品方案、协作关系和生产技术组织条件下，所能达到的生产能力。

设计能力是企业制定长期规划、安排企业基本建设和技术改造的重要依据。计划能力和实际能力是企业编制生产计划的依据，也可以说是计划期生产任务与生产条件平衡的依据。

6.2.2　生产能力的测定

6.2.2.1　测定生产能力的程序

（1）确定企业的专业方向和生产大纲

企业的生产能力是按照一定的产品品种方案来计算的。因此，在测定生产能力时，首先要确定企业的专业方向和产品品种、数量方案。

（2）做好测定生产能力的准备工作

测定生产能力的准备工作包括组织准备和资料准备。首先要向企业职工宣传测定生产能力的重要性，动员全体职工积极配合测定工作；其次要组成全厂和车间的测定生产能力小组，配备一定的技术人员和管理人员来具体负责测定生产能力的工作，要制定测定生产能力的计划，明确职责；再次要收集和整理测定生产能力所需要的各种数据资料。

（3）计算

分别计算设备组、工段和车间的生产能力。

（4）进行全厂生产能力的综合平衡

测定企业的生产能力，应当从基层开始自下而上地进行。即首先计算和测定各生产线、各设备组的生产能力，在此基础上计算和测定各工段的生产能力，然后计算和测定车间的生产能力，最后在综合平衡各车间生产能力的基础上，测定企业的生产能力。

6.2.2.2　生产能力的计量单位

生产能力以实物指标作为计量单位。常见的实物计量单位有：具体产品、代表产品及假定产品。由于企业及其生产环节的产品特点、生产类型和技术条件不同，因此计算生产能力也将采用不同的计量单位。

（1）具体产品

在产品品种单一的大量生产企业中，计算生产能力时的生产率定额用该具体产品的时间定额或生产该产品的产量定额。企业生产能力以该具体产品的产量表示。

（2）代表产品

在多品种生产的企业中，在结构、工艺和劳动量构成相似的产品中选出代表产品，以生产代表产品的时间定额或产量定额来计算生产能力。代表产品一般选代表企业专业方向、在结构工艺方面相似的产品，总劳动量（即产量与单位劳动量乘积）最大的产品。代表产品与具体产品之间通过换算系数换算。换算系数为具体产品与代表产品的时间定额的比例，即：

$$K_i = \frac{T_i}{T_{代表}} \qquad (6-1)$$

式中：K_i 为产品 i 的换算系数，T_i 为 i 产品单位产品时间定额（台时），$T_{代表}$ 为代表产品单位产品时间定额（台时）。

（3）假定产品

在产品品种数较多，各种产品的结构、工艺和劳动量构成差别较大的情况下，不能用代表产品来计算生产能力。此时，可用假定产品作为计量单位。假定产品是由各种产品按其总劳动量比重构成的一种假想产品。

假定产品单位台时定额的计算公式为：

$$T_{假定} = \sum_{i=1}^{n} T_i \theta_i \qquad (6-2)$$

式中：$T_{假定}$ 为单位假定产品的台时定额，θ_i 为 i 产品的劳动量比重，T_i 为单位 i 产品的台时定额，n 为产品品种数。

在产品品种繁多而且不稳定的单件小批量生产企业，也常采用产品的某种技术参数作为计量单位，如发电设备的功率（kW），在铸造、锻压、金属结构等工厂和车间，也常采用重量单位。

【例 6-1】如企业生产纲领规定生产 A、B、C 这 3 种结构、工艺不相似的产品，其产量分别为 600、350 和 80，单位产品台时定额分别为 100、200、250，则各产品的总劳动量依次为 60 000 台时、70 000 台时、20 000 台时，总劳动量之和为 150 000 台时。确定假定产品的台时定额。

解：3 种产品的总劳动量比重为

θ_A＝60 000/150 000＝0.4

θ_B＝70 000/150 000≈0.467

θ_C＝20 000/150 000≈0.133

则一个假定产品中含 0.4 个 A 产品、0.467 个 B 产品、0.133 个 C 产品。

$T_{假定}$＝0.4×100＋0.467×200＋0.133×250＝166.65

6.2.2.3 设备组生产能力的计算

设备组中的各个设备具有以下特点：在生产上具有互换性，即设备组中的各个设备都可以完成分配给该设备组的任务，并能达到规定的质量标准。

①在单一品种生产情况下，设备组生产能力计算公式为：

$$M=\frac{F_e \times S}{T} \qquad (6-3)$$

式中：M 为设备组的年生产能力，F_e 为单台设备年有效工作时间（h），S 为设备组内设备数，T 为单位产品的台时定额。

设备组生产能力的单位为具体产品计量单位，如台或件等。如果设备组生产能力采用重量单位，公式中的 T 是单位产品台时定额。

②在多品种生产情况下，当设备组的加工对象结构工艺相似时，采用代表产品计量单位来计算设备组的生产能力。

【例 6-2】某车床组共有车床 5 台，每台车床全年有效工作时间为 4 660 小时，在车床组加工结构与工艺相似的四种产品 A、B、C、D 中，根据总劳动量最大的原则，选择 B 产品为代表产品。各产品的计划产量分别为 160、100、60 和 80，单位产品台式定额分别为 25、50、75 和 60，计算每种产品的年生产能力。

解：B 产品的单位产品台时定额为 50，则以 B 产品为标准的车床组生产能力总和为 M＝4 660×5/50＝466（件）

将代表产品 B 表示的生产能力总和，分配给各具体产品，计量单位过程详见表 6-3。车床组的负荷系数为 366/466＝78.54％。

表 6-3　代表产品计量单位年生产能力计算数据

①	计划产量/件 ②	台时定额 ③	换算系数 ④=③/$T_{代表}$	换算后计划产量/件 ⑤=②×④	比重 ⑥=⑤/Σ⑤	以代表产品为标准的产能/件 ⑦=466×⑥	具体产品的产能/件 ⑧=⑦/④
A	160	25	0.5	80	21.86%	102	204
B	100	50	1	100	27.32%	127	127
C	60	75	1.5	90	24.59%	115	77
D	80	60	1.2	96	26.23%	122	102
合计				366		466	

③在多品种生产情况下，当设备组的加工对象结构工艺不相似时，应采用假定产品计量单位来计算设备组的生产能力。

计算以假定产品计量单位表示的设备组生产能力，需要计算假定产品的台时定额，根据假定产品的台时定额和设备组在计划期内的有效工作时间，求出以假定产品计量单位表示的生产能力。然后，将以假定产品计量单位表示的生产能力，再按生产计划草案中规定的产品品种换算为具体产品的生产能力。

【例 6-3】某车床组有设备 15 台，每台车床全年有效工作时间为 4 800 小时，在车床组上加工 A、B、C、D 4 种在结构上和工艺上相差较大的产品。采用假定产品为计量单位来计算设备组的年生产能力，产品的计划产量、台时定额如表 6-4 所示。

表 6-4　假定产品计量单位年生产能力计算数据

①	计划产量/件 ②	台时定额 ③	总劳动量/件 ④=②×③	总劳动量比重 ⑤=④/Σ④	假定产品台时定额 ⑥=Σ（③×⑤）	换算系数 ⑦=③/$T_{代表}$	具体产品的产能/件 ⑧=375.4×⑤/⑦
A	100	200	20 000	0.33		1.043	119
B	80	270	21 600	0.36	191.8	1.408	96
C	160	100	16 000	0.27		0.521	194
D	60	40	2 400	0.04		0.209	72
合计			60 000				

解：以假定产品为计量标准的设备组生产能力：$M=4\ 800×15/191.8≈375.4$

设备组的负荷系数为：（60 000/191.8）/375.4＝83.8%

6.2.2.4　工段（车间）生产能力的计算和确定

生产能力取决于设备的工段（车间），可以在计算设备组生产能力的基础上，确定工段（车间）的生产能力。各设备组的生产能力一般是不相等的，因此，确定工段（车间）生产能力时，要进行综合平衡。通常以主要设备组的生产能力作为综合平均的依据。所谓主要设备组是指在工段（车间）生产中起决定作用、完成劳动量比重最大或者贵重而无代用设备的设备组。生产能力不足的设备组为薄弱环节，要制定消除薄弱环节的措施．应尽可能利用富裕环节的能力来补偿薄弱环节。如果一个车间内有多个加工工段，则先按上述方法确定出各工段的生产能力，根据主要工段的生产能力，经过综合平衡以后确定车间的生产能力。

6.2.2.5　企业生产能力的确定

当各个生产车间的生产能力计算出来后，便可确定企业的生产能力，企业的生产能力取决于各个生产车间的成套程度。由于企业的产品品种、产量及其他技术组织条件总是在变化的，因此不匹配、不平衡的现象是经常发生的，这就需要进行综合平衡，以便使企业的生产能力左适应条件变化的情况下达到一个最佳水平。

企业生产能力综合平衡的内容主要包括两个方面：一是各基本车间之间生产能力的平衡；二是基本车间与辅助生产车间之间以及生产服务部门之间生产能力的平衡。基本生产车间与辅助生产车间的平衡，一般是以基本生产车间的生产能力为基准，核对辅助生产车间的生产能力配合情况采取措施，使之达到平衡。

6.3　综合生产计划

6.3.1　综合生产计划的内容

综合生产计划又称为生产大纲，是根据市场需求预测和企业所拥有的生产资源，对企业计划期内出产的内容、出产数量以及为保证产品的出产所需劳动力水平、库存等措施所做的决策性描述。综合生产计划是企业的整体计划，计划期通常是年（有些生产周期较长的产品如大型机床等，可能是 2 年、3 年或 5 年）。因此，有些企业也把综合生产计划称为年度生产计划或年度生产大纲。在该计划期内，使用的计划时间单位是月、双月或季。在采用滚动式计划方式的企业，还有可能未来 3 个月计划的时间单位是月，其余 9 个月计划的时间单位是季度等。

企业综合生产计划规定企业在计划期内各项生产指标（品种、质量、数量、产值、进度等）应达到的水平和应增长的幅度以及为保证达到这些指标的措施。它是编制企业计划中其他各专项的重要依据，正确制定综合生产计划指标，既可以使企业生产的产品在品种、质量、数量和出产时间上满足社会和用户的需要，又能充分利用企业的人力、物力和财力，在提高劳动生产率、降低产品成本的基础上增加利润。因此，综合生产计划是企业各项生产计划的主体。

企业综合生产计划工作的内容包括：制定计划的策略方法、确定各项生产指标；粗能力平衡；确定综合生产计划方案；组织实施综合生产计划；检查考核综合生产计划的完成情况。

6.3.2　综合生产计划的编制步骤

正确制定综合生产计划，必须按照一定的步骤进行。一般综合生产计划可按以下 5 个步骤进行编制。

6.3.2.1 第一步：确定计划期产品的市场需求

确定计划期内生产产品的市场需求必须要掌握制造业产品需求信息，对于制造业产品需求信息来源主要有：①对产品的未来需求的预测，根据过去产品销售的统计资料与影响产品销售量因素的发展变化资料，进行销售预测分析。在利用统计资料分析预测未来的销售情况时，还要同时考虑产品处于产品寿命周期的哪个阶段。②现有订单、未来的库存计划（如备货生产中对未来产品库存水平的确定）以及来自流通环节（批发商）或零售环节的信息（指未发订单之前的信息）等。根据以上这些信息，就可大致确定生产产品的市场需求，通过订货会议、产品展销会、访问用户及召开用户座谈会等方式，可了解对企业产品品种、规格、质量、数量及交货期等方面的要求。

6.3.2.2 第二步：分析外部约束条件和企业内部的生产条件

（1）外部约束条件

主要是指原材料、燃料、动力等的供应情况以及外协件、配套件、外购件等供应和协作的保证程度。企业所需要的原材料等是多种多样的，企业可以按照物资采购的各种渠道分别调查了解。对保持固定协作关系和供货关系的单位，了解它们的生产情况及供应原材料及配套产品的可能性；通过市场调查、商品展销会或向有关商业部门了解供应情况；对于短缺的物资与资金，要通过调查，了解获取不足物资与资金的渠道和可能性。

（2）企业生产的内部生产条件

包括以下资料与信息：报告期生产计划及其他计划的完成情况；机器设备的数量、比例构成及完好情况，机器设备计划期保修计划；基本生产车间与辅助生产车间及生产服务单位能力协调情况；各车间、工段及关键设备组的生产能力；产品图纸、工艺文件、工装夹具等技术准备工作情况；企业技术革新、改造情况；各种物资的库存情况与在制品数量；职工劳动情况（包括出勤率、工时利用率、劳动生产率等）；各工种、各等级工人人数及比例构成等。企业内部的生产条件可通过各部门提供的统计分析资料及深入到基层进行调查研究、掌握情况。

6.3.2.3 拟订生产指标方案，进行方案优化工作

（1）拟订生产指标方案

企业在经过调查研究、摸清情况、掌握制订生产计划必要的资料后，即可拟订生产指标方案。首先要确定生产的产品品种。用户的订货合同以及对产品的销售预测分析，是确定要生产的产品品种的依据。运用产品系列平衡、销售收入与利润分析法、产品寿命周期分析等方法进行分析并做出生产哪些产品的决策。其次要确定生产计划中规定的产品产量指标。要求既要满足用户的需要，又要能得到设备、原材料、能源、劳动力等的保证，还要能使企业的生产经营活动取得良

好的经济效益。

（2）进行方案优化确定

各种产品产量优化方案的方法较多，常用的有量本利分析法和线性规划法等，这里主要介绍线性规划方法。线性规划法是研究如何将有限的人力、物力、设备、资金等资源进行最优计划和分配的理论和方法。应用线性规划法确定产品产量指标，是在有限的生产资源和市场需求条件约束下求利润最大的生产计划。由于计算机应用软件的支持，采用线性规划模型确定综合生产计划中的产品产量已比较容易。用线性规划求解最优生产指标方案，当产品品种及约束条件较多时，数学模型比较复杂，需要借助于计算机辅助计算。

6.3.2.4 综合平衡，编制计划草案

（1）计划指标之间的平衡

在生产计划指标体系的内部，产品品种、质量、数量之间存在着有机的联系，必须正确处理各生产指标之间的关系，求得平衡。例如，对质量和数量不能单纯追求数量而降低质量，必须贯彻质量第一的方针，但是也不能忽视数量指标，总的要求是优质高产。在处理品种和数量的关系时，企业应当多生产市场急需的短线产品，积极试制新产品，而不要单纯追求产量。生产指标同其他指标之间是相互联系、相互制约、相互影响的，因此，不能仅仅从生产计划的角度来确定生产指标，而必须通过试算来求得生产指标同其他指标，如同劳动生产率、工资、物资供应、成本、销售、利润等指标之间的平衡。

（2）生产任务与生产可能性之间的平衡

生产计划指标既要反映社会需要，又要反映满足需要的可能性与必要条件。为此，必须切实做好以下各和试算平衡的工作：生产任务与生产能力的平衡、生产任务与劳动力的平衡、生产任务与物资供应的平衡、生产任务与生产技术准备的平衡、生产任务与外部协作的平衡。这些试算平衡工作需要由企业内部的不同部门和单位来完成。比如，生产任务与生产能力的平衡工作，主要由企业的生产部门负责完成；生产任务与劳动力的平衡工作，主要由企业的劳资部门负责完成；而生产任务与生产技术准备工作要由企业的设计部门与工具管理部门或技术部门及其他单位共同协作来完成等。

（3）综合生产计划与长期生产计划之间的平衡

企业的综合生产计划与长期、中期生产计划之间的平衡工作，实际上是眼前利益与长远利益、阶段目标与战略目标之间的平衡。在制定企业综合生产计划的产量指标时，应当尽可能与企业的长期、中期生产计划规定的产量增长幅度保持一致。

6.3.2.5 审核批准综合生产计划

综合生产计划草案需要最高管理层的认可，程序通常是组成一个专门委员会来审查综合生产计划，该委员会中应包括各有关部门的负责人。委员会将对综合

生产计划草案进行综合审视，也许会提出一些更好的建议，以讨论其中相悖的若干目标。综合生产计划一旦确定，就需要每个部门尽全力使之得以实现。

6.3.3 综合生产计划的优化方法

综合生产计划的优化方法有线性规划单纯形法、运输表法、动态规划法、模拟仿真法、试算法、搜索决策规则等，以下介绍运输表法和动态规划法。

6.3.3.1 运输表法

假定产量、生产成本等有关变量之间的关系是线性的。设想一个简单的生产系统有 3 种生产方式，第一种为正常班次时间生产，第二种为加班时间生产，第三种为转包生产；产品可在计划期内储存，不允许缺货，该生产系统的综合生产计划模型可表达为：

目标函数

$$约束条件 \min Z = \sum_{i=1}^{m} \sum_{j=1}^{m} \sum_{k=1}^{m} c_{ijk} x_{ijk}$$

$$约束条件 \begin{cases} \sum_{k=1}^{n} x_{ijk} \leqslant P_{ij} \\ \sum_{i=1}^{m} \sum_{j=1}^{k} x_{ijk} = D_k \end{cases} \quad (6-4)$$

式中 x_{ijk} 为第 j 月中使用第 i 种方式生产的产品在第 k 月销售的数量，$x_{ijk} \geqslant 0$（$i=1, 2, \cdots m; j=1, 2, \cdots n; k=1, 2, \cdots n;$），$c_{ijk}$ 为第 j 月中使用第 i 种方式生产的产品在第 k 月销售的单位成本，p_{ij} 为第 j 月中第 i 种生产方式的生产能力，D_k 为第 k 月的需求量。

具体的计算步骤如下：①在可用生产能力列中填上正常、加班和外包的最大生产能力；②在每一个单元格右上角填上各自的成本；③从第一列开始，在每列中寻找成本最低的单元格，并将生产任务分配到该单元格，但不得超过该单元格所在行的生产能力和所在列的需求；④在该行填上未用的生产能力，但必须保证剩余的未用生产能力不能为负数。如果该列仍有需求尚未满足，则重复步骤③至步骤④，直至需求全部满足为止。

【例 6-4】某汽车制造厂 2020 年 1—6 月预计某大型电机设备的市场需求量分别为 3 000 台、3 600 台、5 200 台、6 000 台、5 000 台、4 400 台，共计27 200台。1月份期初库存量为零，该厂在 3 种不同生产方式下的生产能力和相应的单位制造成本数据如表 6-5 所示，单位产品每月的存储成本为 1 000 元。制定该厂 2001 年 1—6 月的综合生产计划。

解列出成本表，用表上作业法求解。表 6-6 为该问题的成本表，表中第一行月份为需求时间，与其对应的需求量列在最后一行；表中第一列月份为生产时

表 6-5　3 种生产方式下的生产能力和单位制造成本

生产方式	生产能力/台	单位制造成本/元
正常生产	4 000	20 000
加班生产	600	21 000
外包生产	1 000	22 000

时间，每月都有 3 种生产方式，与其对应的生产能力列在最右边一列；表中间部分的成本数值为制造成本和存储成本两部分之和，表中空白部分表示不可能发生事件，例如，第一列是空白的，表示 2、3、4、5、6 月生产的产品不可能在 1 月份销售。用表上作业法求解，结果如表 6-7 所示，这是一个最优解。

表 6-6　大型电机设备运输成本表

单位：台

生产方式		需求 1月	2月	3月	4月	5月	6月	未用产能	可用产能
1月	正常生产	20 000 / 3 000	21 000	22 000	23 000	24 000	25 000	1 000	4 000
	加班生产	21 000	22 000	23 000	24 000	25 000	26 000	600	600
	外包生产	22 000	23 000	24 000	25 000	26 000	27 000	1 000	1 000
2月	正常生产		20 000 / 3 600	21 000 / 400	22 000	23 000	24 000	0	4 000
	加班生产		21 000	22 000	23 000	24 000	25 000	600	600
	外包生产		22 000	23 000	24 000	25 000	26 000	1 000	1 000
3月	正常生产			20 000 / 4 000	21 000	22 000	23 000	0	4 000
	加班生产			21 000 / 600	22 000	23 000	24 000	0	600
	外包生产			22 000 / 200	23 000 / 400	24 000	25 000	400	1 000
4月	正常生产				20 000 / 4 000	21 000	22 000	0	4 000
	加班生产				21 000 / 600	22 000	23 000	0	600
	外包生产				22 000 / 1 000	23 000	24 000	0	1 000
5月	正常生产					20 000 / 4 000	21 000	0	4 000
	加班生产					21 000 / 600	22 000	0	600
	外包生产					22 000 / 400	23 000	600	1 000
6月	正常生产						20 000 / 4 000	0	4 000
	加班生产						21 000 / 400	200	600
	外包生产						22 000	1 000	1 000
需求量		3 000	3 600	5 200	6 000	5 000	4 400		

表 6 – 7 大型电机设备综合生产计划表

单位：台

	1月	2月	3月	4月	5月	6月	总计
需求量	3 000	3 600	5 200	6 000	5 000	4 400	27 200
综合生产计划	3 000	4 000	5 200	5 600	5 000	4 400	27 200
正常生产	3 000	4 000	4 000	4 000	4 000	4 000	23 000
加班生产			600	600	600	400	2 200
外包生产			600	1 000	400		2 000
期末库存		400	400				

6.3.3.2 动态规划方法

动态规划方法适用于多阶段决策问题，只要研究对象可以处理成多阶段决策形式，有明确的状态变量用于判断计划优劣就可采用此方法。若企业的生产规则、生产能力固定不变，各个月份的需求量不等，每月初要对设备做一次调整，此时会发生调整费用，数值是固定的，如当月不生产，则不发生这笔费用；生产量大于需求量时，可以有库存，这时有存储费用发生，单位产品每月的存储费是固定的。在以上条件下，时间为阶段变量，以月为阶段，每月产量为决策变量，每月库存量为状态变量，求生产成本最小的综合生产计划的动态规划模型为：

成本函数 $C(X, I) = A + VX + MI$

递推公式 $f_j(I_i) = \min\{C_j(X_j, I_j) + f_{j+1}(I_j + X_{j+1} - D_j)\}$

状态方程 $I_j = I_{j-1} + X_j - D_j$ $\qquad\qquad$ (6 – 5)

约束条件 $\begin{cases} 0 \leqslant X_j \leqslant N_j \\ X_j + I_j \geqslant D_j \end{cases}$ $\qquad (j = 1, 2, \cdots, K)$

式中 X 为月生产量，为决策变量；I 为月库存量，为状态变量；N 为生产能力；D 为各月的需求量；A 为设备一次调整费用；V 为单位产品变动成本；M 为单位产品月存储费。

【例 6 – 5】某电机有限公司 2001 年 1—6 月 Y 型电动机的需求量分别为 1 500 台、1 000 台、500 台、2 000 台、1 000 台、1 500 台，共计 7 500 台。单位电动机的变动成本为 2 000 元，每次设备调整费用为 5 000 元，单位电动机每月库存费用为 100 元，1 月初和 6 月末的库存为 0，最大生产能力为每月 2 500 台，确定该公司的综合生产计划。

解：生产计划模型如下：

成本函数 $C(X, I) = A + VX + MI$

递推公式 $f_j(I_i) = \min\{C_j(X_j, I_j) + f_{j+1}(I_j + X_{j+1} - D_j)\}$

状态方程 $I_j = I_{j-1} + X_j - D_j$ $\qquad (j = 1, 2, \cdots 6)$

约束条件：

①能力约束 $0 \leqslant X \leqslant 2\,500$

②1 月约束 $1\,500 \leqslant X_1 + I_1 \leqslant 2\,500$；

③2 月约束 $1\,000 \leqslant X_2 + I_2 \leqslant 3\,500$；

④3 月约束 $500 \leqslant X_3 + I_3 \leqslant 5\,000$；

⑤4 月约束 $2\,000 \leqslant X_4 + I_4 \leqslant 4\,500$；

⑥5 月约束 $1\,000 \leqslant X_5 + I_5 \leqslant 2\,500$；

⑦6 月约束 $X_6 + I_6 = 1\,500$。

计算结果如表 6 - 8 所示，有两个最优解，最低成本为 1 560 万元。

表 6 - 8　需求量与生产进度计划表

单位：台

	1 月	2 月	3 月	4 月	5 月	6 月	总计
需求量	1 500	1 000	500	2 000	1 000	1 500	7 500
计划一	1 500	1 500	0	2 000	2 500	0	7 500
计划二	2 500	0	2 500	0	2 500	0	7 500

6.4　主生产计划的制定

6.4.1　主生产计划制定的约束条件

主生产计划（MPS）要确定每一最终产品在每一具体时间内的生产数量。这里的最终产品，主要是指对于企业来说最终完成、要出厂的成品，它可以是直接用于消费的消费产品，也可以是作为其他企业部件或配件的产品。这里的具体时间段通常是以周为单位，在有些情况下，也可能是以日、旬或月为单位。

表 6 - 9 为某电子产品生产企业 1—6 月的综合生产计划，表 6 - 10 为某电子产品生产企业 Phone 系列产品 1—2 月的主生产计划。比较两表，可明显地看出这两种生产计划之间的关系和区别。综合生产计划是企业对未来一段较长时间内企业的不同产品系列所作的概括性安排，它不是一种用来具体操作的实施计划；而主生产计划，正是把综合计划具体化为可操作的实施计划。如表 6 - 9 所示，在该企业的综合计划中，1—2 月 Phone 系列产品的月产量分别为 5 000 台和 6 000 台。但实际上该企业生产的 Phone 系列产品按型号分为 3 种：Phone7、Phone8 和 PhoneX。按抽象概念的 Phone 系列是无法组织生产的，只能按具体的规格型号如 Phone7、Phone8 和 PhoneX 组织生产。表 6 - 10 是根据表 6 - 9 的综合计划所制定的主生产计划。

表 6-9　某电子产品生产企业 1—6 月的综合生产计划

单位：台

	1 月	2 月	3 月	4 月	5 月	6 月
PC 电脑系列	1 500	1 600	1 550	1 700	1 600	1 650
Phone 系列	5 000	6 000	5 500	6 000	6 500	5 500

表 6-10　某电子产品生产企业 Phone 系列产品 1～2 月的主生产计划

单位：台

月份	1 月				2 月			
周次	1	2	3	4	5	6	7	8
Phone7	200		200		300	200	300	200
Phone8	300	700	300	700	500	500	500	500
PhoneX	500	800	500	800	700	800	700	800
月产	5 000				6 000			

（1）制定主生产计划的内容

首先，对综合计划分解和细化；其次，当一个方案制定出来以后，需要与所拥有的资源（设备能力、人员、加班能力、外协能力等）平衡，如果超出了资源限度，就需调整原方案，直到得到符合资源约束条件的方案，或得出不能满足资源条件的结论。在后种情况下，则需要对综合生产计划做出调整，或者增加资源。因此，主生产计划的制定是一个反复试行的过程，最终的主生产计划需要得到决策机构的批准，然后作为物料需求计划的输入条件。

（2）主生产计划制定的约束条件

①主生产计划所确定的生产总量必须等于综合生产计划确定的生产总量。这一点从表 6-9 和表 6-10 所示的例子中可看得很清楚。在该例中，1 月份的生产总量分为 3 种不同型号：Phone7 为 400、Phone8 为 2000、PhoneX 为 2600，生产总量与综合生产计划列出的生产总量一致，共 5 000。

②综合生产计划所确定的某种产品在某时间段内的生产总量（也就是需求总量）应该以一种有效的方式分配在该时间段内的不同时间进行生产。这种分配应该是基于多方面考虑的，如需求的历史数据、对未来市场的预测、订单以及企业资源条件等。此外，在该例中，主生产计划是以周为单位的，也可以日、旬或月为单位。当选定以周为单位后，必须根据周来考虑生产批量的大小，其中重要的考虑因素是作业交换时设备的调整费用、机会损失和库存成本等。

③在决定产品批量和生产时间时必须考虑资源的约束。与生产量有关的资源约束有若干种，如设备能力、人员能力、库存能力（仓储空间的大小）、流动资金总量等。在制定主生产计划时，必须首先掌握这些约束条件，根据产品的轻重缓急分配资源，将关键资源用于生产关键产品。

6.4.2 主生产计划制定的步骤

主生产计划制定的步骤包括计算现有库存量、确定主生产计划产品的生产量与生产时间、计算待分配库存等。为简便起见，暂不考虑最终产品的安全库存。

（1）计算现有库存量（Projected on-hand Inventory，POH）

现有库存量是指每周的需求被满足之后剩余的可利用的库存量，其计算公式为：

$$I_t = I_{t-1} + P_t - \max\{D_t, MO_t\} \qquad (6-6)$$

式中 I_t 为第 t 期的期末库存量，P 为第 t 期的主生产计划量，D_t 为第 t 期的需求预测量，MQ_t 为第 t 期发货的订货量。

式中减去需求预测量和实际订货量的最大者是为了最大限度地满足需求，在一些学者的概念设定中，将 $\max\{D_t, MO_t\}$ 称为毛需求。另外由于计划期的长度问题，有可能出现在制定计划的时间点上，距离较远的计划期没有订货量的情况，当然不代表这些周期没有需求，又仅是由于时间跨度较大，订单还没有来到。

【例6-6】摩托车产品厂针对某一型号的摩托车，1月需求预测量为800个，2月需求预测量为1 200个，期初库存500个，生产批量600个，求实际订货量。实际订货量如表6-11所示。

表6-11 某产品需求预测、订货量

单位：个

月份		1月				2月		
周次	1	2	3	4	5	6	7	8
需求预测	200	200	200	200	300	300	300	300
订货量	150	150	100	100	0	0	0	0
毛需求	200	200	200	200	300	300	300	300

（2）确定主生产计划的生产量和生产时间

主生产计划的生产量和生产时间应保证现有库存量不为负数，一旦现有库存量在某一周有可能为负值，应立即通过当期的主生产计划量来补上，这是确定主生产计划的生产量和生产时间的基准之一。具体的确定方法是：当本期期初库存量与本期毛需求之差大于 0，则本期主生产计划量为 0；否则，本期主生产计划量为生产批量的整数倍，具体是一批还是若干批，要根据两者的差额来确定，根据库存最小量原则，应以最小倍数的批量满足差额，具体总结如下：

$$期初库存 > 毛需求，MPS = 0 \qquad (6-7)$$
$$期初库存 \leqslant 毛需求，MPS = n_{最小倍数} \times 批量$$

实际企业的运作过程中，往往会出现安全库存，这一指标决定了在确定主生产计划产量和时间的时候，必须使库存量在任何时刻都大于等于安全库存，则公式总结如下。

$$期初库存 - 毛需求 \geqslant 安全库存，MPS = 0 \qquad (6-8)$$
$$期初库存 - 毛需求 < 安全库存，MPS = n_{最小倍数} \times 批量$$

根据上述规则，例题的计算过程如表 6-12。

表 6-12 某产品现有库存量、主生产计划量和生产时间

单位：个

月份	1月				2月			
周次	1	2	3	4	5	6	7	8
需求预测	200	200	200	200	300	300	300	300
订货量	150	150	100	100	0	0	0	0
毛需求	200	200	200	200	300	300	300	300
POH	300	100	500	300	600	300	600	300
MPS	0	0	600	0	600	0	600	0

（3）计算待分配库存（Available-to-Promise Inventory，ATP）

待分配库存是指销售部门在确切时间内可供货的产品数量。待分配库存的计算分两种情况：①第一期的待分配库存量等于期初现有库存量加本期的主生产计划量，减去直至主生产计划量到达前（不包括该期）各期的全部订货量；②以后各期有主生产计划量时才存在待分配库存量，计算方法是该期的主生产计划量，减去从该期至下一主生产计划量到期前（不包括该期）各期的全部订货量。

根据上述两方法，计算主生产计划各期的待分配库存量如表 6-13 所示。具体总结如下：

$$\begin{cases} 第一期 \ ATP = 期初库存 + MPS - 订货量累积 \\ MPS 存在时 \ ATP = MPS - 订货量累计 \end{cases} \qquad (6-9)$$

根据上述规则，例题的计算过程见表 6-13：

表 6-13　某产品主生产计划各期的待分配库存

单位：个

月份	1月				2月			
周次	1	2	3	4	5	6	7	8
需求预测	200	200	200	200	300	300	300	300
订货量	150	150	100	100	0	0	0	0
毛需求	200	200	200	200	300	300	300	300
POH	300	100	500	300	600	300	600	300
MPS	0	0	600	0	600	0	600	0
ATP	200		400		600		600	

（4）追加新订单

在前例中，假定该企业接收到该产品的 4 个订单，其订货量分别是 100、300、100、350，其交货期分别在第 2 周、第 5 周、第 3 周、第 4 周。根据前面计算的主生产计划量和各期的待分配库存量，按订货的先后顺序来安排，企业可满足前 3 个订单的要求，第 4 个订单在目前生产计划不变的情况下是不能满足的。数据表示如表 6-14 所示。

表 6-14　某产品追加订单后的主生产计划

单位：个

月份	1月				2月			
周次	1	2	3	4	5	6	7	8
需求预测	200	200	200	200	300	300	300	300
订货量	150	150	100	100	0	0	0	0
毛需求	200	200	200	200	300	300	300	300
POH	300	100	500	300	600	300	600	300
MPS	0	0	600	0	600	0	600	0
ATP	200		400		600		600	
New Oder		第一单 100√	第三单 100√	第四单 350×	第二单 300√			
New ATP	100		300		300		600	

值得讨论的是，订单 4 之所以不能接收，是因为生产企业已经为近期的主生产计划做好了包括人员、材料、动力和设备等方面的准备工作，如果为了满足个别超出待分配库存的订单，必然要更改主生产计划，结果将是一系列的连锁反

应,最后导致不必要的损失。但是,如果企业接到了一个在第 8 周交货的比待分配库存大的订单,由于订单的交货期比较靠后,就给出了调整主生产计划来满足这一需求的缓冲时间。这一思想就是 MPS 时间围栏,如图 6-5 所示。顾客需求的多样化和订单提前期的缩短,提出了缩短 MPS 冻结期的要求,而科技进步为缩短 MPS 冻结期提供了技术支持。所以,总体趋势是冻结期和刚性期在缩短,稳定期和可变期在变长。

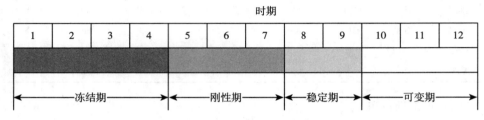

图 6-5 MPS 的时间围栏

思考与练习

1. 阐述企业生产计划体系中各层计划的特征。

2. 什么是滚动式计划?这类计划有什么特点?

3. 什么是代表产品?什么是假定产品?如何进行生产计划与生产能力的平衡?

4. 某家电厂生产电扇、微波炉、电视机、冰箱 4 种产品,年计划产量分别为 250、100、110、140 台,各种产品的台时定额分别为 50、70、100、150,共有生产设备 12 台,每台设备全年有效工作时间 4 500。请测算:(1)确定以代表产品为标准的各产品年计划产量;(2)判断该生产计划能否完成。

5. 某手摇铅笔刀企业 1—2 月份需求预测和订单数据如表 6-15。期初库存 1 000 个,经济批量 1 500 个。根据表 6-15 绘制主生产计划图。

表 6-15 主生产计划

单位:个

	1 月				2 月			
	1	2	3	4	5	6	7	8
需求预测	900	900	900	900	1 400	1 400	1 400	1 400
顾客订单	800	700	700	600	1000	600	800	550
毛需求								
POH								
MPS								
ATP								

6. 某玩具厂生产 A、B 两种玩具，主要有结构制造、组装和喷漆等工序。玩具 A 一个的利润为 450 元，玩具 B 一个的利润为 550 元。表 6-16 给出了工厂各车间在全部生产某一种玩具时的生产能力，若混合生产，可对表 6-16 中的数据进行线性组合。利用线性规划法确定在利润最大化的追求下两种产品分别生产多少？总利润为多少？

表 6-16 生产能力

单位：个

车间	A	B
结构制造	550	550
组装	800	300
喷漆	600	400

7. 某拖拉机制造企业 2019 年 1—6 月拖拉机预计的市场需求量分别为 300 辆、360 辆、520 辆、600 辆、500 辆、440 辆，1 月初库存为零。该企业在 3 种不同生产方式下的生产能力和相应的单位制造成本如表 6-17 所示，单位产品每月的存储成本为 200 元。请确定该企业 2019 年 1—6 月的综合生产计划。

表 6-17 相关数据

生产方式	生产能力/辆	单位制造成本/元
正常生产	400	2 000
加班生产	60	2 100
外包生产	100	2 200

库存控制与 MRP

学习目标

➢ 了解库存控制的作用
➢ 掌握库存的 ABC 分类方法
➢ 熟悉单周期控制方法
➢ 熟悉多周期控制方法
➢ 掌握 MRP 的原理和计算过程

7.1 库存控制的基本问题

7.1.1 库存的含义与功能

7.1.1.1 库存的含义

从一般意义上来说，库存是指一切暂时闲置的用于未来目的的有经济价值的资源。资源的闲置就是库存，与这种资源是否存放在仓库中没有关系，与它们是否处于流动状态也没有关系。这里说的资源，不仅包括工厂里的各种原材料、毛坯、工具、半成品和成品等，而且包括银行里的现金，医院里的药品、病床，运输部分的车辆等。一般地说，人、财、物、信息各方面的资源都有库存问题。专门人才的储备就是人力资源的库存，计算机硬盘储存的大量信息就是信息的库存。

7.1.1.2 库存的分类

（1）按库存物在生产过程和配送过程中所处的状态，可分为原材料库存、在制品库存和成品库存

图 7-1 所示为一个典型的、经过简化的供应链链条。企业按照计划生产产品，从供应商处采购原材料，则原材料库存在供应商和生产商处都有。原材料进入生产企业后，依次经过不同的工序，每经过一道工序，附加价值都有所增加，从而成为不同价值的在制品库存。不论在制品是处于运动状态还是停顿状态，它们都构成在制品库存。物料在生产过程中不断加工，最终形成产品。成品可以放在不同的存储点——生产企业内、配送中心、零售点，形成成品库存，直至转移到最终消费者手中。

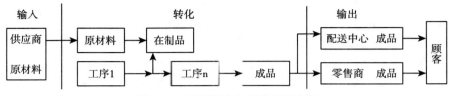

图 7-1 不同形态的库存及其位置

（2）按库存的作用，可分为周转库存、安全库存、调节库存和在途库存

①周转库存。周转库存是基于经济订购批量思想产生的，由批量周期性形成的库存。这里涉及两个概念：一个是订货周期，即两次订货之间的间隔时间；另一个是订货批量，即每次订货的数量。由于周转库存的大小与订货的频率成反比，因此在决策时需要在订货成本和库存成本之间进行权衡。

②安全库存。为了应付需求、生产周期或供应周期等可能发生的不测变化而设置的一定数量的库存。设置安全库存的一种方法是，比正常的订货时间提前一段时间订货，或比交货期限提前一段时间开始生产。另一种方法是，每次的订货量大于到下次订货为止的需要量，多余部分就是安全库存。安全库存受到需求和供应、顾客服务水平等因素的影响。

③调节库存。为调节需求或供应的不均衡、生产速度与供应速度不均衡、各个生产阶段的产出不均衡而设置的。例如，季节性需求产品（风扇、空调、啤酒等）为了保持生产能力的均衡，在淡季生产的产品用于调节库存，以满足旺季的需求。有些季节性较强的原材料，也会设置调节库存。

④在途库存。正处于运输以及停在相邻两个工作地点之间或相邻两个组织之间的库存，这种库存是一种客观存在，而不是有意设置的。在途库存的大小取决于运输时间以及该期间内的平均需求。

（3）按物品需求的反复程度划分为单周期库存和多周期库存

单周期需求也称一次性订货，这种需求的特征是偶发性或物品生命周期短，因而很少重复订货。它有两种情况：一种是偶尔发生的某种物品的需求，如某些大型活动的纪念章或节日贺卡等，如圣诞树问题；另一种是易腐物品或时效性很强物品的需求，如鲜鱼、鲜肉、杂志、报纸等，如报童问题。对于单周期需求物品的库存控制称为单周期库存问题。

（4）按库存的需求特性划分为独立需求库存与相关需求库存

独立需求库存是指用户对某种库存物品的需求与其他种类的库存无关，表现出对这种库存需求的独立性。从库存管理的角度来说，独立需求库存是指那些随机的、企业自身不能控制的，是由市场所决定的需求。独立需求库存无论在数量上还是在时间上都有很大的不确定性，但可以通过预测的方法粗略地估算。相关需求库存是指与其他需求有内在相关性的需求，根据这种相关性，企业可以精确地计算出它的需求量和需求时间，是一种确定型需求。例如，顾客对某一产品（如汽车）的需求，对于生产该产品的企业来说，就是独立需求，因为这种需求与其他种类产品的需求无关，而且是随机的、企业不能控制的。而对于构成该产品的零部件及原材料（如轮胎、车门等）的需求，则是相关需求，因为一旦这种产品需求确定了，生产该产品所需的零部件及原材料的数量是确定的，是可以精确计算的。图 7-2 说明了独立需求和相关需求之间的关系。

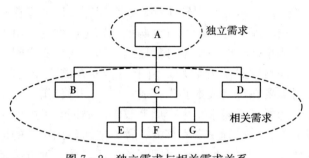

图 7-2　独立需求与相关需求关系

7.1.1.3　库存的功能

（1）库存的作用

①缩短订货提前期。当制造厂维持一定数量的成品库存时，顾客就可以很快采购到自己所需要的产品，这样就缩短了顾客的订货提前期，加快了生产的速度，也使供应厂商及时争取到顾客。

②改善服务质量。持有一定数量的库存能够避免或减少企业由于库存缺货或供货延迟带来的损失，保证企业按时交货、快速交货，改善对顾客的服务质量。

③节省订货费用。订货费用指订货过程中企业为处理每份订单和发运每批订货而产生的费用，与订货量的大小无关，因此每次订货可以增大订货数量，就可以减少订货次数，从而减少订货费用。不过，订货数量过大，也会带来较大库存。

④保持生产稳定。当今的市场竞争是激烈的，外部的需求是不确定的。然而生产的均衡性又是企业内部组织生产的客观要求。企业要保证满足需求方的要求，又要保持供货方的生产均衡，就需要维持一定数量的成品库存。

（2）库存的弊端

库存也会给企业带来不利的影响，例如：①占用大量资金，这是不言而喻的；②发生库存成本，也就是为了维持库存而产生的成本；③掩盖了企业生产经营中存在的问题。

精益生产方式认为，高库存可能掩盖了一系列的生产经营问题。如果问题不暴露到表面，就不会有压力和动力去致力于改进。例如，当废品率和返修率很高时，一种很自然的做法就是加大生产批量和在制品、完成品的库存，掩盖工人的缺勤问题、技能训练差问题、劳动纪律松弛和现场管理混乱问题等等。

总之，生产经营中的各种问题，都可以在库存这里找到安全的"靠垫"。由此不难理解，为什么准时制生产方式要以"零库存"为不断努力的目标。图 7 - 3 非常形象地表达了库存水平与所掩盖问题之间的关系。

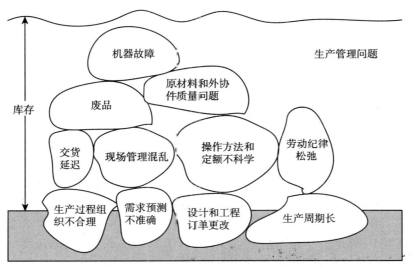

图 7 - 3　降低库存水平以暴露生产管理问题

7.1.1.4　库存管理的目标

库存管理基于两点考虑：一个是顾客服务水平，即在正确的时间、正确的地点供应适量的所需产品；另一个则是总成本，包括订货成本、库存持有成本、缺货成本和物品成本。

库存管理总目标是：在库存投资有限的情况下，以最低成本达到一定的顾客服务水平。为实现该目标，管理者必须对持有的库存水平、库存补充时机与补充量作出科学决策。

库存管理过程中，需要用一些指标对库存进行监控和衡量，使其保持在一个适当的水平。

顾客服务水平是满足需求的程度。一般来说，库存水平高，服务水平也高。

平均库存值是指全部库存物品的价值之和。之所以用"平均"二字，是因为这一指标一般来说是指某一时间段内（而不是某一时刻）库存所占用的资金。一般来说，制造业企业大约是 25% 左右，而批发、零售业有可能占到 75% 左右。

可供应时间指现有库存能够满足多长时间的需求。这一指标可用平均库存值除以相应时间段内单位时间（如每周、月等）的需求来得到，也可以分别用每种物料的平均库存量除以相应时间段内每种物料单位时间的需求量来得到。

库存周转率是指在给定一段时间（年）内，库存总额周转或者出售的次数。它可以用年销售额（成本）除以库存价值求得。用公式可表示为：

$$库存周转率 = \frac{年销售额}{年平均库存值} \times 100\% \qquad (7-1)$$

库存周转越快表明库存管理的效率越高，意味着一定数额的投资所带来的高销售额和相应较低的单位库存成本。反过来，库存周转率慢意味着库存占用资金量大，保管等各种费用也会大量发生。究竟库存周转率多大为最好是难以一概而论的，一般在西方制造业企业中每年达到 6～7 次；在日本企业中，一般达到每年 40 次左右。

7.1.2 库存的 ABC 管理

1906 年，意大利社会学家 V. 帕累托（Vilfredo Pareto）发现，在资本主义社会中，占人口总数 20% 左右的人占有社会财富的近 80%。他把这种现象描绘成一条曲线，这就是著名的帕累托曲线。后来，从很多社会现象中都发现了这种统计规律，即所谓的 20/80 原则：20% 左右的因素占有（带来）80% 左右的成果。例如，在制造企业品种繁多的产品结构中，占 20% 左右的产品为企业赢得了 80% 左右的利润。当然，这里所说的 20% 和 80% 并不是绝对的比例。

库存的 ABC 管理方法就是依据某些重要性度量标准划分物资的库存。在 20/80 原则的指导下，对库存物资进行分类，针对占用大量资金的少数物资加强管理和控制；而对占少量资金的大多数物资，施加较松的控制和管理。一般将物资品种分为 A、B、C 3 类。A 类物资品种较少，而占用资金的比重很大，一般采用定期方式订货，精确地确定订货量和订货点，最大限度地节约和减少资金占用；B 类物资品种比 A 类多，而占用资金比 A 类少，根据供应条件和订购数量，适当延长订购周期，减少订购次数；C 类物资品种很多，而占用资金比重很小，一般以定量方式订货。ABC 管理方法的特点可归纳为表 7-1。

表 7-1　ABC 管理方法的特点

类别	品种数量占总量百分比/%	金额占总量百分比/%	控制程度	记录类型	安全库存	订货策略
A	10～20	70～80	紧	完全，精确	低	精心，精确，经常检查
B	30～40	15～20	一般	完全，精确	中等	正常订货
C	40～50	5～10	松	简化	高	周期性订货；1～2 年的供应

对库存物资进行 ABC 分析，大致有几步骤：①计算每一种库存物资在一定时间内的资金占用量；②按占用资金数额的大小，排列品种序列，并计算出每一

种物资品种占总额的比例；③计算累积品种数、累积品种百分数、累积占用资金数和累积占用资金百分数，绘制 ABC 分析表，按 ABC 比例进行分类。

再用一个例子来进一步说明如何实施物资 ABC 管理法：

第一步，列出所有产品及其全年使用量，计算每一种物资的资金占用量，如表 7-2 所示。

表 7-2 物资及其用量情况表

物资代码	年使用量	单价/元	年费用/元	排列序号
X-3	50 000	0.08	4 000	5
X-2	200 000	0.12	24 000	2
K-9	6 000	0.10	600	9
G-1	120 000	0.06	7 200	3
H-4	7 000	0.12	840	8
N-1	280 000	0.09	25 200	1
Z-8	15 000	0.07	1 050	7
U-6	70 000	0.08	5 600	4
V-9	15 000	0.09	1 350	6
W-2	2 000	0.11	220	10

第二步，按照资金占用量排序，并计算各自的累积百分比，如表 7-3 所示。

表 7-3 分类汇总表

物资代码	年费用/元	累积年费用/元	累积百分比/%	分类
N-1	25 200	25 200	36	A
X-2	24 000	49 200	70	A
G-1	7 200	56 400	81	B
U-6	5 600	62 000	88	B
X-3	4 000	66 000	94	B
V-9	1 350	67 350	96	C
Z-8	1 050	68 400	98	C
H-4	840	69 240	99	C
K-9	600	69 840	99.7	C
W-2	220	70 060	100	C

对表 7-3 进行整理，即可得到 ABC 分类汇总表，如表 7-4 所示。

表 7-4　ABC 分类汇总表

类别	物资代码	种类百分比/%	每类价值/元	价值百分比/%
A	N-1，X-2	20	49 200	70
B	G-1，U-6，X-3	30	16 800	24
C	U-9，Z-8，H-4，K-9，W-2	50	4 060	6

ABC 分类法可用于所有类型与形态的库存。但是，因为此法主要以库存资金数量为基础进行分类，没有反应出库存品种对利润的贡献、供货紧迫性等方面的指标。有时，C 类库存所造成的缺货也可能是十分致命的，因此应用 ABC 分类法时应加以注意。

7.1.3　库存控制系统

任何库存控制系统都必须回答以下 3 个问题：

①间隔多长时间检查一次库存量？

②何时提出补充订货？

③每次订多少？

按照以上 3 个问题的回答方式的不同，可以分为 3 种典型的库存控制系统。

7.1.3.1　固定量系统

所谓固定量系统就是订货点和订货量都为固定量的库存控制系统，如图 7-4 所示。当库存控制系统的可用库存量降到订货点（Reorder Point，ROP）及以下时，库存控制系统就像供货方发出订货，每次订货量为一个固定的量 Q。经过一段时间，也称之为提前期（Lead Time，LT），发出的订货到达，库存量增加 Q。订货提前期是从发出订货至到货时间的间隔，其中包括订货准备时间、发出订单、供方接受订货、供方生产、产品发运、产品到达、提货、验收、入库等过程。

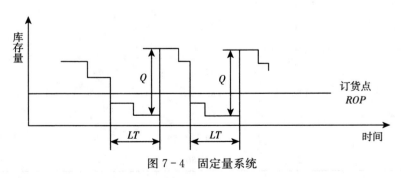

图 7-4　固定量系统

要发现可用库存量是否达到订货点（ROP），必须随时检查库存量，虽然增加了管理工作量，但它使得库存量得到严密的控制。因此，固定量系统适用于重要物资的管理。

为了减少管理工作量，可采用双仓系统（Two-bin System）。所谓双仓系统就是将同一种物资分放两仓（或两个容器），其中一仓使用完之后，库存控制系统就发出订货。

7.1.3.2　固定间隔期系统

固定量系统需要随时监控库存变化，对于物资种类很多且订货费用较高的情况是很不经济的。固定间隔期系统可以弥补固定量系统的不足。

固定间隔期系统就是每经过一个相同的时间间隔发出一次订货，订货量为：将现有库存补充到一个最高水平 S（图 7-5）。当经过固定间隔时间 t 之后，发出订货，这时库存量降到 $L1$，订货量为 $S-L1$；经过一段时间（LT）到货，库存量增加 $S-L1$。再经过固定间隔期 t 之后，又发出订货，这时库存量降到 $L2$，订货量为 $S-L2$，经过一段时间（LT）到货，库存量增加 $S-L2$。

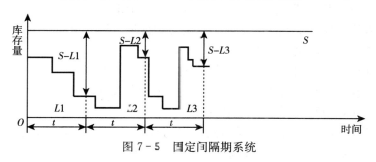

图 7-5　固定间隔期系统

固定间隔期系统不需要随时检查库存量，到了固定的间隔期，各种不同的物资可以同时订货。这样不仅简化了管理，也节省了订货费。不同物资的最高水平 S 可以不同，不过固定间隔期系统的缺点是不论库存水平是多少，都要按期发出订货，会出现订货量很少的情况。为了克服这个缺点，就出现了最大最小系统。

7.1.3.3　最大最小系统

最大最小系统仍然是一种固定间隔期系统，只不过它需要确定一个订货点（ROP）。当经过时间间隔 t 时，如果库存量降到 ROP 及以下，则发出订货；否则，再经过时间 t 时再考虑是否发出订货。最大最小系统如图 7-6 所示：当经过时间间隔 t 之后，库存量降到 $L1$，$L1$ 小于 ROP，发出订货，订货量为 $S-L1$，经过一段时间（LT）到货，库存量增加 $S-L1$。再经过时间 t 之后，库存量降到 $L2$，如果 $L2$ 大于 ROP，则不发出订货，再经过时间 t，当库存量降到 $L3$ 时再进行判断，若 $L3$ 小于 ROF，则发出订货，订货量为 $S-L3$，经过一段时间 LT 到货，库存量增加 $S-L3$。如此循环。

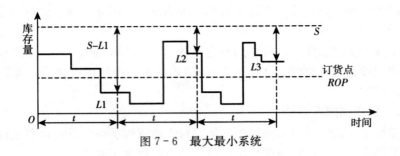

图 7 - 6　最大最小系统

7.2　单周期库存控制

7.2.1　单周期库存控制模型

如前文所述，单周期库存控制模型用于容易腐烂的物品（如蔬菜、水果、海鲜、鲜花）以及有效期短的物品（如节气礼品、报纸、期刊等）的订货。对于单周期需求来说，库存控制的关键在于确定订货批量。对于单周期库存问题，订货量就等于预测的需求量。

单周期库存控制模型主要考虑两种成本：缺货成本和过期成本。缺货成本包括对信誉的损害与错过销售的机会成本，也称机会成本；过期成本主要指物品过期的处置费用，也称陈旧成本、超储成本。

由于预测误差的存在，根据预测确定的订货量和实际需求量之间不可能一致。一方面，如果需求量大于订货量，就会产生机会成本的损失；另一方面，假如需求量小于订货量，所有未销售出去的物品将可能以低于成本的价格出售，甚至可能报废，还要另外支付一笔费用，这种由于供过于求导致的费用称为过期成本。

显然，确定产品合理库存水平的目标是订货量恰好等于需求量。为了确定最佳的订货量，需要考虑各种由订货引起的费用。确定最佳订货量可采用期望损失最小法、期望利润最大法或者边际分析法。

7.2.2　期望损失最小法

期望损失最小法就是比较不同订货量下的期望损失，取期望损失最小的订货量作为最佳订货量。已知库存物品的单位成本为 C，单位售价为 P，若在预定时间内卖不出去，则单价只能降为 S（$S<C$）卖出。若 S 为负，表示对剩余物品处置需要的费用，单位超储损失为 $C_o=C-S$；若需求超过存货，则单位缺货损失（机会损失）为 $C_u=P-C$。设订货量为 Q 时的期望损失为 E_L（Q），则取使 E_L（Q）最小的 Q 作为最佳订货量。E_L（Q）可通过下式计算：

$$E_L(Q) = \sum_{d>Q} C_e(d-Q)P(d) + \sum_{d<Q} C_o(Q-d)P(d) \quad (7-2)$$

式中：$P(d)$ 为需求量为 d 时的概率。

【例 7-1】按过去的记录，新年期间对某商店挂历的需求分布率如表 7-5 所示。已知，每份挂历的进价 $C=50$ 元，售价 $P=80$ 元，若在 1 个月内卖不出去，则每份挂历只能按 $S=30$ 元卖出。该商店应该进多少挂历？

表 7-5　某商店挂历需求分布率

需求 d/份	0	10	20	30	40	50
概率 $P(d)$	0.05	0.15	0.20	0.25	0.20	0.15

解：设该商店买进 Q 份挂历。

当实际需求 $d<Q$ 时，将有一部分挂历卖不出去。每份超储损失为：

$C_o = C-S = 50-30 = 20$（元）

当实际需求 $d>Q$ 时，将有机会损失。每份缺货损失为：

$C_u = P-C = 80-50 = 30$（元）

当 $Q=30$ 时，则：

$E_L(30) = [30 \times (40-30) \times 0.20 + 30 \times (50-30) \times 0.15] + [20 \times (30-0) \times 0.05 + 20 \times (30-10) \times 0.15 + 20 \times (30-20) \times 0.20] = 280$（元）

当 Q 取其他值时，可按同样的方法算出 $E_L(Q)$，结果如表 7-6 所示。

由表 7-6 可以得出，期望损失最小的订货量为 30 份，为最佳订货量。

表 7-6　期望损失计算表

订货量 Q/份	实际需求 d/份						期望损失 $E_L(Q)$/元
	0	10	20	30	40	50	
	$F(D=d)$						
	0.05	0.15	0.20	0.25	0.20	0.15	
0	0	300	600	900	1 200	1 500	855
10	200	0	300	600	900	1 200	580
20	400	200	0	300	600	900	380
30	600	400	200	0	300	600	280
40	800	600	400	200	0	300	305
50	1 000	800	600	400	200	0	430

7.2.3　期望利润最大法

期望利润最大法就是比较不同订货量下的期望利润，取期望利润最大的订货量作为最佳订货量。设订货量为 Q 时的期望利润为 $E_P(Q)$，则：

$$E_P(Q) = \sum_{d<Q}[C_u d - C_o(Q-d)]P(d) + \sum_{d>Q}C_u Q P(d) \quad (7-3)$$

【例 7-2】已知数据同【例 7-1】，求最佳订货量。

解：当 $Q=30$ 时

$$
\begin{aligned}
E_P(30) =& [30\times0-20\times(30-0)]\times0.05 + [30\times10-20\times \\
& (30-10)\times0.15] + [30\times20-20\times(30-20)]\times \\
& 0.20+30\times30\times0.25+30\times30\times0.2+30\times30\times0.15=575（元）
\end{aligned}
$$

当 Q 取其他值时，可按同样的方法算出 $E_P(Q)$，结果如表 7-7 所示。

表 7-7　期望利润计算表

订货量 Q/份	实际需求 d/份						期望利润 $E_p(Q)$ /元
	0	10	20	30	40	50	
	$P(D=d)$						
	0.05	0.15	0.20	0.25	0.20	0.15	
0	0	0	0	0	0	0	0
10	−200	300	300	500	300	300	275
20	−400	100	600	700	600	600	475
30	−600	−100	400	900	900	900	575
40	−800	−300	200	700	1 200	1 200	550
50	−1 000	−500	0	500	1 000	1 500	425

由表 7-7 可以得出，期望利润最大的订货量为 30 份，即为最佳订货量。这与期望损失最小法得出的结果相同。

7.2.4　边际分析法

假定原计划订货量为 Q。考虑追加一个单位订货的情况，由于追加了 1 个单位的订货，使得期望损失的变化为：

$$
\begin{aligned}
\Delta E_L(Q) =& E_L(Q+1) - E_L(Q) \\
=& \left[C_u\sum_{d>Q}(d-Q-1)P(d) + C_o\sum_{d<Q}(Q+1-d)P(d)\right] \\
& - \left[C_u\sum_{d>Q}(d-Q)P(d) + C_o\sum_{d<Q}(Q-d)P(d)\right] \\
=& (C_u+C_o)\sum_{d=0}^{Q}P(d) - C_o = 0 \quad (7-4)
\end{aligned}
$$

$$\sum_{d=0}^{Q^*}P(d) = 1 - P(D^*) = \frac{C_u}{C_u+C_o}，则：$$

$$P(D^*) = \frac{C_u}{C_u+C_o} \quad (7-5)$$

式中：$P（D^*）$ 为概率分布函数．也就是服务水平，即订货水平满足需求的概率。

确定了 $P（D^*）$，然后再根据经验分布就可以找出最佳订货量。

另外，假设某产品的需求 D 为随机变量，分布函数为 $P（D^*）$，则订购第 D 个产品的超储损失＝单位超储损失×第 D 个产品卖不出去的概率＝$C_o×P（D^*）$，而订购第 D 个产品的期望缺货损失＝单位缺货损失×第 D 个产品需求得不到满足的概率＝$C_u×（1-P（D^*））$。随着订货数量的增加，卖不出去的概率逐渐增大，期望超储损失开始变大，而期望边际利润开始变小。但是，只要期望边际利润大于期望超储损失，就有利可图，就应该继续订购，直至订购到这样一个量：订购的最后一件产品所能获得的期望边际利润等于这件产品的期望超储损失，如果再多订购一件，则期望边际利润就会小于期望超储损失，就不划算了。也就是说，最优订货量 D^* 应该满足：$C_o×P（D^*）=C_u×［1-P（D^*）］$

通过等式变换，得到如式（7-5）一样的结果。

7.2.4.1　连续储备水平

需求均匀发生时，选择储备水平类似于玩跷跷板，只不过跷跷板的一边是单位过期成本（C_o），另外一边是单位缺货成本（C_u），最佳的订货量就像跷跷板的支点，如图 7-7 所示。

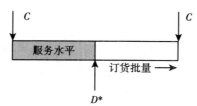

图 7-7　使单位缺货成本与单位过期成本平衡的最佳订货水平

当 $C_o=C_u$ 时，最佳订货水平 D^* 位于分布的两个端点的正中间。如果一种成本大于另一种成本，$P（D^*）$ 就会靠向成本较大的那一边。

【例 7-3】未发酵的苹果酒每周一次送往乐迪的苹果酒吧，周需求在 300～500L 之间均匀变化。乐迪为每升苹果酒支付 20 元，同时向顾客索要每升 80 元。卖不掉的苹果酒由于变质而只能处理掉，无法销售。求解最优储备水平及其缺货风险。

解：

$C_o=$ 单位成本－单位残值＝20－0＝20 元/L

$C_u=$ 单位售价－单位成本＝80－20＝60 元/L

$$P（D^*）=\frac{C_u}{C_u+C_o}=\frac{60}{60+20}=0.75$$

因此，最佳订货水平必须满足 75% 的需求。在均匀分布中，这一点应该等于最小需求再加上最大与最小需求之差，即：

$$D^* = 300 + 0.75 \times (500 - 300) = 450L$$

缺货风险为 1.00−0.75=0.25。

【例 7-4】某超市卖一种混合饮料，其需求近似于正态分布，均值为每周 200L，标准差为每周 10L。C_u=60 元/L，C_o=20 美元/L。请找出苹果—樱桃汁的最优储备水平。

解：

$$P(D^*) = \frac{C_u}{C_u + C_o} = \frac{60}{60 + 20} = 0.75$$

这表明正态曲线下 75% 的区域都在储备水平左边。从正态分布表中可以查出 z 值在 0.67～0.68，即 0.675。因此

$$S_0 = 200 + 0.675 \times 10 = 206.75L$$

7.2.4.2 离散储备水平

需求离散而非连续时，用比率 $C_u/(C_o+C_u)$ 解得的服务水平往往与可行储备水平不相符（例如，最优数量可能介于 5～6 单位之间），此时储备量取较高值（如 6 个单位），如图 7-8 所示。换句话说，应该选取等于或大于期望服务水平的储备水平。

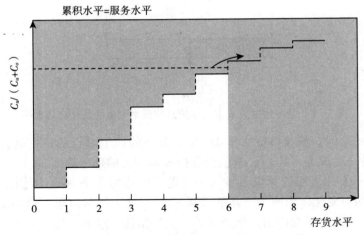

图 7-8 实际服务水平必须大于或等于比率 $C_u/(C_u+C_o)$

【例 7-5】用几种大型水压机使用备件的历史记录（表 7-8）来评估一台新安装压具的备件使用情况。缺货成本包括停工费用和专用订货成本，平均为 4 200元/单位，备件成本为 800 元/个，未用备件残值为 0。试确定最佳订货水平。

表 7 - 8　备件使用频率

使用的备件数量	单独发生的频率	累计频数	使用的备件数量	单独发生的频数	累计频数
0	0.20	0.20	3	0.10	1.00
1	0.40	0.60	4	0.00	
2	0.30	0.90		1.00	

解：

$C_u = 4\ 200$ 元，$C_o = 800$ 元，则：

$$P(D^*) = \frac{C_u}{C_u - C_o} = \frac{4\ 200}{4\ 200 + 800} = 0.84$$

累计频数表示需求不超过（即等于或小于）某一数值的时间百分比。例如，需求不超过 1 个备件的可能性是 60%，不超过 2 个备件的可能性是 90%。因此，为达到至少为 84% 的服务水平，有必要储备 2 个备件（即取较高储备水平）。

以表 7 - 9 来说明上面的例子。表中列举了每种存货水平和需求组合的期望成本。例如，如果存货水平是 3，而需求结果是 0，将导致有 3 个单位剩余，每单位成本 800 元，需求为 0 的概率为 0.20，则期望成本为 0.20（3）（800）= 480 元。类似地，如果存货水平为 0，而需求是 2，则期望成本等于需求量为 2 的概率（即 0.30）乘以 2，再乘以每单位的缺货成本。因此，期望成本为 0.30（2）（4 200）= 2 520 元。而对于需求等于存货量的情形，则既没有缺货也没有剩余，因此期望成本为 0。最低期望成本为 1 060 元，它出现在存货水平为 2 个单位，所以 2 个单位是最优存货水平，这与比率计算方法的结果是一致的。

表 7 - 9　每种可能结果的期望成本与期望概率

如果存货水平是	且需求概率				期望成本
	0 Prob. = 0.20	1 Prob. = 0.40	2 Prob. = 0.30	3 Prob. = 0.10	
0	S = D 0	缺 1 个单位 0.40（1）（4 200）= 1 680（元）	缺 2 个单位 0.30（2） （4 200）= 2 520（元）	缺 3 个单位 0.10（3） （4 200）= 1260（元）	5 460 （元）
1	超 1 个单位 0.20（1）（800）= 160（元）	S = D 0	缺 1 个单位 0.30（1） （4 200）= 1 260（元）	缺 2 个单位 0.10（2） （4 200）= 840（元）	2 260 （元）
2	超 2 个单位 0.20（2）（800）= 320（元）	超 1 个单位 0.40（1）（800）= 320（元）	S = D 0	缺 1 个单位 0.10（1） （4 200）= 420（元）	1 060 （元）

（续）

如果存货 水平是	且需求概率				期望 成本
	0 Prob.＝0.20	1 Prob.＝0.40	2 Prob.＝0.30	3 Prob.＝0.10	
3	超3个单位 0.20（3）（800）＝ 480（元）	超2个单位 0.40（2）（800）＝ 640（元）	超1个单位 0.30（1）（800）＝ 240（元）	S＝D 0	1 360 （元）

【例7-6】一家小花店的红玫瑰需求可以近似地用泊松分布来表示，平均每天4打。红玫瑰利润为每打3元，卖剩的则要在第二天以每打2元的价格亏本处理。假设所有降价红玫瑰都能售出。求最佳订货水平是什么？

解：

$C_u＝3$ 元，$C_o＝2$ 元

$$P(D^*) = \frac{C_u}{C_u + C_o} = \frac{3}{3+2} = 0.6$$

查泊松分布表，均值为4.0时的累计频数如表7-10所示。

表7-10　泊松分布表

需求/（打/天）	累计频数	需求/（打/天）	累计频数
0	0.018	4	0.629
1	0.092	5	0.785
2	0.238	…	…
3	0.434	…	…

比较各累计频数下的服务水平：为达到至少0.60的服务水平，必须储备4打红玫瑰花。

关于离散型储备水平还有最后一点：如果算出的服务水平确实等于与某个储备水平相关的累计概率，根据最低长期成本——与较高者概率相等的成本，就会存在两个相等的储备水平。在上例中，如果比率等于0.629，那么把储备定在每天4打或5打都无关紧要。

7.3　多周期库存控制

7.3.1　与库存有关的费用

对于多周期库存控制，以下先介绍与库存有关的费用，然后介绍3种模型：

经济订货批量模型、经济生产批量模型和价格折扣模型。这 3 种模型是确定型均匀需求，有关确定型非均匀需求以及不确定型需求模型可参考其他书籍。

与库存相关的费用有两种，一种随着库存量的增加而增加，另一种随着库存量的增加而减少。由于此两种类型的费用相互作用的结果，才会有最佳订货批量。

7.3.1.1　随着库存量增加而增加的费用

（1）资金的成本

资金成本是维持库存物品本身所必需的花费。库存中的物品本身有价值，占用了资金。这些资金本可以用于其他活动来创造新的价值，然而被库存物资占用之后，就会造成机会的损失。

（2）仓储空间费用

要维持库存必须建造的仓库，配备的设备，还有保管、维修等开支。

（3）物品变质和陈旧

在闲置过程中，物资会出现变质和陈旧的损失。例如，药品过期、鲜货变质等。

（4）税收和保险

7.3.1.2　随着库存量增加而减少的费用

（1）订货费

订货费与发出订单活动和收货活动有关。它一般与订货次数有关，而与一次订多少无关。一次多订货，分摊在每项物资上的订货费就少。

（2）调整准备费

在生产过程中，每一批产品都需要准备加工器具、调整机床等。如果经过一次调整，加工的数量增加，分摊在每个产品上的调整准备费就少。

（3）购买费和加工费

采购或加工批量大，可能会有价格折扣。

（4）缺货损失费

批量大则发生缺货的情况就少，缺货损失就小。

7.3.1.3　库存总费用

计算库存总费用一般以年为时间单位进行。往往包含以下 4 项。

（1）维持库存费（Holding cost），以 C_H 表示

维持库存必需的费用，包括资金成本、仓库及设备折旧、税收、保险等。这部分费用与物品价值和平均库存量有关。

（2）补充订货费（Reorder cost），以 C_R 表示

与全年发生的订货次数有关，一般与一次订货多少无关。

（3）购买费（Purchasing cost），以 C_P 表示

与价格和订货量有关。

（4）缺货损失费（Shortage cost），以 C_S 表示

反映失去销售机会带来的损失、信誉损失以及影响生产造成的损失。它与缺货多少、缺货次数有关。

若以 C_T 表示年库存总费用，则：

$$C_T = C_H + C_R + C_P + C_S \qquad (7-7)$$

对库存进行优化的目标就是要使 C_T 最小。

7.3.2 经济订货批量模型

经济订货批量（Economic Order Quantity，EOQ）模型最早是由哈里斯（F. W. Harris）于 1915 年提出的。该模型基于以下假设：

①需求是已知的，并且稳定不变（即需求率稳定），年需求量以 D 表示，单位时间内的需求率以 d 表示。

②从安排订货到收到货物这段时间是已知的（即提前期已知），并且稳定不变；一次订购的物资可瞬间到达；没有数量折扣；不允许缺货；采用固定量系统。

在以上假设条件下，库存量的变化如图 7-9 所示。从图 7-9 可以看出，系统的最大库存量为 Q，最小库存量为 0，不存在缺货。库存量按照固定需求率 D 减少，当库存量降到订货点 ROP 时，就按照固定量 Q 发出订货。经过 LT 周期后，新的一批订货 D 到达，库存量立即达到 Q。平均库存量为 $Q/2$。

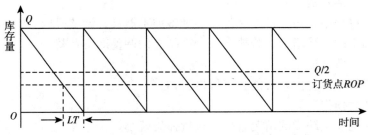

图 7-9 经济订货批量模型假设下的库存量变化

在 EOQ 模型中，可变成本只有库存维持成本、订货成本和购买成本，如下式：

$$C_T = C_H + C_R + C_P \qquad (7-8)$$

其中，维持库存费随订货批量 Q 的增加而增加；订货费与订货批量 Q 呈反比，随着 Q 的增加而减少。如图 7-10 所示，在不计购买费的情况，总费用 C_T 为曲线 C_H 与曲线 C_R 的叠加。两条曲线有一个交点，其对应的订货批量就是最佳订货批量。为了求出订货批量，可以对式（7-8）中的 Q 进行求导，并令一

阶导数为零，可得：

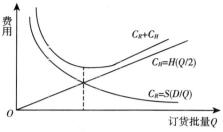

图 7-10 总费用曲线

$$Q^* = EOQ = \sqrt{\frac{2DS}{H}} \qquad (7-9)$$

式中：S 为一次订货费或调整准备费，H 为单位维持费，$H = p \times h$，p 为单价，h 为资金效果系数，D 为年需求量，Q^* 为最佳订货批量或经济订货批量。

订货点 ROP 可以按下式计算：

$$ROP = D(LT) \qquad (7-10)$$

在最佳订货批量下：

$$C_R + C_H = S(D/Q^*) + H(Q^*/2) = \frac{DS}{\sqrt{\dfrac{2DS}{H}}} + \frac{H}{2}\sqrt{\frac{2DS}{H}} = \sqrt{2DSH}$$

$$(7-11)$$

【例 7-7】某汽车公司每年使用 20 000 个轮胎，单位采购成本是 30 元。公司每次接受和处理订单的成本是 300 元，库存维持费用是每单位每年 6 元，试求：

（1）经济订货批量是多少？

（2）每年采购的次数是多少？

解：已知 $D = 20\,000$ 个，$p = 30$ 元/个，$S = 300$ 元/次，$H = 6$ 元/件年

经济订货批量为：

$$EOQ = \sqrt{\frac{2DS}{H}} = \sqrt{\frac{2 \times 20\,000 \times 300}{6}} \approx 1\,415（个）$$

每年订购次数为：

$$n = D/EOQ = 20\,000/1\,415 \approx 14$$

【例 7-8】假设某公司以单价 10 元每年购入某种产品 8 000 件。每次订货费用为 30 元，资金年利息率为 12%，单位维持库存费按所库存货物价值的 18%计算。若每次订货的提前期为 2 周，试求：

（1）经济订货批量是多少？

（2）最低年总库存费用是多少？

（3）年订购次数为多少？

（4）订货点是多少？

解：已知 $p=10$ 元/件，$D=8\ 000$ 件/年，$S=30$ 元，$LT=2$ 周。

H 由两部分组成，一是资金利息，一是仓储费用，即 $H=10\times12\%+10\times18\%=3$ 元/年。

因此，经济订货批量为：

$$EOQ=\sqrt{\frac{2DS}{H}}=\sqrt{\frac{2\times8\ 000\times30}{3}}=400（件）$$

年总库存费用为：

$$C_T=C_H+C_R+C_P$$
$$=（D/Q）\times S+（Q/2）\times H+p\times D$$
$$=（8\ 000/400）\times30+（400/2）\times3+10\times8\ 000$$
$$=81\ 200\ 元$$

年订购次数为：

$$n=D/EOQ=8\ 000/400=20$$

订货点为：

$$ROP=（D/52）\times LT=（8\ 000/52）\times2=307.7\ 件$$

7.3.3 经济生产批量模型

EOQ 假设整批订货是在一定时刻同时到达，补充率为无限大。这种假设不符合企业生产过程的实际。当生产率大于需求率时，库存是逐渐增加的，不是一瞬间增加的。要使库存不致无限增加，当库存达到一定量时，应该停止生产一段时间。由于生产系统调整准备时间的存在，在补充成品库的生产中，也有一个一次生产多少最经济的问题，这就是经济生产批量问题。

经济生产批量（Economic Production Quantity，EPQ）模型，有时也称为 EPL（Economic Production Lot，EPL）模型，其假设条件与 EOQ 的假设条件除了补充率不为无限大之外，其余都是相同的。

图 7-11 描述了经济生产批量模型下库存量随时间变化的过程。生产在库存为零时开始进行，由于生产率 p 大于需求率 d，库存将以 $(p-d)$ 的速率上升。经过一段时间 t_p，库存达到 I_{max}。生产停止后，库存按需求率 d 下降。当库存减少到 0 时，又开始新一轮的操作。Q 是在时间内的生产量，Q 又是一个补充周期 T 内消耗的量。

图 7-11 中，p 为生产率（单位时间内生产量）；d 为需求率（单位时间内出库量），d 小于 p；t_p 为生产时间；I_{max} 为最大库存量；Q 为生产批量；ROP

为订货点。

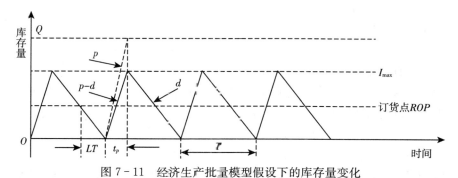

图 7-11　经济生产批量模型假设下的库存量变化

在 EPQ 模型假设下，由于补充率不是无限大，平均库存用的是 $I_{max}/2$，而不是 $Q/2$。

$$C_T = C_H + C_R + C_F = (I_{max}/2) \times H + (D/Q) \times S + P \times D$$
$$(7-12)$$

从上式可以看出，问题归结到求 I_{max}。

$$I_{max} = t_p \times (p-d) \qquad (7-13)$$

由 $Q = pt_p$，可以得出 $t_p = (Q/p)$。

所以，

$$C_T = H \times (1-d/p) \times Q/2 + S \times (D/Q) + p \times D \quad (7-14)$$

可以推出：

$$EPQ = \sqrt{\dfrac{2DS}{H(1-\dfrac{d}{p})}} \qquad (7-15)$$

【例 7-9】辉安公司是生产航空仪器部件的专业厂。该厂年工作日为 220 天，市场对部件的需求率为 50 件/天。部件的生产率为 200 件/天，年库存成本为 1 元/件，设备调整费用为 35 元/次。试求：

（1）经济生产批量（EPQ）是多少？

（2）每年生产的次数是多少？

（3）最大库存水平是多少？

（4）一个周期内的生产时间和纯消耗时间的长度。

解：

已知 $S = 35$ 元/次，$p = 200$ 件/天，$d = 50$ 件/天，$CI = 1$ 元/件，年需求量 $D = 50 \times 220 = 11\,000$ 件

经济生产批量（EPQ）：

$$Q^* = \sqrt{\frac{2DS}{H(p-d)/_P}} = \sqrt{\frac{2 \times 11\,000 \times 35}{1 \times (200-50)/_{200}}} = 1\,013(件)$$

每年生产次数：

$$n = (D/Q^*) = (11\,000/1\,013) = 10.86 \approx 11$$

最大库存水平 Q_{max}：

$$Q_{max} = Q^*(p-d)/p = 1\,013 \times (200-50)/200 = 759.75 \approx 760(件)$$

生产时间 t_p 和纯消耗时间 $(t-t_p)$：

$$t_p = Q^*/p = 1\,013/200 = 5.065(天)$$

$$t-t_p = (Q^*/d)-t_p = 1\,013/50 - 1\,013/200 = 20.56 - 5.065 = 15.02(天)$$

EPQ 模型比 EOQ 模型更具有一般性，EOQ 模型可以看作是 EPQ 模型一个特例。当生产率 p 接近无限大时，EPQ 模型就同 EOQ 模型一样。

7.3.4 价格折扣模型

为了刺激消费者的购买欲望，提高销售量，供应商往往在顾客的采购批量大于某个一定值的时候提供更优惠的价格，这就是价格折扣问题。图 7-12 表示 3 种数量折扣的情况，当采购批量小于 Q_1 时，单价为 P_1；当采购数量大于或等于 Q_1 且小于 Q_2 时，单价为 P_2；当采购批量大于或等于 Q_3 时，单价为 P_3。

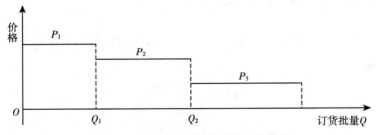

图 7-12　有数量折扣的价格变化曲线

价格折扣对于供应厂商是有利的。因为，生产批量大，则生产成本低，销售量扩大可以占领市场，获取更大利润。而对于顾客，需要具体分析。在有价格折扣的情况下，由于每次订购量大，订货次数减少，年订货费用会降低；但是，订购量大会使库存增加，从而使得维持费用增加。是否接受价格折扣，需要通过价格折扣模型计算才能决定。

价格折扣模型的假设条件仅有一条，就是存在了价格折扣，其余与 EOQ 模型的假设条件相同。由于有了价格折扣，物品的单价不再是固定的了。图 7-13 所示为有两个折扣点的价格折扣模型的费用。年订货费 C_R 与价格折扣无关，曲线与 EOQ 模型的一样。年维持库存费 C_H 和年购买费 C_P 都与物品的单价有关。因此，费用曲线是一条不连续的折线。3 条曲线的叠加，构成的总费用曲线也是一条不连续的曲线。但是，无论如何变化，最经济的订货批量仍然是总费用曲线 C_T 上最低点所对应的数量。

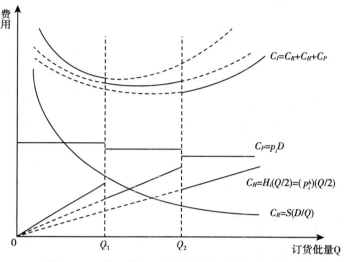

图 7-13 有两个折扣点的价格折扣模型的费用

由于价格折扣模型的总费用曲线是不连续的，所以成本最低点或者是曲线效率（即一阶导数）为零的点，或者是曲线的中断点。求有价格折扣的最优订货批量的步骤为：

步骤一，取最低价格代入基本 EOQ 公式求出最佳订货批量 Q^*，若 Q^* 可行，也就是所求的点在曲线 C_T 上，Q^* 即为最优订货批量，停止；否则，转步骤二；

步骤二，取次低价格代入基本 EOQ 公式求出 Q^*。如果 Q^* 可行，计算订货量为 Q^* 时的总费用和所有大于 Q^* 的数量折扣点（曲线中断点）所对应的总费用，取其中最小总费用所对应的数量即为最优订货批量，停止；

步骤三，如果 Q^* 不可行，重复步骤二，直到找到一个可行的 Q^* 为止。

【例 7-10】某公司每年要购入 1 200 台产品。供应商的条件是：订货量等于 75 单位时，单价为 32.50 元；订货量小于 75 单位时，单价为 35.00 元。每次订货的费用为 8.00 元；单位产品的年库存维持费用为单价的 12%。试求最优订货量。

解：

第一步，当 $C=32.50$ 元时，$H=32.50\times12\%=3.90$ 元，$S=8.00$ 元，$D=1\ 200$，则：

$$EOQ(32.50)=\sqrt{\frac{2\times1\ 200\times8}{3.90}}=70.16$$

因为只有当订货量大于等于 75 时，才可能享受单价为 32.50 元的优惠价格，也就是说，70.16 是不可行的。

第二步，取次低价格，即单价 $C=35.00$ 元。此时，$H=35.00\times12\%=4.20$ 元，$S=8.00$ 元，$D=1\,200$，则：

$$EOQ(35.00)=\sqrt{\frac{2\times1\,200\times8}{4.20}}=67.61$$

当单价为 35.00 元时，经济订货量取 68 单位，这与供应商的条件是不矛盾的，因而 68 为可行的订货量。在这里，订货量大于 68 的数量折扣点只有一个，即 75 单位。因此，分别计算订货量为 68 单位和 75 单位的总成本。

$C_T(68)=(68/2)\times4.20+(1\,200/68)\times8+1\,200\times35.00=42\,283.98$

$C_T(75)=(75/2)\times3.90+(1\,200/75)\times8+1\,200\times32.50=39\,274.25$

由于 $C_T(75)<C_T(68)$，所以最优订货量为 75 单位。

7.4 MRP 的原理与计算

7.4.1 MRP 的基本原理

物料需求计划（Material Requirements Planning，MRP）是一个基于计算机的信息管理系统，主要用于确定产品生产中构成最终产品的各种物料的需求量与需求实践。MRP 不仅用于制造业，而且在服务业也广泛应用，是后续 MRPII、ERP 的基础。

7.4.1.1 MRP 的由来

20 世纪 40 年代初，西方经济学家通过对库存物料随时间推移而被使用和消耗的规律进行研究，提出了订货点法（Order Point，OP），并将其运用于企业的库存计划管理中。然而，订货点法存在一定的缺陷，不能有效地解决相关需求的问题，造成库存积压，使得占用资金大量增加，产品成本也随之增高，企业缺乏竞争力。为了解决传统订货点法的缺陷，20 世纪 60 年代中期，美国 IBM 公司的管理专家约瑟夫·奥利佛（Joseph. A. Orlicky）博士首先提出了独立需求和相关需求的概念。将企业内的物料分成独立需求物料和相关需求物料两种类划，并在此基础上总结出了一种新的管理理论——物料需求计划（MRP），解决了物料库存控制的问题。

MRP 与订货点法的区别有 3 点：一是通过产品结构将所有物料的需求联系起来；二是将物料需求区分为独立需求和非独立需求并分别加以处理；三是对物料的库存状态数据引入了时间分段的概念。

MRP 成熟的标志是 20 世纪功年代中期美国 IBM 公司的管理专家约瑟夫·奥利佛的经典著作 *Material Requirements Planning：The New Way of Life in*

Production and Inventory Management 的发行。他提出了各种物料间相关需求的概念以及分时间段来确定不同时段物料需求的思想，这就是物料需求计划。

7.4.1.2 MRP 的目标和理念

MRP 系统的主要目标是保证按时共应用户产品，及时取得生产所需的原材料及零部件，在保证尽可能低的库存水平下计划生产活动、交货进度及采购活动，使各车间生产的零部件、外购配套件与装配的要求在时间上和数量上精确衔接。

物料需求计划的理念就是将正确的物料在正确的时间放到正确的地点。也就是当物料的紧缺导致整个生产计划的延迟时，就要加快该物料的提供；当主生产计划落后和需求推迟时，物料的提共也应推迟。

7.4.1.3 MRP 的基本原理

MRP 的基本原理有两条。

第一是从最终产品的生产计划确定相关物料（如原材料、零部件、组件等）的需求量和需求时间。

第二是根据物料的需求时间和生产（订货）周期来确定其开始生产（订货）的时间。例如，对于一个外购件来说，如第 5 周最终产品的装配要用到它，其订货周期为 2 周，则最晚第 3 周应开始订货；对于一个自加工件来说，如第 5 周需用于装配，而其本身的生产周期为 3 质，则最晚第 2 周应开始加工。

MRP 既是一种管理理念、生产方式，也是一种方法技术、一个信息系统；既是一种控制库存的方法，也是一种安排时间进度的方法。

7.4.2 MRP 的系统构成

7.4.2.1 MRP 的逻辑流程

物料需求计划作为一个规范化的数据处理系统，有着自己的处理逻辑，如图 7 – 14 所示。

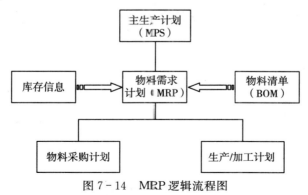

图 7 – 14　MRP 逻辑流程图

从逻辑流程图看，MRP 系统要回答 5 个问题，这就是：

①要生产什么？（根据主生产计划）

②要用到什么？（根据物料清单）

③已经得到了什么？（根据库存状态文件）

④还缺什么？（MRP 运算后得出的结果）

⑤什么时间下达计划？（MRP 运算后得出的结果）

这 5 个问题是任何工业企业，不论其产品类型、生产规模、工艺过程如何，都必须回答的，带普遍性的基本问题。

由以上可见，MRP 的制定不是基于过去的统计数据，而是基于现有的数据和未来的需求。因此，制定 MRP 需要 3 个关键信息要素的输入，分别是①主生产计划，即在上一章讲到的；②物料清单；③库存状态文件。

7.4.2.2 产品结构文件

产品结构文件又称为物料清单（Bill of Materials，BOM），它不只是所有元件的清单，还反映了产品项目的结构层次以及制成最终产品各个阶段的先后顺序。在表达产品结构资料时有两种基本方式：产品结构树与物料清单。

（1）产品结构树

为了形象地说明产品结构文件，以图 7-15 所示的椅子为例。椅子由 1 个前腿部件、1 个座板和 1 个后背部件组成；1 个前腿部件又有 2 个前腿和 1 个横杆装配而成；1 个后背部件又由 2 个后腿、3 个后背板和 1 个横杆装配而成。

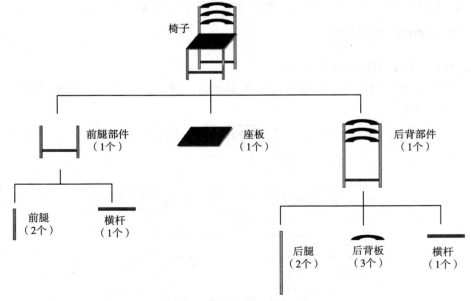

图 7-15　椅子部件组成

如图 7-16 所示，将产品及其元件之间的关系用一种树形图表示出来，这种树形图通常被称为"产品结构树"。

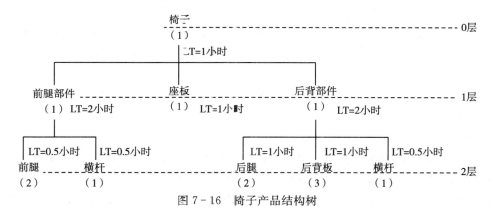

图 7-16 椅子产品结构树

在产品结构文件中，元件是指产品结构树中所有节点的通称，可分别代表产品、部件、零件或原材料。各个元件处于不同的层次，每一层次表示制造最终产品的一个阶段。层次号是指各个元件处于不同的层次，称为该元件的层次号。通常，最高层为零层，代表最终产品项。第一层代表组成最终产品项的元件，第二层为组成第一层元件的元件，以此类推。最低层为零件和原材料。各种产品由于结构复杂程度不同，产品结构层次数也不同。

提前期（Lead Time，LT）表示加工、装配或采购所花的时间。它相当于通常所说的加工周期、装配周期或订货周期。如图 7-16 中椅子的提前期为 1 小时，说明椅子从开始装配到完成装配需要 1 小时的时间。对于外购件，提前期是指从订单发出直至物料进入仓库的时间。

产品结构文件的所有层次中，位置最低的层次码称为该零件的低层码（Low Level Code，LLC），如图 7-17（a）所示的产品结构文件中，零件 C 的底层码为 2，如图 7-17（b）。通常，低层码由计算机软件系统自动计算和维护。

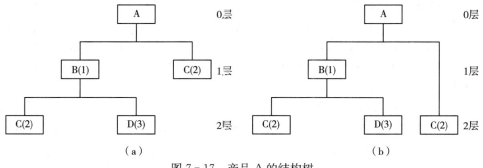

图 7-17 产品 A 的结构树

在产品结构文件中，由物料组成的"单层结构"则是产品结构的基本单元，任何一个产品都是由若干个"单层结构"组成的。产品结构层次的多少随着产品的不同而不同，层次越多，管理和计划就越复杂。如果企业生产的众多产品是由一定数量的"单层结构"配置而成，即用少量标准"单层结构"组成性能多样的各种产品或产品系列，说明产品设计的标准化、系列化和通用性很好。

（2）物料清单（Bill of Materials，BOM）

产品结构树能直观地描述产品内各种物料的结构关系，但其图形方式不便于计算机处理。物料清单是用表格形式表示构成产品的各种物料的结构关系，这样就便于用计算机存储和处理。

物料清单在表示过程中，可以采用多级物料清单和单级物料清单。多级物料清单将产品所有层级的物料表示在一张表上，通常采用缩排式结构罗列部件，也成为缩排式物料清单，如表 7-11 所示。多级物料清单为矩阵式表格，由于存在数据冗余，为了计算每一种低层级零件的数量，需要不断扩展求和，需占用较多的存储空间，计算效率非常低。

表 7-11　多级和单级物料清单

多级（缩排）式			单级（单层）式		
A			A		
	B (1)				B (1)
		C (2)			C (2)
		D (3)	B		
	C (2)				C (2)
					D (3)

为了避免这些缺点，可将其拆分为单级物料清单，如表 7-11 所示。每一张单级物料清单只表示一项物料与其直接相邻的子项物料的关系，通过自上而下的逐层检索和汇总就能够得到产品多级物料清单，单级物料清单具有以下优点：能充分利用存储空间；进行修改维护时，只需修改一张单级物料清单而不影响产品的其他物料清单；单级物料清单是一种模块化结构，尤其适应产品结构模块化的需要，根据产品的结构，通过调用相应的模块物料清单，就可生成各种变型产品的物料清单。

模块化物料清单适用于那种能够生产并作为组件储存的产品。在模块内部，它也是没有替代品的标准件。许多既大又贵的最终产品采用模块（组件）化计划与控制比较好。尤其是当同样的组件出现在不同的最终产品中时，采用组件模块就特别有利。例如，一个起重机制造商可以以各种各样的方式组装悬臂、传动装置和发动机，以满足顾客的不同需求。采用模块化物料清单简化了计划与控制，也使得对各个不同模块需求的预测变得容易。采用模块化清单的另一个好处是，如果很多产品生产中使用同一个零件，则能够实现总库存投资最小化。

【例 7-11】如图 7-18 所示，下列产品结构树表示的是组装一个单位产品 W 所需的构件。重画这棵树，

（1）计算装配 1 个 W 时，B、C、D、E 和 F 需要多少？

（2）假设当前库存中 B 有 4 件，C 有 10 件，D 有 8 件，E 有 60 件，需要装配 10 个 W 时，各需要多少？

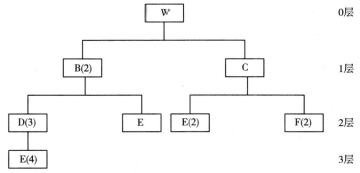

图 7-18 产品 W 的结构树

解：装配 1 个 W 时，各节点元件的数量计算过程，如图 7-19 所示。

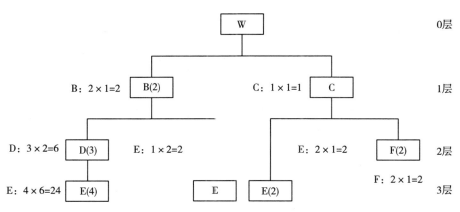

图 7-19 产品 W 的各零部件数量计算

经过计算，B 需要 2 个，C 需要 1 个，D 需要 6 个，F 需要 2 个，E 需要 28 个（24＋2＋2）。

装配 10 个产品 W 时，根据库存中已有的部件，计算过程如图 7-20 所示。

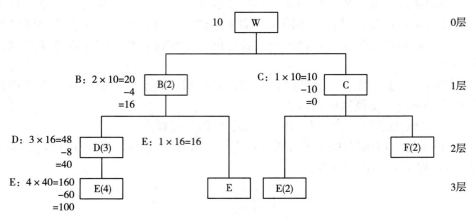

图7-20　10个产品W的各零部件数量计算

经过计算，B需要16个，C需要0个，D需要40个，F需要0个，E需要116个。

【例7-12】产品M由2个N与3个P组成。N由2个R与4个S装配组成。R由1个S与3个T装配组成。P由2个T和4个U装配组成，

（1）画出产品结构树；

（2）如果M的需要量为100个，各组件分别需要多少？

（3）写出缩排式和单层式部件清单。

解：画出产品M的产品结构树，如图7-21所示。

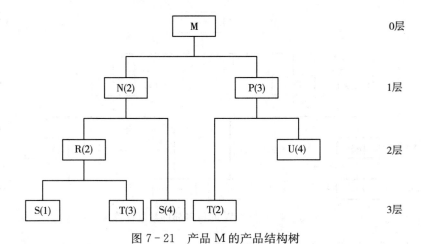

图7-21　产品M的产品结构树

按照产品M的产品结构树，计算如下：

M＝100

$$N=2\times100=200,\ P=3\times100=300$$
$$R=2\times200=400,\ U=4\times300=1\ 200$$
$$S=400+4\times200=1\ 200,\ T=3\times400+2\times300=1\ 800$$

产品 M 的物料清单如表 7－12 所示。

表 7－12　产品 M 的物料清单

缩排式零件清单				单层式零件清单		
M				M		
	N（2）				N（2）	
		R（2）			P（3）	
			S（1）	N		
			T（3）		R（2）	
		S（4）			S（4）	
	P（3）			R		
		T（2）			S（1）	
		U（4）			T（3）	
				P		
					T（2）	
					U（4）	

7.4.2.3　库存状态文件

产品结构文件是相对稳定的，库存状态文件却处于不断变动之中。MRP 每运行一次，就发生一次大的变化。MRP 系统关于订什么、订多少、何时发出订货等重要信息，都存在库存状态文件中。

库存状态文件包含每一个元件的记录。表 7－13 为图 7－17 中部件 C 的库存状态文件记录。其中是这样规定的：现有数为周末时间数量，其余 4 项均为一周开始的数量。数据项可以做细致的划分，如预期到货量可以细分成不同的来源，现有数可以按不同的库房列出。表中参数说明如下：

总需求量：由上层元件的计划发出订货量决定的。

预期到货量：指在将来某个时间段某元件的入库量。

可用库存量：相应时间的仓库中实际存放的可用库存量。

净需求量：当现有数和预期到货量不能满足总需求量时，产生的需要数量。

计划发出订货：为保证对元件的需求而必须投入生产的物料数量。

在本例中，A 产品在第 6 周、第 9 周和第 11 周的开始装配数量各为 150 台，一台 A 包含 2 个 C，则对 C 的总需求量各为 300 件。元件 C 将在第 2 周得到 400 件。

表 7-13　库存状态文件

单位：件

部件 C	周次										
$L_C = 2$ 周	1	2	3	4	5	6	7	8	9	10	11
总需求量	—	—	—	—	—	300	—	—	300	—	300
预期到货量	—	400	—	—	—	—	—	—	—	—	—
可用库存量	20	420	420	420	420	120	120	120	−180	−180	−480
净需求量	—	—	—	—	—	—	—	—	180	—	300
计划发出订货量	—	—	—	—	—	—	180	—	300	—	—

第一种计算净需求量的逻辑为：若不进行补充，则：

期初现有数＋预期到货量－总需求量＝期末现有数

期末现有数如果为负值，说明尚有部分需要量得不到满足，这部分就是净需求量。显然，前一周期末现有数＝下一周期初现有数。

对于本例，在制订计划的时候，元件 C 的当前库存量为 20 件；到第 2 周，由于预计到货 400 件，因此现有数为 420 件。到第 6 周用去 300 件后，现有数为 120 件。到第 9 周，需用 300 件，现有数已不足以支付，将欠 180 件。因此，现有数将为负值，那时需要发出订货。

在逐周计算净需求量时，期末现有数第一次出现负值的周期的净需求量就等于该周期末现有数的绝对值，随后各周的净需要为前后周现有数的差。各周期末负值现有数的绝对值，表示累计的净需求量。

计算过程如表 7-14 所示。

表 7-14　净需求量的计算（第一种方式）

单位：件

周次	期初现有数	预期到货量	总需求量	期末现有数
1	20	0	0	20
2	20	400	0	420
3	420	0	0	420
4	420	0	0	420
5	420	0	0	420
6	420	0	300	120
7	120	0	0	120
8	120	0	0	120
9	120	0	300	−180
10	−180	0	0	−180
11	−180	0	300	−480

第二种计算净需求量的逻辑为：

总需求量－预期到货量－现有数＝净需求量

现有数应为计划期开始时的现有库存数。当计算结果为负值时，净需求量为零。

上例的计算过程如表 7-15 和表 7-16 所示。

表 7-15　净需求量的计算（第二种方式）

单位：件

周次	总需求量	预期到货量	期初现有数	结果	净需求量
1	0	0	20	－20	0
2	0	400	20	－420	0
3	0	0	420	－420	0
4	0	0	420	－420	0
5	0	0	420	－420	0
6	300	0	420	－120	0
7	0	0	120	－120	0
8	0	0	120	－120	0
9	300	0	120	180	180
10	0	0	0	0	0
11	300	0	0	300	300

表 7-16　库存状态文件（第二种方式）

单位：件

部件 C $L_C=2$ 周	周次										
	1	2	3	4	5	6	7	8	9	10	11
总需求量						300			300		300
预期到货量		400									
可用库存量	20										
净需求量	0	0	0	0	0	0	0	0	180		300
计划发出订货量							180		300		

计算结果，第 9 周对 C 的净需求量为 180 件，第 11 周净需求量为 300 件。计划发出订货要考虑提前期。第 9 周需 180 件，提前期为 2 周。则第 7 周必须开始制造 180 件 C。

两种计算方法的结果是一致的。第二种方法比较直观，第一种方法数据存储效率较高，仅"现有数"一行，不仅反映了现有数的状态，而且反映了净需求。

如果考虑安全库存量和经济批量，相应的计算就会复杂一些。

7.4.3 MRP 的基本计算过程

7.4.3.1 计算逻辑

物料需求计划程序使用从主生产计划、库存记录和物料清单中选取的信息来运行。处理的关键是找出上层元件（父项）和下层元件（子项）之间的联系。这种联系就是：按父项的计划发出订货量来计算子项的总需求量，并保持时间上一致。

要提高 MRP 的处理效率，如图 7-22 所示，采用自顶向下、逐层处理的方法，按照这种方法，先处理所有产品的零层，然后处理第 1 层……一直到最低层，而不是逐个产品自顶向下地处理。这样做的好处是每一项目只需检索处理一次，效率较高。为此，需要对每个元件编一个低层码。低层码有助于逐层处理。

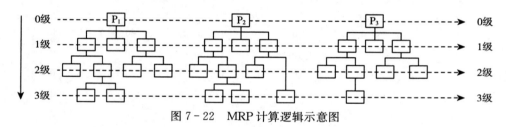

图 7-22 MRP 计算逻辑示意图

7.4.3.2 计算项目

由于对 MRP 输出结果的要求不一样，计算项目会存在略微差别，在此主要介绍以下项目：

（1）总需求量或毛需求量（Gross Requirements）

由主生产计划或根据该物料的直接父项计算汇总而得。

（2）预期到货量（Scheduled Receipts）

表示已订购或已生产，预计在某计划周期内到货入库的物料数量。

（3）可用库存量（Projected on Hand）

表示在满足本期总需求量后，剩余的可供下一个周期使用的库存量。

（4）净需求量（Net Requirements）

当可用库存量不够满足当前总需求量时，将短缺部分转化为净需求量。

（5）计划订货入库量（或计划交货量）（Planned Order Receipts）

生产批量或订货批量，考虑到生产的经济性及其他生产约束条件，需要按批量规则将净需求量调整为生产批量或订货批量。

（6）计划发出订货量（或计划投入量）（Planned Order Releases）

投入生产或提出采购的数量，其数量与计划订货量相同，但时间需要按计划发出订货量的时间反推一个提前期。

7.4.3.3 计划因子

在进行 MRP 计算时，会涉及若干个称为计划因子的参数，在整个 MRP 的运算过程中起着重要的作用。

（1）提前期

提前期关系到生产指令或采购订单的下达时间点的确定，提前期一般可分为自制件提前期和外购件提前期。

对于外购件，提前期是指从订单发出直至物料进入仓库的时间。对于这类物料来说，如果所制定的提前期比实际所需的时间长，会导致库存费用的增加；反过来，如果提前期太短，会导致缺货发生，或产生催促费用，或二者同时出现。

对于自制件，提前期包括加工时间、作业交换时间、物料在不同工序间移动所需的时间以及等待时间等因素。当一个加工件需要经过多道工序时，对每一道工序都需要估算上述 4 种时间因素。

（2）批量规则

批量大小是在 MRP 的计划订单发出部分解决的零件数量问题。对于内部生产的零部件而言，批量大小就是生产批量的数量。对于采购的零部件而言，这是指从供应商那里订购的数量。批量大小通常要满足一期或多期的零件部需求。

大部分确定批量的技术需要解决，如何平衡调整或订购成本与为满足 MRP 计划过程生成的净需求相关的保管费。

静态批量规则和动态批量规则介绍如下。

①静态批量规则

静态批量规则是指每一批量的大小都相同。固定批量（Fixed Order Quantity，FOQ），当净需求量小于 FOQ 时，以 FOQ 作为计划订货量；当净需求量大于 FOQ 时，以净需求量作为计划订货量。

FOQ 也可以按照经济订货批量（EOQ）来确定。

②动态批量规则

动态批量规则允许每次订货的数量不同，但不允许出现缺货。

周期性批量规则，批量的大小等于未来 P 周的总需求量减去前一周的可用库存量。此方法的重点在于保证未来 P 周的需求，并不意味着每隔 P 周必须发出一个订货。P 的大小与物料单件价值有关，价值大，P 取短些；反之，P 取长些。

另外，还有直接批量规则（Lot for lot）。也称 L4L，是周期性批量规则的特殊形式，直接将净需求作为计划订货量。最小总成本规则和最小单位成本规则。

依据成本分析决定批量大小的一种规则。

（3）安全库存

所需的安全库存是生产和库存管理中的一个重要问题，这个问题在相关需求中比在独立需求中更复杂。过多相关需求物料的安全库存是没有什么意义的，只有在未来的总需求或预计入库量的时间和数量都很不确定的情况下，相关需求的安全库存才有意义。因此，通常采取的方针是，只保留主要最终产品（MPS 决定的产品）和外购件的安全库存。这样既可以应付 BOM 顶层顾客订单的波动，又可以预防 BOM 底层供应商的不可靠性。

7.4.3.4 更新方式

在实际生产中，常常会有一些突发情况，如：产品结构的改变、客户订单数量和交货期的改变、供应商拖期发货、生产订单提前或拖期完成、废品比预期的高、关键生产设备发生故障等，从而引起计划的变更。MRP 必须对上述突发情况作出响应，使其编制的计划能准确实时地反映实际情况，这就要修改 MPS 或 MRP。MRP 的计划更新有两种方式：再生方式（Regenerative）与净变方式（Net Chang）。

按照再生方式，MRP 每隔一个固定的时间（通常是每周）运行一次，每一个产品项目，不论是否发生变化，都必须重新处理一遍。重新制订主生产计划，重新展开物料清单，重新编排物料需求的优先顺序。再生方式的优点是系统运行次数少，数据处理效率高，计划全部梳理一遍，有"自洁"作用，不会把上一次运行中的错误带到新得出的计划中。但计算量相对较大，且不能对变化及时作出反应。

按净变方式，系统要按发生的变化随时运行，但运行中只处理发生变化的部分，进行局部修改。因此，净变方式计算量小，运算时间短，对变化反应及时，但系统运行次数多。由于最频繁的局部修改有可能产生全局性的差错，因此，隔一定时间还有必要按再生方式运行一遍 MRP 系统。一般软件都提供两种运行方式。

7.4.3.5 输出报告

MRP 的输出报告可分为主报告和辅报告。

主报告用于生产、库存管理，包括：生产作业计划、生产指令、采购订单、库存状态以及计划或指令的变更通知等。

辅报告用于绩效控制、计划和例外情况等，包括：预测库存和需求的计划报告、计划完成情况分析报告以及例外报告等。

【例 7-13】生产木制百叶窗和书架的某厂商收到两份百叶窗订单：一份要100 个，另一份要 150 个。在当前时间进度安排中，100 单位的订单应于第 4 周开始时运送，150 单位的那个则于第 8 周开始时运送。每个百叶窗包括 4 个木侧板条部分和 2 个框架。木制部分是工厂自制的，制作过程耗时 1 周。框架需要订购，生产提前期是 2 周。组装百叶窗需要 1 周。第 1 周（即初始时）的预期到货数量是 70 个木制部分。为使送货满足如下条件，求计划订单下达的订货规模与订货时间：

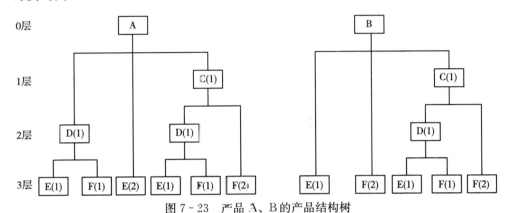

图 7-23　产品 A、B 的产品结构树

表 7-20　主生产计划

周期	9	10	11	12	13	14	15	16	17
产品 A	1 250				850				550
产品 B	460				360				560
产品 D	250				250				330
产品 E	400				430				380

表 7-21　产品 A，产品 B 的库存记录

物料项目	批量规则	期初可用库存量	提前期
A	直接批量	50	2
B	直接批量	60	2
C	直接批量	40	1
D	直接批量	30	1
E	固定批量 2 000	330	1
F	固定批量 2 000	1 000	1

　　解：按照 MRP 计算顺序，从 0 级开始，由上而下逐层进行计算，如表 7-22 所示。

　　计算 0 层级的物料：根据主生产计划、库存记录等数据，计算出产品 A，产品 B 在计划期中的总需求量、可用库存量、净需求量、计划交货量、计划投入量。

计算第 1 层级物料：C 的总需求量按照产品结构树，在第 7 周 C 的总需求量为 A，B 的计划投入之和，等于 1 600。净需求量为 1 560，计划交货量为 1 560，投入时间为第 6 周，数量为 1 560。

计算第 2 层级的物料：D 的总需求量根据主生产计划、月的计划发出订货量、C 的计划发出订货量确定，分别为第 6 周 1 560，第 7 周 1 200，第 9 周 250；净需求量、计划交货量分别为第 6 周 1 530，第 7 周 1 200，第 9 周 250；计划发出订货量分别为第 5 周 1 530，第 6 周 1 200，第 8 周 250。

计算第 3 层级的物料：**E 的总需求量**。根据主生产计划，A、B、D 的计划发出订货量确定，为第 5 周 1 530、第 6 周 1 200、第 7 周 2 800、第 8 周 250、第 9 周 400。

第 5 周的净需求量为 1 200、计划交货量按照固定批量规则调整为 2 000；第 4 周计划发出订货量为 2 000，第 5 周的可用库存量为 800。

第 6 的净需求量为 400、计划交货量为 2 000，第 5 周计划发出订货量为 2 000，第 6 周的可用库存量为 1 600。

第 7 周的净需求量为 1 200、计划交货量为 2 000，第 6 周计划发出订货量 2 000，第 7 周的可用库存最为 800。

第 8、9 周的净需求量和计划交货量为 0，可用库存量分别为 550、150，第 7、8 周计划投入量为 0。

F 的总需求量。根据 B、C、D 的计划发出订货量确定，分别为第 5 周 1 530，第 6 周 4 320，第 7 周 800，第 8 周 250。

第 5 周的净需求量为 530，计划交货量按照固定批量规则为 2 000；第 4 周计划发出订货量为 2 000；第 5 周的可用库存量为 1 470。

第 6 周的净需求量为 2 850，计划交货量为 2 850；第 5 周计划发出订货量为 2 850；第 6 周的可用库存量为 0。

第 7 周的净需求量为 800，计划交货量（按照固定批量规则）为 2 000；第 6 周计划投入最为 2 000；第 7 周的可用库存量为 1 200。

第 8 周的净需求量、计划交货量为 0，可用库存量为 950。

表 7 - 22　产品 A、产品 B 的 MRP 计划表

项目		周期							
		4	5	6	7	8	9	10	11
A	总需求量						1 250		
	可用库存量 50	50	50	50	50	50	0		

（续）

项目		4	5	6	7	8	9	10	11
	净需求量						1 200		
	计划交货量						1 200		
	计划发出订货量				1 200				
B	总需求量						460		
	可用库存量 60	60	60	60	60	60	0		
	净需求量						400		
	计划交货量						400		
	计划发出订货量				400				
C	总需求量				1 600				
	可用库存量 40	40	40	40	0				
	净需求量				1 560				
	计划交货量				1 560				
	计划发出订货量		1 560						
D	总需求量			1 560	1 200		250		
	可用库存量 30	30	30	0	0	0	0		
	净需求量			1 530	1 200		250		
	计划交货量			1 530	1 200		250		
	计划发出订货量		1 530	1 200		250			
E	总需求量		1 530	1 200	2 800	250	400		
	可用库存量 330	330	800	1 600	800	550	150		
	净需求量		1 200	400	1 200				
	计划交货量		2 000	2 000	2 000				
	计划发出订货量	2 000	2 000	2 000					
F	总需求量		1 530	4 320	800	250			
	可用库存量 1 000	1 000	1 470	0	1 200	950			
	净需求量		530	2 850	800				
	计划交货量		2 000	2 850	2 000				
	计划发出订货量	2 000	2 850	2 000					

【例7-14】某工厂批量生产家用电器，产品系列中有 A，B 两种产品，其结构树如图7-23 所示。表7-20 是该厂主生产计划的有关部分。表7-21 是产品 A、产品 B 的库存记录数据。试制定每项物料计划期的 MRP。

（1）配套订货（即 L4L 规则）；

（2）订货批量为 320 单位框架与 70 单位木制部分的生产批量订货。

解：制定主生产计划，如表7-17 所示。

表 7-17 百叶窗主生产计划

单位：个

周数	1	2	3	4	5	6	7	8
数量				100				150

制作产品结构树，如图7-24 所示。

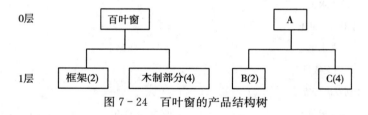

图 7-24 百叶窗的产品结构树

利用主生产计划，求解百叶窗总需求，然后再计算净需求。再按照批量对批量规则计算计划订单数量和进度时间。

表 7-18 百叶窗的 MRP 计划表（第一种批量规则）

单位：个

项目		周期							
		1	2	3	4	5	6	7	8
A	总需求量				100				150
	预期到货量								
	可用库存量								
	净需求量				100				150
	计划交货量				100				150
	计划投入量			100				150	
B	总需求量	200						300	
	预期到货量								
	可用库存量								

（续）

项目		周期							
		1	2	3	4	5	6	7	8
	净需求量			200				300	
	计划交货量			200				300	
	计划投入量	200				300			
C	总需求量			400				600	
	预期到货量	70							
	可用库存量	70	70	70					
	净需求量			330				600	
	计划交货量			330				600	
	计划投入量		330				600		

按照订货批量为 320 单位框架与 70 单位木制部分的方式进行计算，如表 7-19 所示。

表 7-19　百叶窗的 **MRP** 计划表（第二种批量规则）

单位：个

项目		周期							
		1	2	3	4	5	6	7	8
A	总需求量				100				150
	预期到货量								
	可用库存量								
	净需求量				100				150
	计划交货量				100				150
	计划投入量			100				150	
B	总需求量			200				300	
	预期到货量								
	可用库存量				120	120	120	120	140
	净需求量			200				180	
	计划交货量			320				320	
	计划投入量	320				320			
C	总需求量			400				600	

（续）

项目	周期							
	1	2	3	4	5	6	7	8
预期到货量	70							
可用库存量	70	70	70	20	20	20	20	
净需求量			330				580	
计划交货量			350				630	
计划投入量		350					630	

思考与练习

1. 你认为"库存是万恶之源"这种说法有道理吗？为什么？

2. 讨论库存管理中 ABC 分类法的作用以及每类物资管理的方式。

3. 讨论 3 种库存控制系统模型的作用。

4. 某种时令产品在销售季节前 1 个月的批发单价为 16.25 元，零售时单价为 26.95 元。如果该时令产品销售完了，当时不能补充，过季卖不出去的产品单价为 14.95 元。根据往年情况，该产品需求分布律如表 7 - 23 所示：

表 7 - 23 产品需求分布律

需求 d	6	7	8	9	10	11	12	13	14	15
分布律 p ($D=d$)	0.03	0.05	0.07	0.15	0.20	0.20	0.15	0.07	0.05	0.03

求：期望利润最大的订货量。

5. 某家航空企业每年大约需要 32 000 片某配件，这些配件在一年的 240 天里被均匀消耗。年持有成本为每件 3 元，订货成本为 120 元，求解：（1）经济订货量是多少？（2）订货提前期是多少？（3）订货批量是多少？

6. 某设备公司每年需要 54 000 套配件，每套 4 元，年库存维持费用每套 9 元，每次订货费用为 20 元。试求：（1）经济订货批量；（2）年订货次数。

7. 辉腾公司既是万向节的生产商，又是其使用者。该公司每年生产 220 天，以每天 50 个的稳定速度使用万向节。万向节的生产速度是每天 200 个。年持有成本为 1 元/件，机器每运行一次的备货成本为 35 元。试求：（1）经济生产批量多少；（2）每年生产次数约多少？（3）计算最大的库存水平；（4）一次循环中，纯消耗占用多少时间？

8. 某企业计划下年度生产某组合件 40 000 件。生产率为每天 200 件，一年按生产 250 天计算。一次生产准备费用为 200 元，提前期为 5 天。单位生产费用为 15 元，单位维持库存费为 11.50 元。试求：（1）经济生产批量；（2）订货点是多少？

9. 某企业每年大约需要 3 400 件某零件。现在，该企业各批订货量为 300 件，每件 3 元。假设供应商 1 000 件及以上时，每件 2 元。该企业每次订货需要承担 100 元订货费，此外，每件年持有成本占购买价格的 17%。试求：（1）确定使总成本最小的订货批量；（2）如果供应商提供折扣的下限不是 1 000 件，而是 1 500 件，使总成本最小的订货批量又将是多少？

10. 下列产品结构树表示的是组装一单位产品 W 所需的构件，如图 7-25。求：（1）重画产品结构树，使它与低层编码相一致；（2）组装 100 件 W 时，所需各构件的数量。

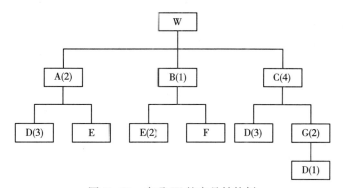

图 7-25　产品 W 的产品结构树

11. 某企业在组装产品时需要配件 A，通过市场调查，预测出后 10 周的需求量，采购部门采购预计到货量以及期初库存量如表 7-24 所示。已知订货提前期为 4 周，试确定各周的库存量、净需求量和计划发出订货量。

表 7-24　配件 A 的库存记录

配件 A LT=4 周	1	2	3	4	5	6	7	8	9	10
总需求量	100	240	280	120	200	140	180	230	250	220
预期到货量		500				300				
可用库存量（100）										
净需求量										
计划发出订货量										

12. 某产品的产品结构树如图 7-26 所示。假设如表 7-25 为主生产计划，第 3 周预期到货量为 80。请按照下面两种批量规则给出物料需求计划计算

过程。

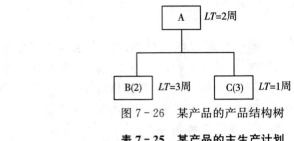

图 7 - 26　某产品的产品结构树

表 7 - 25　某产品的主生产计划

周数	1	2	3	4	5	6	7	8
数量					300		60	40

（1）配套订费（即 L4L 规则）；

（2）B 的订货批量为 120 单位，C 的订货批量为 60 单位。

生产作业计划

学习目标

> 掌握生产的期量标准
> 理解作业排序的相关概念
> 理解一些常用的优先调度规则
> 解决流水作业的排序问题
> 解决单件作业的排序问题

8.1 期量标准

生产作业计划的一项重要任务就是研究生产过程中期与量的关系标准。期量标准是为合理地、科学地组织生产活动，在生产数量和生产期限上规定的标准，是编制生产作业计划、组织均衡生产从而取得良好经济效益的基础，也是生产控制的依据。大量生产主要将生产作业计划的重点放在了量上；而成批生产作业计划所要解决的主要问题是如何在时间上安排不同品种、不同数量的产品轮番生产，这里既有期又有量；对于单件小批量生产，生产作业计划要解决的是最大限度地缩短生产周期，即按订货要求的交货期完成生产任务，主要是期的问题。对于大量流水生产，主要期量标准有节拍、流水线标准工作指示表、在制品定额等；成批生产的期量标准有批量、生产间隔期、生产周期、生产提前期、在制品定额等；单件小批量生产的期量标准有生产周期和总日历进度计划等。在前面的章节中已经针对流水线组织形式进行了讲述，主要的期量标准计算均已涉及，在此主要针对成批生产和单件小批量生产的期量标准进行介绍。

8.1.1 生产批量与生产间隔期

所谓生产批量是指消耗一次准备结束时间的条件下，连续生产一批相同制品的数量，批量的大小对生产的技术经济效果有很大影响。批量大，有利于提高工人的熟练程度和劳动生产效率，有利于保证产品质量，由于在相同时间内，设备调整次数减少，设备利用率提高，会使生产成本降低；但是另一方面，批量增大，会延长生产周期，使生产过程中的在制品增多，增加流动资金的占用量，会增加生产成本，同时也难以适应变化多端的市场需求。批量小，能使生产的安排比较灵活，易于保证及时交货，生产周期较短使得在制品占用量变小；但由于产品品种变动频繁，使得生产效率与设备利用率降低。因此，要综合考虑批量对生产绩效的影响，作出适当的选择。

生产间隔期是与批量密切相关的另一概念，它是指相邻两批相同制品投入或产出的时间间隔。两者的关系可用下式表示：

$$Q = Rn_d \qquad\qquad (8-1)$$

式（8-1）表明当平均日产量 n_d 不变时，生产间隔期 R 与批量 Q 成正比。生产批量与生产间隔期是成批生产类型企业的主要期量标准。确定批量与生产间隔期的方法通常有以量定期法和以期定量法两类。

8.1.1.1 以量定期法

首先从生产的技术与经济两方面考虑，确定一个初始批量；然后依据公式确定生产间隔期；最后，对初始批量进行适当的调整，求得一个与生产间隔期相互配合的最佳数值作为标准批量。当生产任务发生变化时，只对生产间隔期进行调整而批量不变。常用的确定初始批量的方法如下：

（1）最小批量法

它是依据技术经济原则确定批量的一种经验方法。首先给定一个设备损失系数的阈值，设备的调整时间与零件加工时间之比不能超过该阈值。其计算公式为：

$$t_{ad} / (tQ_{min}) \leqslant \delta \qquad\qquad (8-2)$$

式中：δ 为设备损失系数阈值，t_{ad} 为设备准备结束时间，Q_{min} 为最小批量，t 为单件工序时间。

设备损失系数阈值的确定主要考虑两个因素：零件的价值与生产类型。通常，价值小的零件，加工批量可以取大些，故相应的值 δ 取小些；价值大的零件，加工批量应小些，故相应的 δ 取大些。对于大批量生产类型企业，δ 较小；小批量生产类型企业，δ 较大。表 8-1 给出了 δ 的参考值。具体计算时，按设备准备结束时间 t_{ad} 和单件工序时间 t 取值的范围不同，有以下 3 种确定最小批量的方法：按照零件全部工序的设备准备结束时间 t_{ad} 和单件工序时间 t 计算最小批量；按照零件关键设备的设备准备结束时间 t_{ad} 和单件工序时间 t，计算最小批量；按照比值（t_{ad}/t）最大的工序设备，计算最小批量。

表 8-1　设备损失系数阈值参考值

零件大小	生产类型		
	大批	中批	小批
小件	0.03	0.04	0.05

（续）

零件大小	生产类型		
	大批	中批	小批
中件	0.04	0.05	0.08
大件	0.05	0.08	0.12

（2）经济批量法

在确定批量时，除了考虑由于设备调整产生的费用外，还应考虑由于形成在制品库存而产生的费用，这样导出的经济批量 Q^* 为：

$$Q^* = \sqrt{2BN/CI} \qquad (8-3)$$

式中：B 为一次准备结束工作费用，C 为单位零件成本，I 为资金年利率；N 为年产量。

若进一步考虑批量增大时，除了会使库存量增加导致库存费用的增加外，还会使车间内部在制品数量上增加，导致生产费用也随之增加。则在生产周期等于生产间隔期的假设下，单位零件生产费用与单位零件库存费用相同，导出的经济批量 Q^* 为下式：

$$Q^* = \sqrt{3N/CI} \qquad (8-4)$$

在得到初始批量后，需要考虑以下因素对其进行调整，以得到标准批量：组成同一产品的各个零件的批量应满足产品的成套关系；批量应与计划产量成倍数比关系；批量应与大型设备同时加工的零件数成倍数比关系；批量应与贵重加工刀具的耐用度、工位器具的容量、仓库与工作地面积相适应；各车间的同种零件批量尽可能成倍数关系，且前车间的批量必须大于或等于后车间的批量；其他生产条件的约束。调整后得到的批量称为标准批量。最后，利用式 8-1 计算生产间隔期。

8.1.1.2 以期定量法

本方法首先要确定生产间隔期，然后依据式 8-1 确定批量。当生产任务发生变化时，只对批量进行调整，而生产间隔期不变。

（1）确定生产间隔期时要考虑的因素

生产间隔期应与月工作日数成倍数或可约数关系，以方便生产的组织与计划；尽可能采取统一的或为数不多的几个生产间隔期，以便使各工艺环节的生产活动相互衔接，协调一致，保持生产过程的均衡性；应考虑由此确定的批量而导致的经济指标（如在制品占用量、设备利用率等）的优劣，以及批量与计划产量是否成倍数比关系，相邻工艺阶段的批量是否互成倍比关系。在零件种类繁多的情况下，为简化生产间隔期和批量的确定，可按照装配过程需要的顺序、零件的工艺结构特征、零件的外形尺寸、零件的重量、零件的价值和生产周期长短，将零件分组，从每一组中选择典型零件为代表，确定生产间隔期和批量。同组其他零件的生产间隔期和批量可参考确定。

（2）采用以期定量法确定生产间隔期和批量的优缺点

其优点为计算简便，能适应生产任务的变动，当任务变动较大时，只需调整批量即可。由于生产间隔期与每月的工作日数互成倍数或可约数关系，批量又根据生产间隔期制定，保持了各种必要的比例关系，易于保证零件生产的成套性，利于组织均衡生产。因此，以期定量法为许多企业采用。但此方法也有缺点，此方法制定过程对在制品占用量和资金利用效率等经济指标的考虑过于粗糙，此法一般适用于中、小批量生产企业。

8.1.2 生产周期

生产周期是指制品从原材料投入到成品出产所经历的整个生产过程的全部日历时间。对于零件而言，其生产周期是从投入生产开始到出产为止的全部日历时间。对于产品而言，其生产周期是从毛坯准备、零件加工、部件组装、成品总装的全部日历时间。图8-1为产品生产周期结构示意图。

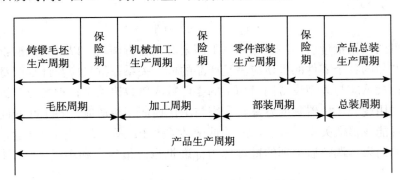

图8-1 产品生产周期结构示意图

毛坯准备、机械加工、产品装配等每一工艺阶段的生产周期，又包括以下组成部分：工艺过程时间、检验过程时间、运输过程时间、自然过程时间、制度规定的停歇时间。各工艺阶段生产周期的长短，主要取决于这些时间的长短。生产周期也可划分为工艺时间与停留时间两部分：工艺时间即工艺过程时间，工艺时间是生产周期的主要部分，它的长短取决于零件工序时间、零件移动方式和批量的大小等因素；停留时间指工序之间的停留时间，包括由于管理原因造成的零件等待时间以及检验、运输、自然停留、等待准备的时间，停留时间则依工序数目、生产组织水平、配合条件、生产准备条件等因素而定。

生产周期是非常重要的期量标准，对成批生产企业尤其如此，它是确定产品各个生产环节投入和产出时间、编制生产作业计划的主要依据。缩短生产周期对于提高劳动生产率、节约流动资金、降低产品成本、改善各种技术经济指标、提高企业对市场的快速反应能力和增强企业的竞争能力都有着十分重要的作用。

生产周期是在分析各生产阶段的在制品占用时间后，用分解配合关系细致决定的，通常是按零件产品所经过的工序和工艺阶段，由下至上计算的。生产周期的计算方法有 3 种。

8. 1. 2. 1　工序生产周期

简称为工序周期，是一批零件产品在某道工序上的制造时间，其计算公式为：

$$T_{op} = \frac{Qt}{SF_eK_t} + T_{准} \qquad (8-5)$$

式中：T_{op} 为工序周期，Q 为批量；t 为单件工序时间；S 为该工序的工作地数；F_e 为有效工作时间；K_t 为定额完成系数；$T_{准}$ 为准备结束时间。

8. 1. 2. 2　工艺生产周期

又可分为零件生产周期、毛坯生产周期、装配生产周期。

（1）零件生产周期

简称为加工周期。在成批生产中，加工周期与零件在工序间的移动方式有关。因此，先按照顺序移动方式计算一批零件的加工周期，然后用一个平行系数加以修正，得到平行移动方式和平行顺序移动方式的加工周期。一批零件的顺序移动方式加工周期 T_o 的计算公式为：

$$T_o = \sum_{i=1}^{m} T_{opi} + (m-l)t_a \qquad (8-6)$$

式中：t_a 为零件在工序之间转移的平均间断时间，平行移动方式或平行顺序移动方式的加工周期 T_{op} 用一个平行系数 θ 对 T_o 进行修正得到：$T_{op} = \theta \times T_o$，$\theta$ 取值依据经验在 0.6～0.8。

（2）毛坯生产周期

其确定方法与加工周期的确定方法类似。

（3）装配生产周期

又简称为装配周期。其确定方法的思路与加工周期类似，具体形式采用绘制生产周期图来确定。先逐一计算出各装配工序周期，再按反工艺顺序的方法画出装配工艺的生产周期图。图 8-2 中，在各装配工序周期上方标明所需装配工人人数，汇总各个时间段所需人数，得到工人负荷分布图。

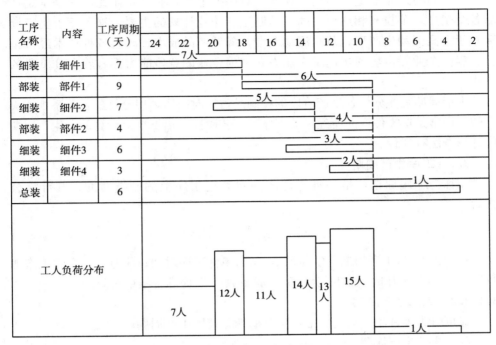

图 8-2　某批产品装配周期图

8.1.2.3　产品生产周期

　　在计算出组成产品的每一个零件的生产周期后，就可计算产品的生产周期。在实际工作中，企业通常采用类似装配周期图的方法，根据各工艺阶段的平行衔接关系，绘制产品生产周期图。一般只需绘出主要零件即可。

　　由于工业产品工艺配套衔接关系非常复杂，需要考虑的因素中，有许多具有不确定性的因素，为了防止生产过程中意外原因，造成生产脱节，必须在确定生产周期时留有一定的余地。对于不经常重复生产或工艺过程不很熟悉的产品，一般采用设置保险期的方式；而对于经常重复生产的产品，一般采用设置保险量的方式。在确定保险期或保险量时，要考虑以下因素：

　　①零件工序多、加工时间长、加工设备精密的工艺阶段，其保险期应长些（保险量应多些），反之可短些（少些）；②零件贵重、尺寸大，保险期应短些（或保险量应少些）；③前工艺阶段的生产能力大于后工艺阶段的生产能力时，保险期应长些（保险量应多些）。

8.1.3　生产提前期

　　生产提前期是指毛坯、零件或部件在各个工艺阶段出产或投入的日期比成品出产的日期应提前的时间长度。生产提前期分为投入提前期和出产提前期，图 8-3 表明了前后车间生产批量相同时，提前期与生产周期、保险期的关系。计算过程按照工艺过程反顺序计算。计算提前期的一般式为：

某车间出产提前期＝后续车间投入提前期＋保险期 　　　　　　　　（8-7）

某车间投入提前期＝该车间出产提前期＋该车间生产周期 　　　　　　（8-8）

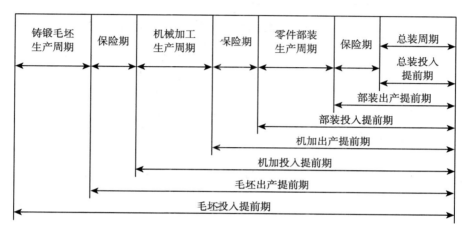

图 8-3　提前期与生产周期、保险期关系示意图

当不同工艺阶段的批量不同时，需要将计算提前期的一般式（8-7）修改为下面的修正式（8-9），因为出产提前期不仅与生产周期有关，还与批量、生产间隔期有关：

某车间出产提前期＝后续车间投入提前期＋保险期＋（本车间生产间隔期－后车间生产间隔期） 　　　　　　　　　　　　　　　　　　　　　　（8-9）

用图形显示更为直观，如图 8-4 所示。

【例 8-1】对于某批产品，装配车间的批量为 40 件，生产周期为 30 天，生产间隔期为 10 天；机加车间的批量为 120 件，生产周期为 50 天，生产间隔期为 30 天，保险期为 10 天；毛坯车间的批量为 240 件，生产周期为 20 天，生产间隔期为 60 天，保险期为 5 天。按式（8-8）和式（8-9）计算如下：

装配车间投入提前期＝30（天）

机加车间出产提前期＝30＋10＋（30－10）＝60（天）

机加车间投入提前期＝60＋50＝110（天）

毛坯车间出产提前期＝110＋5＋（60－30）＝145（天）

毛坯车间投入提前期＝145＋20＝165（天）

该例题的图解表示如图 8-5 所示。

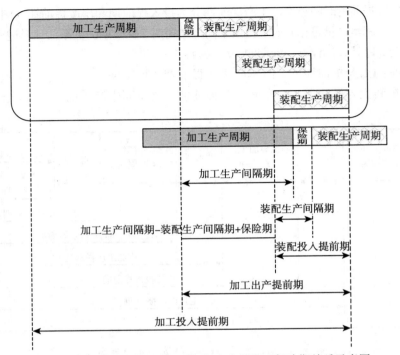

图 8-4　批量不同情况下提前期与生产周期、保险期关系示意图

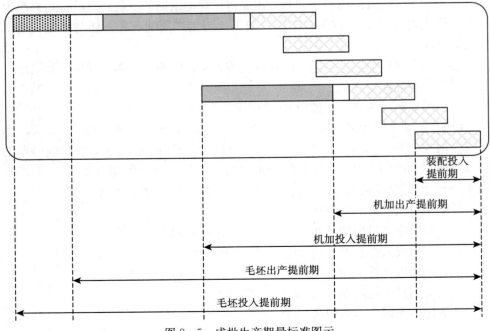

图 8-5　成批生产期量标准图示

8.1.4 在制品占用量定额

在制品占用量定额是成批生产的另一个重要期量指标。同大量生产一样，成批生产的在制品占用量分作车间之间的占用量和车间内部的占用量，其构成见图8-6。与大量生产情况不同的是，成批生产的车间内部在制品占用量经常处于波动之中。

$$\text{在制品占用量 }Z\begin{cases}\text{车间内部在制品占用量 }Z_{in}\\ \text{库存在制品占用量 }Z_{st}\begin{cases}\text{库存流动占用量 }Z_{st1}\\ \text{库存保险占用量 }Z_{st2}\end{cases}\end{cases}$$

图8-6 在制品占用量分类示意图

8.1.4.1 车间内部在制品占用量 Z_{in}

车间内部在制品占用量包括：正在加工的在制品、等待加工的在制品和处于运输或检验中的在制品等。其数量确定分为以下两种情形：在不定期成批轮番生产条件下，在制品占用量只能得到大概的数量；在定期成批轮番生产条件下，根据生产周期、生产间隔期和批量情况，可采用图表法确定，如图8-7。

	生产周期（T）	生产间隔期（R）	T/R	进度			批量	在制品平均占用量	在制品期末占用量
				上旬	中旬	下旬			
T=R	10	10	1				20	20	20
T<R	5	10	0.5				20	10	20
T<R	5	10	0.5				20	10	0
T>R	20	10	2				20	40	40
T>R	25	10	2.5				20	50	60

图8-7 成批生产在制品占用量描述

8.1.4.2 库存在制品占用量 Z_{d}

包括库存流动在制品占用量和库存保险占用量两种。

（1）库存流动在制品占用量 Z_{d1}

它是由于前后车间的批量和生产间隔期不同而形成的在制品占用量，其作用是协调前后车间的正常连续生产。由于前后车间交库与领用的方式不同，使得库存量处于变动之中，因此需要分不同的情况确定库存流动占用量。

情况一：前车间成批交库，后车间成批领用。当交库数量小于或等于领用数量时，假设后者是前者的整数倍，同时后车间的生产间隔期是前车间的相同整数倍，库存流动在制品占用量的变化如图 8-8 所示。其中，图（a）为后车间领用时间点在计划期开始点，前车间的第 1 个批量交库时，领用量为 3 个批量，则平均库存流动在制品占用量为 1 个批量；图（b）为后车间领用时间点在前车间的第 3 个批量交库后，第 4 个批量交货前，平均库存流动在制品占用量为 1.5 个批量；图（c）为后车间领用时间点在前车间的第 4 个批量交库时，平均库存流动在制品占用量为 2 个批量。

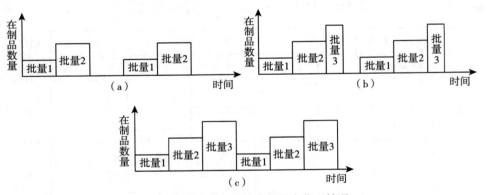

图 8-8 库存流动在制品占用量变化（情况一）

情况二：前车间成批交库，后车间分批领用。当领用数量小于或等于交库数量时，假设后者是前者的整数倍，同时前车间的生产间隔期是后车间的相同整数倍，库存流动在制品占用量的变化如图 8-9 所示。其中，图（a）为后车间领用时间点在计划期开始点，前车间的第 1 个批量交库时，领用量为 1/3 个批量，则平均库存流动在制品占用量为 1/3 个批量；图（b）为后车间领用时间点在前车间的第 1 个批量交库后，1/3 个生产间隔期前，平均库存流动在制品占用量为 1/2 个批量；图（c）为后车间领用时间点在前车间的第 1 个批量交库后，1/3 个生产间隔期时，平均库存流动在制品占用量为 2/3 个批量。

以上分析是在领用间隔期与生产间隔期相同的情况下作出的，若两者不同，则情况更为复杂。

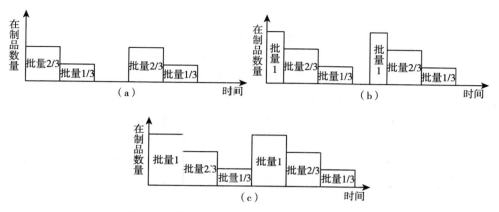

图 8-9 库存流动在制品占用量变化（情况二）

（2）库存保险占用量 S_{s2}

库存保险占用量是由于前车间因意外原因造成交库延误时，为保证后车间正常生产而设置的在制品占用量。一般根据前车间交库延误天数和后车间平均日需要量计算：

$$Z_{s2} = D_{in} n_d \qquad (8-10)$$

式中：D_{in} 为前车间的交库延误天数（即恢复间隔期），n_d 为后车间的平均日需要量。

交库延误天数具有不确定性，需依据统计资料分析确定。此外，确定库存保险占用量还应考虑到零件价值的大小，即从总的期望成本增量（由于延误造成的成本增量与库存成本增量）角度考虑。

8.2 作业排序基本概念

工厂要对每个工人和每个工作地安排每天的生产任务，规定开始时间和完成时间；医院要安排病人手术，为此要安排手术室、配备手术器械、手术医师和护士；学校要安排上课时间表，使学生能按规定的时间到规定的教室听预定的教师讲课。这些都是作业计划问题。物料流就是资金流，而物料流是由作业计划驱动的。运用排序理论与方法，可以大大改善作业计划的质量，在不增加投资的情况下，使零件的加工周期和产品生产提前期缩短，资金流动加快。

编制作业计划实质上是要将资源分配给不同的任务，按照既定的优化目标，确定何时利用何种资源的问题。每台机器都可能被分配多项任务，而这些任务受到加工路线的约束，就带来了工人或机器如何安排零件加工顺序的问题。

8.2.1 作业排序相关概念

在生产管理中，常用到"编制作业计划"（Scheduling）、"排序"（Sequencing）、"派工"（Dispatching）、"控制"（Controlling）和"赶工"（Expediting）这些名词。一般说来，编制作业计划与排序不是同义语。排序只是确定工件在机器上的加工顺序，而编制作业计划则不仅包括确定工件的加工顺序，而且包括确定机器加工每个工件的开始时间和完成时间。因此，只有作业计划才能指导每个工人的生产活动。由于编制作业计划的主要问题是确定各台机器上工件的加工顺序，而且在通常情况下都是按最早可能开（完）工时间来编排作业计划的，因此当工件的加工顺序确定之后，作业计划也就确定了。所以，人们常常不加区别地使用"排序"与"编制作业计划"这两个术语。

"编制作业计划"或称"排序"是加工制造发生之前的活动，属于计划范畴；"调度"是作业计划编制后实施生产控制所采取的一切行动，属于控制范畴；作业计划（Scheduling）是编制作业计划的结果。调度的依据是作业计划，就像乐队指挥依据乐谱来指挥一样。"派工"和"赶工"属于调度。"派工"是按作业计划的要求，将具体生产任务安排到具体的机床上加工；"赶工"是在实际进度已落后于计划进度时采取的行动。比如，列车时刻表是一种作业计划，是安排列车运行的依据。按照列车时刻表，调度员就可以发出发车（派工）指令；列车出现晚点，调度员就要发出调整运行速度和停车时间（赶工）的指令。调度属于现场指挥，在工厂里，计划员和调度员是不同的岗位。

描述作业计划和排序问题的名词术语来自加工制造行业。为了和惯用的名词术语保持一致，本书使用"机器""工件""工序"和"加工时间"等术语来描述各种不同的作业计划和排序问题。但值得注意的是，这些概念已具备了更为广泛的含义。这里所说的"机器"是提供服务的一方，可以是工厂里的各种机床，也可以是维修工人；可以是轮船要停靠的码头，也可以是电子计算机的中央处理单元和存储器。一句话，机器表示"服务者"。工件则代表"服务对象"，相应地表示被加工的零件、待修理的机器、要靠岸的轮船、被处理的数据。工件可以是单个零件，也可以是一批相同的零件。

假定有 n 个工件要经过 m 台机器加工。"加工路线"是工件加工经过的机器的顺序，是由工艺过程决定的，是工件加工在技术上的约束。比如，某工件要经过车、铣、刨、磨的路线加工，我们可以用 M_1、M_2、M_3、M_4 来表示。一般地，可用 M_1，M_2，$\cdots$，M_m 来表示加工路线。"加工顺序"则表示某台机器加工 n 个工件的先后顺序，是排序要解决的问题。

8.2.2　假设条件与符号说明

为了便于分析研究，建立数学模型，有必要对排序问题提出一些假设条件：

①一个工件不能同时在几台不同的机器上加工；

②工件在加工过程中采取平行移动方式，即当上一道工序完工后，立即送下一道工序加工；

③不允许中断，一个工件一旦开始加工，就必须一直进行到完工，不得中途停止；

④每道工序只在一台机器上加工；

⑤工件数、机器数和加工时间已知，加工时间与加工顺序无关；

⑥每台机器同时只能加工一个工件。

在下面的讨论中，如不做特别说明，都是遵循以上假设条件的，对有关符号说明如下。

①J_i 为工件 i，$i=1$，2，$\cdots$，n。

②M_j 为机器 j，$j=1$，2，$\cdots$，m。

③P_{ij} 为 J_i 在 M_j 上的加工时间，J_i 的总加工时间为 $P_i = \sum P_{ij}$。

④W_{ij} 为 J_i 在 M_j 上加工前的等待时间，J_i 的总等待时间为 $W_i = \sum W_{ij}$。

⑤r_i 为 J_i 的到达时间，或准备就绪时间，指 J_i 从外部进入车间，可以开始加工的最早时间。

⑥d_i 为 J_i 的完工期限。

⑦a_i 为 J_i 允许的停留时间，$a_i = d_i - r_i$。

⑧C_i 为 J_i 的完工时间，$C_i = r_i + \sum (W_{ij} + P_{ij}) = r_i + W_i + P_i$。

⑨$C_{\max}$ 为最长完工时间，$C_{\max} = \max \{C_i\}$。

⑩F_i 为 J_i 的流程时间，即工件在车间的实际停留时间，$F_i = C_i - r_i = W_i + P_i$。

⑪$F_{\max}$ 为最长流程时间，$F_{\max} = \max \{F_i\}$。

⑫L_i 为工件延迟时间，$L_i = C_i - a_i = r_i + W_i + P_i - d_i = (P_i + W_i) - (d_i - r_i) = F_i - d_i$。

⑬$L_i > 0$（正延迟），说明 J_i 的实际完工时间超过了完工期限；$L_i < 0$（负延迟），说明 J_i 提前完工；$L_i = 0$（零延迟），J_i 按期完工。

⑭$L_{\max}$ 为最长延迟时间，$L_{\max} = \max \{L_i\}$。

8.2.3　排序问题的分类

排序问题有不同的分类方法，最常用的分类方法是按机器、工件和目标函数的特征分类。按机器的种类和数量不同，可以分成单台机器的排序问题和多台机器的排序问题。对于多台机器的排序问题，按工件加工路线的特征，可以分成单件作业（Job-shop）排序问题和流水作业（Flow-shop）排序问题。工件的加工路线不同，是单件作业排序问题的基本特征；而所有工件的加工路线完全相同，则是流水作业排序问题的基本特征。

按工件到达车间的情况不同，可以将排序问题分成静态的排序问题和动态的排序问题。当进行排序时，所有工件都已到达，可以一次对它们进行排序，这是静态的排序问题；假若各个工件陆续到达，要随时安排它们的加工顺序，这是动态的排序问题。

按目标函数的性质不同，也可划分不同的排序问题。例如，同是单台机器的排序，目标是使平均流程时间最短和目标是使误期完工工件数最少，实质上是两种不同的排序问题。按目标函数的情况，排序问题还可以划分为单目标排序问题与多目标排序问题。以往研究的排序问题，大都属于单目标排序问题。

按参数的性质，可以将排序问题划分为确定型排序问题与随机型排序问题。所谓确定型排序问题，指加工时间和其他有关参数是已经确定的量；而随机型排序问题的加工时间和有关参数为随机变量。这两种排序问题的解法本质上不同。

由机器、工件和目标函数的不同特征以及其他因素上的差别，构成了多种多样的排序问题。对于在此要讨论的排序问题，将用 Conway 等人提出的方法来表示。该方法只用 4 个参数就可以表示大多数不同的排序问题。4 参数表示法为：

$$n/m/A/B$$

式中：n 为参与排序的工件数，m 为机器数，A 为车间类型。在 A 的位置若标以 "F"，则代表流水作业排序问题。若标以 "P"，则表示流水作业排列排序问题。若标以 "G"，则表示一般单件作业排序问题。当 $m=1$，则 A 处为空白。因为对于单台机器的排序问题来说，无所谓加工路线问题，当然也就谈不上是流水作业还是单件作业的问题了。B 为目标函数，通常是使其值最小。

有了这 4 个符号，就可以简明地表示不同的排序问题。例如，$n/3/p/C_{max}$ 表示个工件经 3 台机器加工的流水作业排列排序问题，目标函数是使最长完工时间 C_{max} 最短。

8.2.4 排序的优先调度规则

作业排序是管理科学中的一个重要的理论研究领域，许多研究工作者提出了优化作业排序的算法。由于作业排序问题大都属于 NP 难题，所谓 NP 难题是指就算法复杂性而言，目前尚未找到多项式求解方法的一类问题，对于这类问题通常采用近似算法或启发式算法进行求解。因此，目前大多数排序算法均采用优先调度规则（优先安排哪一个任务的规则）解决生产任务对设备需求发生冲突的问题。

①FCFS（First Come First Serviced）规则：优先选择排队等待的任务中最早进入的任务。

②SPT（Shortest Processing Time）规则：优先选择加工时间最短的任务，该规则能有效地缩短流程时间，同时有利于提高设备的利用率，减少在制品占用量。

③EDD（Earliest Due Date）规则：优先选择完工期限最早的任务。

④SST（Shortest Slacking Time）规则：优先选择松弛时间短的工件，松弛时间是指在不影响交货条件下任务的机动时间。

该规则与 EDD 规则类似，但更能反映任务的紧迫程度：

$$ST = DD - CD - \sum T_j \qquad (8-11)$$

式中：ST 为松弛时间，DD 为交货期，CD 为当年日期，T_j 为任务剩余工序的加工时间（不含等待时间）。

⑤MWKR（Most Work Remaining）规则：优先选择余下加工时间最长的任务。

⑥LWKR（Least Work Remaining）规则：优先选择余下加工时间最短的任务。

⑦MOPNR（Most Operations Remaining）规则：优先选择余下工序最多的任务。

⑧SCR（Smallest Critical Ratio）规则：优先选择关键比最小的任务。

关键比为任务允许停留时间和任务剩余工序加工时间之比：

$$CR = (DD - CD) / \sum T_j \qquad (8-12)$$

式中：CR 为关键比。

⑨RANDOM 规则：随机地挑选任务。

优先调度规则可以分为局部优先规则和全局优先规则两类。局部优先规则决定任务的优先分配顺序仅以单个设备前队列中的任务所代表的信息为依据，例如 SPT、EDD、FCFS 等规则。全局优先规则决定任务的优先分配顺序不仅考虑正在排序的设备的情况，还要考虑其他设备的有关信息，例如 SCR、MWKR、LWKR、MOPNR 等规则。

迄今为止，人们已提出了多个优先排序规则，不同的规则有不同的特点，在具体排序时，应结合排序方案的评价标准进行选择。有时，仅采用单一规则还不能完全确定加工顺序，需要采用优先规则的组合进行排序。例如，SPT＋MWRK＋RANDOM，含义是首先选用 SPT 规则选择下一个待加工的任务，若同时有多个任务被选中，则采用 MWRK 规则再次选择，若仍有多个任务被选中，最后采用 RANDOM 从中随机选择一个作为下一个待加工的任务。

8.3 流水作业排序问题

流水线是流水作业（Flow-shop）排序问题的典型代表，其基本特征是每个工件都顺序地经过线上不同的机器进行加工，它们的加工路线都一致。所谓加工路线一致，是指工件的流向一致，并不要求每个工件都必须经过加工路线上每台机器的加工。如果某些工件不经某些机器加工，则相应的加工时间为零。

一般来说，对于流水作业排序问题，工件在不同机器上的加工顺序不尽一致。但此处要讨论的是 Conway 4 参数中的车间 P，即所有工件在各台机器上的加工顺序都相同的情况，这就是排列排序问题（Permutation Flow-shop）。流水作业排列排序问题常被称作同顺序排序问题，对于一般情形，排列排序问题的最优解不一定是相应的流水作业排序问题的最优解，但一般是较优解。对于 2 台或 3 台机器的特殊情况，可以证明排列排序问题下的最优解一定是相应流水作业排序问题的最优解。

8.3.1 流水作业问题的描述

以下讨论的 $n/m/p/F_{\max}$ 问题：目标函数是使最长流程时间最短。最长流程时间又称作加工周期，它是从第一个工件在第一台机器开始加工时算起，到最后一个工件在最后一台机器上完成加工时为止所经过的时间。由于假设所有工件的到达时间都为零（$r_i=0$，$i=1，2，\cdots，n$），所以 $F_{\max}$ 等于排在末位加工的工件在车间的停留时间，也等于一批工件的最长完工时间 $C_{\max}$。

设 n 个工件的加工顺序为 $S=（S_1，S_2，\cdots，S_n）$，其中 S_i 为排第 i 位的工件的代号。以 C_{ks_i} 表示工件 S_i 在机器 M_k 上的完工时间，P_{ks_i} 表示工件 S_i 在 M_k 上的加工时间，$k=1，2，\cdots，m$；$i=1，2，\cdots，n$；则 C_{ks_i} 可按以下公式计算：

$$C_{1s_i} = C_{1s_{i-1}} + P_{1s_i} \qquad (8-13)$$
$$C_{ks_i} = \max\{C_{(k-1)s_i}，C_{ks_{i-1}}\} + P_{ks_i} \quad (k=1,2,3,\cdots,m;i=1,2,\cdots,n)$$
$$(8-14)$$

当 $r_i=0$，$i=1，2，\cdots，n$ 时，$F_{\max}=C_{ms_n}$。

【例 8-2】$5/3/p/F_{\max}$ 问题，其加工时间如表 8-2 所示。当按顺序 $S=（3，4，2，5，1）$ 加工时，求 $F_{\max}$。

表 8-2 加工时间

i	工件 1	工件 2	工件 3	工件 4	工件 5
P_{i1}	5	6	7	4	5

（续）

i	工件 1	工件 2	工件 3	工件 4	工件 5
P_{i2}	8	7	5	5	5
P_{i3}	2	4	3	3	1

解：按顺序 $S=(3，4，2，5，1)$ 列出加工时间矩阵，如表 8-3 所示。按式（8-13）和式（8-14）进行递推，将每个工件的完工时间标在其加工时间的右上角。对于第一行第一列，只需把加工时间的数值作为完工时间标在加工时间的右上角。对于第一行的其他元素，只需从左到右依次将前一列右上角的数字加上计算列的加工时间，将结果填在计算列的右上角。第一列只要把上一行右上角的数字和本行的加工时间相加，将结果填在本行的右上角；从第 2 列到第 n 列，则要从本行前一列右上角和本列上一行的右上角数字中取大者，再和本列加工时间相加，将结果填在右上角。这样计算下去，最后一行的最后一列右上角数字，即为 $C_{m s_n}$，也是 F_{max}。计算结果如表 8-3 所示，本例 $F_{max}=39$。

表 8-3　顺序 S 下的加工时间矩阵

i	工件 3	工件 4	工件 2	工件 5	工件 1
P_{i1}	7^7	4^{11}	6^{17}	5^{22}	5^{27}
P_{i2}	5^{12}	5^{17}	7^{24}	5^{29}	8^{37}
P_{i3}	3^{15}	3^{20}	4^{28}	1^{30}	2^{39}

8.3.2　$n/1/F_{mean}$ 算法

单设备排序是最简单的排序问题，但在单件小批量生产中，对于关键设备具有重要意义。它往往能够缩短工件等待时间，减少在制品占用量，提高设备利用率和生产面积利用率，满足用户的不同需求。在单台设备的排序问题中，因为只有 1 台设备，所以无所谓加工路线问题，当然也就谈不上是流水作业还是单件作业的问题了。这种排序在 Conway 4 参数表示中，$m=1$，车间类型 A 处为空白。且目标函数选择的是 F_{mean}，因为在单设备加工中，最长流程时间 F_{max} 不随工件加工顺序变化而变化，即在工件加工时间不变的前提条件下，F_{max} 为常数。这时选取 F_{mean} 作为优化的目标函数，因为 F_{mean} 可以有效地衡量在过程中工件的平均等待情况。

关于单设备排序问题有以下结论：

规则一：对于单设备排序问题，SPT 规则使平均流程时间 F_{mean} 最小。

规则二：对于单设备排序问题，EDD 规则使最长误迟 L_{max} 最短。

【例8-3】工件 J_1、J_2、J_3、J_4、J_5，作业时间和交货期见表8-4。

表8-4　5个工件的作业时间和交货期

工件	J_1	J_2	J_3	J_4	J_5
作业时间 P_i	3	7	1	5	4
交货期 d_i	23	20	8	6	14
流程时间 F_i	3	10	11	16	20

可得，$F_{max} = \sum_{i=1}^{5} p_i = 20$，$F_{mean} = \sum_{i=1}^{5} F_i = 12$

根据规则一，采用 SPT 规则得到的排序结果为（J_3—J_1—J_5—J_4—J_2），相关参数如表8-5：

表8-5　SPT下排序结果

工件	J_3	J_1	J_5	J_4	J_2
作业时间 P_i	1	3	4	5	7
交货期 d_i	8	23	14	6	20
流程时间 F_i	1	4	8	13	20
延迟时间 L_i	−7	−19	−6	7	0

$F_{max} = \sum_{i=1}^{5} p_i = 20$（证明了 F_{max} 为常数的结论），$F_{mean} = \sum_{i=1}^{5} F_i = 9.2$（该规则下的 F_{mean} 最小），但是 J_4 存在误期。

根据规则二，采用 EDD 规则得到的排序结果为（J_4—J_3—J_5—J_2—J_1），相关参数如表8-6：

表8-6　EDD下排序结果

工件	J_4	J_3	J_5	J_2	J_1
作业时间 P_i	5	1	4	7	3
交货期 d_i	6	8	14	20	23
流程时间 F_i	5	6	10	17	20
延迟时间 L_i	−1	−2	−4	−3	−3

$F_{max} = \sum_{i=1}^{5} p_i = 20$，$F_{mean} = \sum_{i=1}^{5} F_i = 11.6$，所有工件没有误期，说明此为可以保证所有工件都按期交货的加工顺序，那下一步就是找到在保证按期交货的前提下，F_{mean} 最小的排序方案。

规则三：如果对于某单设备排序问题存在使 $L_i < 0$ 的工件排序方案，则在交货期比流程时间大的工件中，将作业时间最大的工件与其后面的一个工件交换位置，如此反复进行，可得到使 F_{mean} 最小的最优排序结果。

规则三实际上是在采用组合式的优先调度规则，即在 EDD 规则的基础上再采用 SPT 规则，具体过程如下。

第一步如表 8-7：

表 8-7 EDD-SPT 计算过程数据

工件	J_4	J_3	J_5	J_2	J_1
作业时间 P_i	5	1	4	7	3
交货期 d_i	6	8	14	20	23
流程时间 F_i	5	6	10	17	20
延迟时间 L_i	−1	−2	−4	−3	−3

5 个工件的流程时间均小于交货期，即延迟时间为负值，则 5 个工件都在可调整范围。在范围中选择作业时间 P_i 最大的工件 J_2，让其和后续工件交换位置，可得新的排序结果。

第二步如表 8-8：

表 8-8 EDD-SPT 计算过程数据

工件	J_4	J_3	J_5	J_1	J_2
作业时间 P_i	5	1	4	3	7
交货期 d_i	6	8	14	23	20
流程时间 F_i	5	6	10	13	20
延迟时间 L_i	−1	−2	−4	−10	0

J_4、J_3、J_5、J_1 的流程时间小于交货期，则这 4 个工件都在可调整范围。在范围中选择作业时间 P_i 最大的工件 J_4，让其和后续工件交换位置，可得新的排序结果。

第三步如表 8-9：

表 8-9 EDD-SPT 计算过程数据

工件	J_3	J_4	J_5	J_1	J_2
作业时间 P_i	1	5	4	3	7
交货期 d_i	8	6	14	23	20

（续）

工件	J_3	J_4	J_5	J_1	J_2
流程时间 F_i	1	6	10	13	20
延迟时间 L_i	-7	0	-4	-10	0

J_3、J_5、J_1 的流程时间小于交货期，则这 3 个工件在可调整范围。在范围中选择作业时间 P_i 最大的工件 J_5，让其和后续工件交换位置，可得新的排序结果。

第四步如表 8-10：

表 8-10　EDD-SPT 计算过程数据

工件	J_3	J_4	J_1	J_5	J_2
作业时间 P_i	1	5	3	4	7
交货期 d_i	8	6	23	14	20
流程时间 F_i	1	6	9	13	20
延迟时间 L_i	-7	0	-14	-1	0

J_3、J_5、J_1 的流程时间小于交货期，这 3 个工件在可调整范围。在范围中选择作业时间 P_i 最大的工件 J_5，让其和后续工件交换位置，但其后面的 J_2 作业时间大于 J_5，则无法交换，到此排序结果形成。DEE＋SPT 规则在具体的计算过程中存在一定的繁琐性。

8.3.3　$n/2/P/F_{max}$ 最优算法

对于 $n/2/P/F_{max}$ 问题，S. M. 约翰森（S. M. Johnson）于 1954 年提出了一个有效算法，那就是著名的 Johnson 算法。为了叙述方便，以 a_i 表示 J_i 在 M_1 上的加工时间，以 b_i 表示 J_i 在 M_2 上的加工时间。每个工件都 $M_1 \rightarrow M_2$ 按的路线加工，且在 M_1 和 M_2 上的加工顺序是相同的，Johnson 算法建立在 Johnson 法则的基础之上。Johnson 法则为：如果 $\min (a_i, b_j) < \min (a_j, b_i)$，则 J_i 应该排在 J_j 之前。如果中间为等号，则工件 i 既可排在工件 j 之前，也可以排在它之后。

按上式可以确定每两个工件的相对位置，从而可以得到 n 个工件的完整顺序。但是，这样做比较麻烦。事实上，按 Johnson 法则可以得出比较简单的求解步骤，我们称这些步骤为 Johnson 算法。

Johnson 算法：①从加工时间矩阵中找出最短的加工时间；②若最短的加工时间出现在 M_1 上，则对应的工件尽可能往前排；若最短加工时间出现在 M_2

上，则对应的工件尽可能往后排。然后，从加工时间矩阵中划去已排序工件的加工时间。若最短加工时间有多个，则任意挑选一个。③若所有工件都已排序，停止，否则转步骤①。

【例 8-4】求表 8-11 所示的 $6/2/P/F_{max}$ 问题的最优解。

表 8-11 加工时间矩阵

工件	J_1	J_2	J_3	J_4	J_5	J_6
a_i	7	3	8	5	6	5
b_i	2	1	4	6	9	3

解：应用 Johnson 算法。

第一步，从加工时间矩阵中找出最短加工时间即 1 个时间单位，它出现在 J_2 的 M_2 上，所以相应的 J_2 应尽可能往后排，即将工件 2 排在末尾。划去 J_2 的加工时间。

第二步，余下加工时间中最小者为 2，它出现在 J_1 的 M_2 上，相应的 J_1 应尽可能往后排，于是排到倒数第二位。划去 J_1 的加工时间。

第三步，余下加工时间中最小者为 3，它出现在 J_6 的 M_2 上，相应的 J_6 应尽可能往后排，于是排到倒数第三位。划去 J_6 的加工时间。

第四步，余下加工时间中最小者为 4，它出现在 J_3 的 M_2 上，相应的 J_3 应尽可能往后排，于是排到倒数第四位。划去 J_3 的加工时间。

第五步，余下加工时间中最小者为 5，它出现在 J_4 的 M_1 上，相应的 J_4 应尽可能往前排，于是排到正数第一位。划去 J_4 的加工时间。

第六步，余下加工时间中最小者为 6，它出现在 J_5 的 M_1 上，相应的 J_5 应尽可能往前排，于是排到正数第二位。划去 J_5 的加工时间。

最优加工顺序 $S=（J_4-J_5-J_3-J_6-J_1-J_2）$，求解过程可简单表示如表 8-12。

表 8-12 Johnson 算法求解过程

步骤	选取工件	排序规则	排序结果
第一步	J_2	往后排	$-J_2$
第二步	J_1	往后排	$-J_1-J_2$
第三步	J_6	往后排	$-J_6-J_1-J_2$
第四步	J_3	往后排	$-J_3-J_6-J_1-J_2$
第五步	J_4	往前排	$J_4- \quad -J_3-J_6-J_1-J_2$
第六步	J_5	往前排	$J_4-J_5-J_3-J_6-J_1-J_2$

可以把 Johnson 算法进行些改变，改变后的算法按以下步骤进行：

①将所有 $a_i \leqslant b_i$ 的工件按 a_i 值不减的顺序排成一个序列 A。

②将所有 $a_i > b_i$ 的工件按 b_i 值不增的顺序排成一个序列 B。

③将 A 放到 B 之前，就构成了最优加工顺序。

按改进后的算法对上述例求解，如表 8 - 13 所示。序列 A 为（J_4，J_5），序列 B 为（J_3，J_6，J_1，J_2），构成最优顺序为（$J_4 - J_5 - J_3 - J_6 - J_1 - J_2$），与 Johnson 算法结果一致。

表 8 - 13　改进算法

工件	J_1	J_2	J_3	J_4	J_5	J_6
a_i	7	3	8	5	6	5
b_i	2	1	4	6	9	3
工件	J_4	J_5	J_3	J_6	J_1	J_2
a_i	5	6	8	5	7	3
b_i	6	9	4	3	2	1

从应用 Johnson 法则求得的最优顺序中任意去掉一些工件，余下工件构成的顺序仍为最优顺序。如针对例的最优顺序（$J_4 - J_5 - J_3 - J_6 - J_1 - J_2$），若去掉一些工件，得到的顺序（$J_4 - J_5 - J_6 - J_1 - J_2$），（$J_4 - J_5 - J_3 - J_2$），（$J_5 - J_3 - J_1 - J_2$）等仍为余下工件的最优顺序。但是，工件的加工顺序不能颠倒，否则不一定是最优顺序。同时还要指出，Johnson 法则只是一个充分条件，不是必要条件。不符合这个法则的加工顺序也可能是最优顺序，对于一般排序问题，最优顺序不一定是唯一的。

8.3.4　$n/m/P/F_{max}$ 启发式算法

对于 3 台机器的流水车间排序问题，只有几种特殊类型的问题找到了有效算法。对于一般的流水车间排列排序问题，可以用分支定界法。用分支定界法可以保证得到一般 $n/m/P/F_{max}$ 问题的最优解。但对于实际生产中规模较大的问题，计算量相当大，以至连电子计算机也无法求解，同时还需考虑经济性。如果为了求最优解付出的代价超过了这个最优解所带来的好处，也是不值得的。

为了解决生产实际中的排序问题，人们提出了各种启发式算法。启发式算法可以以小的计算量得到足够好的结果，因而十分实用。

以下的求 $n/m/P/F_{max}$ 问题近优解（Near Optimal Solution）的启发式算法。

8.3.4.1　Palmer 法

1965 年，D. S. 帕尔玛（D. S. Palmer）提出按斜度指标排列工件的启发式算法，称之为 Palmer 法。工件的斜度指标可按下式计算：

$$\lambda_i = \sum_{k=1}^{m} [k - (m+1)/2] P_{ik}, k = 1, 2 \cdots n \qquad (8-15)$$

式中：m 为机器数，P_{ik} 为工件 i 在机器 M_k 上的加工时间。

按照各工件 λ_i 不增的顺序排列工件，可得出令人满意的顺序。

【例 8-5】有一个 $4/3/P/F_{\max}$ 问题，其加工时间如表 8-14 所示，用 Palmer 法求解。

表 8-14　加工时间矩阵

	J₁	J₂	J₃	J₄
P_{i1}	5	1	6	2
P_{i2}	8	6	3	9
P_{i3}	3	2	9	1

解：计算 λ_i

对于本例，式 8-15 变成：$\lambda_i = \sum_{k=1}^{3} [k - (3+1)/2] p_{ik} \qquad (k=1, 2, 3)$

$$\lambda_i = -p_{i1} + p_{i3}$$

于是
$$\lambda_1 = -p_{11} + p_{13} = -2$$
$$\lambda_2 = -p_{21} + p_{23} = 1$$
$$\lambda_3 = -p_{31} + p_{33} = 3$$
$$\lambda_4 = -p_{41} + p_{43} = -1$$

按 λ_i 不增的顺序排列工件，得到加工顺序 (3, 2, 4, 1)，$F_{\max} = 35$。

8.3.4.2 关键工件法

关键工件法是我国学者陈荣秋于 1983 年提出的一个启发式算法。其步骤如下：

步骤一，计算每个工件的总加工时间 $P_i = \sum P_{ij}$，找出加工时间最长的工件 C，将其作为关键工件。

步骤二，对于余下的工件，若 $p_{i1} \leqslant p_{im}$，则按 p_{i1} 不减的顺序排成一个序列 S_a；若 $p_{i1} > p_{im}$，则按 P_{im} 不增的顺序排列成一个序列 S_b。

步骤三，顺序 (S_a, C, S_b) 即为所求顺序。

下面用关键工件法求【例 8-5】的近优解。求 p_i，$i=1, 2, 3, 4$，如表 8-15 所示。总加工时间最长的为 J₃，$p_{i1} \leqslant p_{i3}$ 的工件为 J₂，按 p_{i1} 不减的顺序排成 S_a (2)，$p_{i1} > p_{i3}$ 的工件为 J₁ 和 J₄，按 p_{i3} 不增的顺序排成 S_b (1, 4)，这样得到的加工顺序为 (2, 3, 1, 4)，$F_{\max} = 30$。对比 Palmer 下得到的近优解可发现，对

于不同的启发式算法，得到的近优解极可能是不同的。

表 8 - 15　用关键工件法求解

	J_1	J_2	J_3	J_4
P_{i1}	5	1	6	2
P_{i2}	8	6	3	9
P_{i3}	3	2	9	1
P_i	16	9	18	12

8.3.4.3　CDS 法

坎贝尔、杜得克和史密斯（Campbell，Dudek and Smith）3 人提出了一个启发式算法，简称 CDS 法。他们把 Johnson 算法用于一般的 $n/m/P/F_{max}$ 问题，得到（$m-1$）个加工顺序，取其中优者。

具体做法是，分别计算加工时间：

$$\sum_{k=1}^{l} p_{ik} \text{ 和 } \sum_{k=m+1-l}^{m} p_{ik} \quad (l=1,2\cdots m-1)$$

用 Johnson 算法求（$m-1$）次加工顺序，取其中最好的结果。

现在对【例 8 - 5】用 CDS 法求解。

首先，求 $\sum_{k=1}^{l} p_{ik}$ 和 $\sum_{k=m+1-l}^{m} p_{ik}$,（$l=1,2$），结果如表 8 - 16 所示。

表 8 - 16　用 CDS 法求解

		J_1	J_2	J_3	J_4
$l=1$	p_{i1}	5	1	6	2
	p_{i3}	3	2	9	1
$l=2$	$p_{i1}+p_{i2}$	13	7	9	11
	$p_{i2}+p_{i3}$	11	8	12	10

当 $l=1$ 时，按 Johnson 算法得到加工顺序（2，3，1，4）；当 $l=2$ 时，得到加工顺序（2，3，1，4）。可得到近优解顺序（2，3，1，4），$F_{max}=30$。

8.4　单件作业排序问题

8.4.1　单件作业排序问题描述

单件小批生产类型的典型作业计划问题是单件作业排序问题。对于一般单件作业排序问题，每个工件都有其独特的加工路线，工件没有一定的流向。对于流水作业的排序问题，第 k 道工序永远在 M_k 上加工，没有必要将工序号与机器号分开。对于一般单件作业排序问题，要描述一道工序，需要用 3 个参数：i、j 和 k。i 表示工件代号，j 表示工序号，k 表示工件 i 的第 j 道工序的机器代号。因此，可以用 (i, j, k) 来表示工件 i 的第 j 道工序是在机器 k 上进行加工的情况。于是，可以用加工描述矩阵的形式来描述所有工件的加工。

加工描述矩阵 D 的每一行描述一个工件的加工，每一列的工序序号相同。例如，加工描述矩阵的第一行措述工件 1 的加工，第二行描述工件 2 的加工。下面的 D 表明，工件 1 的第 1 道工序在机器 M_1 上进行，第 2 道工序在机器 M_3 上进行，第 3 道工序在机器 M_2 上进行；工件 2 的第 1 道工序在机器 M_3 上进行，第 2 道工序在机器 M_1 上进行，第 3 道工序在机器 M_2 上进行。

$$D = \begin{Bmatrix} 1,1,1 & 1,2,3 & 1,3,2 \\ 2,1,3 & 2,2,1 & 2,3,2 \end{Bmatrix}$$

8.4.2 一般 $n/m/G/F_{max}$ 问题的启发式算法

对于一般的 $n/m/G/F_{max}$ 问题，可以用分支定界法或整数规划法求最优解。但它们都是无效算法，不能应用到生产实际中。启发式方法是求解一般单件车间排序问题使用最多的方法。在介绍 3 类启发式方法之前，先要讲两种十分重要的作业计划及其构成方法。

8.4.2.1 两种作业计划的构成

在可行的加工顺序下，可以作出无数种作业计划。其中，各工序都按最早可能开（完）工时间安排的作业计划称为半能动作业计划（Semi-active Schedule）。任何一台机器的每段空闲时间都不足以加工一道可加工工序的半能动作业计划，称为能动作业计划（Active Schedule）。无延迟作业计划（Non-delay Schedule）是没有任何延迟出现的能动作业计划。所谓"延迟"，是指有工件等待加工时，机器出现空闲，即使这段空闲时间不足以完成一道工序。

能动作业计划和无延迟作业计划在研究一般单件作业排序问题时有重要作用，下面先介绍它们的生成方法，先做一些符号说明。

将每安排一道工序称作一"步"，设：

$\{S_t\}$ 为 t 步之前已排序工序构成的部分作业计划；

$\{O_t\}$ 为第 t 步可以排序的工序的集合；

T_k 为 $\{O_t\}$ 中工序 O_k 的最早可能开工时间；

T_k' 为 $\{O_t\}$ 中工序 O_k 的最早可能完工时间。

（1）能动作业计划的构成步骤

第一步：设 $t=1$，$\{S_1\}$ 为空集，$\{O_1\}$ 为各工件第一道工序的集合。

第二步：求 $T^* =$，$\min\{T_k'\}$ 并定出 T^* 出现的机器 M^*。如果 M^* 有多台，

则任选一台。

第三步：从 $\{O_t\}$ 中挑出满足以下两个条件的工序 O_j：需要机器 M^* 加工，且 $T_j < T^*$。

第四步：将确定的工序 O_j 放入 $\{S_t\}$，从 $\{O_t\}$ 中消去 O_j，并将 O_j 的紧后工序放入 $\{O_t\}$，使 $t = t+1$。

第五步：若还有未安排的工序，转步骤二；否则，停止。

【例 8-6】有一个 $2/3/G/F_{max}$ 问题，其加工描述矩阵 D 和加工时间矩阵 T 分别为：

$$D = \begin{Bmatrix} 1,1,1 & 1,2,3 & 1,3,2 \\ 2,1,3 & 2,2,1 & 2,3,2 \end{Bmatrix} \qquad T = \begin{Bmatrix} 2 & 4 & 1 \\ 3 & 4 & 5 \end{Bmatrix}$$

试构成一个能动作业计划。

解：求解过程如表 8-17 所示。

当 $t=1$，$\{O_1\}$ 为 2 个工件的第 1 道工序的集合，$\{O_1\} = \{1, 1, 1, (2, 1, 3)\}$，它们的最早可能开工时间是零，工序（1, 1, 1）的最早完工时间是 2，工序（2, 1, 3）的最早完工时间是 3。因此，$T^*=2$。T^* 出现在 M_1 上，M_1 上仅有一道可排序的工序（1, 1, 1）。所以，首先安排（1, 1, 1），当（1, 1, 1）确定之后，其紧后工序（1, 2, 3）就进入 $\{O_2\}$。其后排法相同。当 $t=3$ 时，M^* 有 2 个，这时任取其中一个。按表 8-17 中得出的能动作业计划，如图 8-10 所示。

表 8-17 能动作业计划的构成

t	$\{O_t\}$	T_k	T_k'	T^*	M^*	O_j
1	1, 1, 1	0	2	2	M_1	1, 1, 1
	2, 1, 3	0	3			
2	1, 2, 3	2	6	3	M_3	2, 1, 3
	2, 1, 3	0	3			
3	1, 2, 3	3	7	7	M_3	1, 2, 3
	2, 2, 1	3	7		M_1	
4	1, 3, 2	7	8	7	M_1	2, 2, 1
	2, 2, 1	3	7			
5	1, 3, 2	7	8	8	M_2	1, 3, 2
	2, 3, 2	7	12			
6	2, 3, 2	8	13	13	M_2	2, 3, 2

按以上步骤可以求出所有的能动作业计划。当 $t=2$ 时，也可以安排工序

（1，2，3），因为该工序也需经机器 M_3 加工，而且最早可能开工时间小于 T^*。同样，当 $t=5$ 时，可以先安排工序（2，3，2）。这样，可以得出所有的能动作业计划，从中可以找出最优的作业计划。

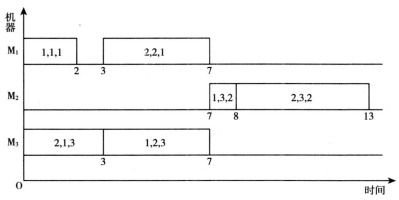

图 8-10　能动作业计划

（2）无延迟作业计划的构成步骤

第一步：设 $t=1$，$\{S_1\}$ 为空集，$\{O_1\}$ 为各工件第一道工序的集合。

第二步：求 $T^*=\min\{T_k\}$，并求出 T^* 出现的机器 M^*。如果 M^* 有多台，则任选一台。

第三步：从 $\{Q_t\}$ 中挑出满足以下两个条件的工序 O_j：需要机器 M^* 加工，且 $M^*=T^*$。

第四步：将确定的工序 O_j 放入 $\{S_t\}$，从 $\{O_t\}$ 中消去 O_j，并将 O_j 的紧后工序放入 $\{O_t\}$，使 $t=t+1$。

第五步：若还有未安排的工序，转第二步；否则，停止。

下面对【例 8-6】构成无延迟计划，其求解过程如表 8-18 所示，得出的无延迟计划如图 8-11 所示。同样，按以上步骤可以求出所有的无延迟作业计划。

表 8-18　无延迟作业计划的构成

t	$\{O_t\}$	T_k	T'_k	T^*	M^*	O_j
1	1，1，1	0	2	0	M_1	1，1，1
	2，1，3	0	3	0	M_3	
2	1，2，3	2	6	0		2，1，3
	2，1，3	0	3		M_3	
3	1，2，3	3	7	3	M_3	1，2，3
	2，2，1	3	7	3	M_1	

（续）

t	$\{O_t\}$	T_k	T_k'	T^*	M^*	O_j
4	1，3，2 2，2，1	7 3	8 7	3	M_1	2，2，1
5	1，3，2 2，3，2	7 7	8 12	7 7	M_2 M_2	2，3，2
6	1，3，2	12	13	12	M_2	1，3，2

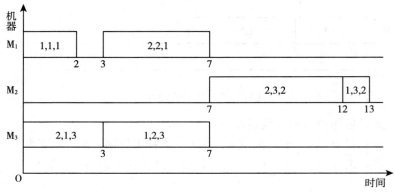

图 8 - 11　无延迟作业计划

8.4.2.2　3 类启发式算法

（1）运用优先调度规则

单件作业排序的启发式算法中最常用到的优先调度规则有：MWKR（Most Work Remaining）规则，LWKR（Least Work Remaining）规则，MOPNR（Most Operations Remaining）规则，SCR（Smallest Critical Ratio）规则和 RANDOM 规则。

MWKR 规则使不同工作量工件的完工时间尽量接近。LWKR 规则使工作量小的工件尽快完成。MOPNR 规则与 MWKR 规则类似，只不过主要考虑工件在不同机器上的转运排队时间。SCR 规则也是保证工件延误最少的法则，临界比是动态的，并且容易更新，这种方法在处理作业平均延迟时间最少的排序问题上往往比 FCFS、SPT、EDD 更好，临界比优先考虑必须按时交货的任务，临界比较低（比值低于 1.0）的任务表明该任务已经落后于计划，如果比值正好是 1.0，那么说明任务正好按计划进行，比值大于 1.0，说明任务超前于计划，因此具有一定的浮动时间。

在介绍能动作业计划与无延迟作业计划的构成步骤时，其中第三步的两个条件一般都有多个工序可以满足。按什么样的准则来选择可安排的工序，对作业计划的优劣有很大影响。

在应用优先派工法则时，只要将构成能动作业计划的第三步修改为：对于 $\{O_t\}$ 中需要 M^* 加工且 $T_j<T^*$ 的工序，按预定的优先派工法则确定一个进入 $\{S_t\}$ 的工序。对于构成无延迟作业计划的第三步修改为：对于 $\{O_t\}$ 中需要 M^* 加工且 $T_j=T^*$ 的工序，按预定的优先派工法则确定一个进入 $\{S_t\}$ 的工序。一般来说，以构成无延迟作业计划步骤为基础的启发式算法比以构成能动作业计划步骤为基础的启发式算法，效果要好。

现在对图的第二步（$t=2$）应用优先派工法则来挑选工序。应用 SPT 法则时，应挑选工序（2，1，3）；应用 MWKR 法则或 MOPNR 法则时，也应挑选工序（2，1，3）；而应用 LWKR 法则时，则应挑选工序（1，2，3）；用 FCFS 法则，应挑选工序（2，1，3），因为（2，1，3）比（1，2，3）早进入 $\{O_t\}$。

有时应用一个优先派工法则还不能唯一地确定哪道工序应该被挑选。这时，需要多个优先派工规则进行有序组合。例如，SPT＋MWKR＋RANDOM 表示：首先按 SPT 法则挑选工序，若还有多个工序，则应用 MWKR 法则再挑选，若仍有多个工序满足条件，则应用 RANDOM 法则随机地挑一个。

按优先派工法则，可赋予不同工件以不同的优先权。按工件的优先权进行调度，可以使生成的作业计划按预定目标优化。

（2）随机抽样法

用穷举法或分支定界法求一般单件车间排序问题的最优解时，实际上比较了全部能动作业计划；采用优先调度法则求近优解时，只选择了一种作业计划。这是两个极端，随机抽样法介于这两个极端之间。它从全部能动作业计划或无延迟作业计划之中抽样，得出多个作业计划，从中选优。应用随机抽样法时，实际上是对同一个问题多次运用 RANDOM 法则来决定要挑选的工序，从而得到多个作业计划。这种方法不一定能得到最优作业计划，但可以得到较满意的作业计划，而且计算量比分支定界法小得多。一般而言，随机抽样法得到的结果比用优先派工法则要好一些，因为"多放几枪"一般比"只放一枪"的命中率要高，但计算量比后者要大。

显然，随机抽样法的效果与样本大小有关，样本越大，获取较好解的可能性越大，但花费的时间也越多。而且，随机抽样法与母体有关，经验证明，无论是 F_{max} 以还是以 F 为目标函数，从无延迟作业计划母体中抽样所得到的结果比从能动作业计划母体中抽样所得到的结果要好。

（3）概率调度法

随机抽样法是对 k 个可供选择的工序以等概率方式挑选，每个工序被挑选的概率为 1/k，这种方法没有考虑不同工序的特点，有一定盲目性。

既然优先调度规则中的一些，对一定目标函数的效果明显比其他规则好，则可以运用这些法则来影响随机抽样。显然,如果把除 RANDOM 规则以外的某个规则对一个问题使用多次,也只能得到一种作业计划,这样做毫无意义。但是,可以给不同的工序按某一优先调度规则分配不同的挑选概率,这样就可以得到多个作业计划供比较。例如,在构成无延迟作业计划的第三步时有 A、B、C 共 3 道工序可挑选,这 3 道工序所需的时间分别为 3、4、7。如果按 RANDOM 法则,每道工序被选中的概率都是 1/3;如果按 SPT 法则,则只能挑选工序 A,不可能产生多个作业计划。现按目标函数的要求,选择了 SPT 法则。按概率调度法,将这 3 道工序按加工时间从小到大排列,然后给每道工序从大到小分配一个被挑选的概率,比如 A、B、C 的挑选概率分别为,6/14、5/14、3/14。这样,既保证了 SPT 法则起作用,又可产生多个作业计划供挑选。

试验表明,概率调度法比随机抽样法更为有效。

思考与练习

1. 什么是期量标准?它的内容是什么?制定期量标准有什么重要作用?
2. 怎样确定批量、生产间隔期和生产提前期?
3. 生产中的在制品对企业经济效益有什么影响?如何控制在制品的占用量?
4. 说明能动作业计划和无延迟作业计划的关系。
5. 作业计划解决什么问题?举例说明。
6. 用 Johnson 算法求解表 8-19 中 $8/2/P/F_{max}$ 问题的最优解。

表 8-19 8个工件加工时间

	J_1	J_2	J_3	J_4	J_5	J_6	J_7	J_8
机器 1	9	7	10	8	2	1	5	4
机器 2	6	2	3	1	5	8	7	9

7. 现有 $4/3/P/F_{max}$ 问题,其加工时间如表 8-20 所示,用 Palmer 法求解。

表 8-20 4个工件加工时间

i	1	2	3	4
P_{i1}	1	9	5	4
P_{i1}	5	7	6	3
P_{i3}	4	6	3	5
P_{i4}	6	2	3	7

8. 在某工作中心等待加工的 6 项作业,其加工时间与交货时间如表 8-21

所示。假设作业到达顺序与表中顺序相符，分别用 FCFS 规则、SPT 规则、EDD 规则，求解作业顺序、平均流程时间和延迟时间。

表 8－21　加工时间与交货期

作业	加工时间	交货期
A	2	7
B	8	16
C	4	4
D	10	17
E	5	15
F	12	18

9. 对于某批产品，装配车间的批量为 30 件，生产周期为 20 天，生产间隔期为 10 天；机加车间的批量为 90 件，生产周期为 50 天，生产间隔期为 20 天，保险期为 10 天；毛坯车间的批量为 180 件，生产周期为 20 天，生产间隔期为 50 天，保险期为 5 天，计算各车间的投入提前期和出产提前期。

项目网络计划技术

学习目标

➢ 了解项目的概念，项目管理的目标及内容等
➢ 掌握网络计划技术的步骤
➢ 掌握箭线型网络图的绘制方法
➢ 掌握网络时间参数的计算方法
➢ 熟悉对网络计划的优化方法

9.1 网络计划技术

9.1.1 项目管理概述

9.1.1.1 项目的概念

什么叫项目？项目（Project）可以定义为在规定时间内，由专门组织起来的人员共同完成、有明确预期目标的一次性工作。项目可以是建造一座水坝、一栋大楼或一座工厂，也可以是建造一条生产线、开发一个新产品、开发一个计算机管理信息系统，也可以是一个阶段性工程。例如：长江三峡工程、"神舟九号"和"神舟十号"航天飞船、2008 年北京奥运会等。所有这些项目都有一些共同之处，如一次性，有较大风险和不确定性，需要协调多个具有不同性质和利益的单位的活动，有预知的寿命周期等。这里的一次性是指，项目所包括的系列相关工作在一个项目过程中是不能重复的，但是在另外一个项目中却是可重复的。任何项目，虽然投资规模和复杂程度各不相同，但都有其共性，主要体现在以下方面：

第一，一次性是项目区别于其他重复式流程生产、批量生产等生产方式最根本的特征。

第二，项目具有明确的目标。项目要达到的目标在招标并签订合同时必须有明确的说明，常用的目标有工程质量标准、投资预算范围、项目的工期。如果项目的目标不明确，则在项目进行过程中就不能有效地进行控制。

9.1.1.2 项目管理的概念

项目管理运用系统工程的观点、理论和方法，计划、组织和控制相关资源

（人员、设备和材料），在有限的时间和资金前提之下去完成一个预定的目标，它是一种实际的工作方法，能动态地控制项目计划的进度，同时又考虑了项目中人力、物力和财力等资源的合理分配。任何项目管理都是基于对目标的管理，所以说，项目管理是为贯彻目标管理的原则，对企业管理的各个方面，如财务管理、质量管理等，进行全面直观的控制，及时了解项目的耗用情况、任务进展。对一个企业内部来说，还要考虑到项目间的关联、内外部环境的变化，及时解决存在的或潜在的问题，使单个项目或整个企业达到预定的目标。

9.1.1.3　项目管理的目标

项目管理就是对项目进行计划、组织和控制的十分复杂的工作，是一个动态发展的系统工程。项目管理通常涉及 3 个主要目标：质量、费用和进度，即以低费用、短工期完成高质量的项目。

（1）质量

质量是项目的生命。项目的质量必须贯穿全方位、全过程和全体人员中。

（2）费用

建设费用包括实施该项目所有的直接费用和间接费用。项目管理者通过合理组织项目施工，控制各项费用支出，使之不要超出项目的预算。

（3）进度

项目的完工期限一旦确定下来，项目管理者的任务就是以此为目标，通过控制各项活动的进度，确保整个工程按期完成。

9.1.1.4　项目管理的内容

项目管理包括立项、建设和运行 3 个阶段的管理。立项阶段是整个项目管理的初始阶段，关系到项目要不要开展的问题；建设阶段是工程实施的重要阶段，不同性质的项目有不同的建设目标和条件；运行阶段不仅要求维持正常的生产，而且需要改造和更新。

9.1.2　网络计划技术概述

网络计划技术（Network Planning Technique，NPT）是指在项目网络模型的基础上，对项目进行适当的规划并有效地控制执行，使人力、物力和财力发挥最大的功能，以节省费用、缩短工期、提高工作效率的一种科学方法。

20 世纪初，亨利·劳伦斯·甘特创造了"横道图法"，也叫"甘特图法"。人们都习惯于用横道图表示工程项目进度计划。随着现代化生产的不断发展，项目的规模越来越大，影响因素越来越多，项目的组织管理工作也越来越复杂。

1957 年，美国杜邦（Dupont）公司和兰德（Sperry Rand）公司将关键路线法（Critical Path Method，CPM）用于生产线筹建。第一年节约 100 万美元，相当于不采用这项技术所花费用的 5 倍。CPM 是一个数学模型，它根据单个任务的工期和依赖关系计算整个项目的工期，并标示哪些任务是关键任务。

1958 年，美国海军武器局特别规划室在研制北极星导弹潜艇时，应用了称为计划评审技术（Program Evaluation and Review Technique，PERT）的计划方法，使北极星导弹潜艇比预定计划提前两年完成。统计资料表明，在不增加人力、物力、财力的条件下，采用 PERT 就可以使项目进度提前 15％～20％，成本节约 10％～15％。PERT 是一种双代号非肯定型网络分析方法，采用概率统计计算期望的工期，属于概率型网络计划方法。20 世纪 60 年代，有 42 万人参加的、耗资 400 亿美元的"阿波罗"载人登月项目，也是利用这种方法进行计划、组织和管理的。

CPM 和 PERT 是独立发展起来的计划方法，这两种方法有相同之处，也有不同之处。它们都是用非常直观的网络图来表示项目中各活动的先后逻辑关系，通过计算网络中各项时间参数，确定关键活动或关键路线，利用时差不断调整与优化网络，以求得最短周期。然而，在 CPM 中假定每一个活动的时间是确定的，而 PERT 的活动时间基于概率估计；CPM 不仅考虑活动时间，也考虑活动费用及费用和时间的平衡，而 PERT 则较少考虑费用问题；CPM 采用节点型网络图，PERT 采用箭线型网络图。基于上述描述，两者都是通过网络形式表达某个项目计划中各项具体活动的逻辑关系，所以现在人们就将其合称为网络计划技术。

9.1.3 网络图的组成与绘制

9.1.3.1 网络图的分类

网络图是由若干圆圈和箭线组成的网状图，它能表示一项工程或一项生产任务中各个工作环节或各道工序的先后关系和所需时间。

网络图有两种形式：一种以箭线表示活动（或称为作业、任务、工序），称为箭线型网络图；另一种以圆圈表示活动，称为节点型网络图。箭线型网络图又称为双代号网络图，因为它不仅需要一种代号在箭线上表示活动，而且还需要一种代号在圆圈上表示事件。每一条箭线的箭头和箭尾各有一圆圈，分别代表箭头事件和箭尾事件。圆圈上有编号，可以用一条箭线箭头事件和箭尾事件的两个号码表示这项活动，如图 9－1（a）所示。

（a）箭线型网络图　　　　　（b）节点型网络图

图 9－1　网络图

节点型网络图用圆圈表示活动，用箭线表示活动之间的关系，它又称为单代号网络图，因为它只需要一个代号就可以表示。单代号网络图如图9-1（b）所示。箭线型网络图可以用箭线的长度形象地表示活动所持续的时间，因而深受管理人员和工程技术人员的欢迎。在此主要介绍箭线型网络图。

9.1.3.2　箭线型网络图的组成

箭线型网络图由活动、事项两个基本元素组成。网络图中的箭头线和圆圈分别代表项目的活动和事项，如图9-2所示。

图9-2　箭线型网络图的基本要素

（1）活动

活动是指一项需要消耗一定的资源（人力、物力、财力）、经过一定时间才能完成的具体工作，表示为标注有名称和时间的箭线，即弧。活动用箭头线表示，如箭头线的箭尾节点编号和箭头节点编号分别为 i，j，则该项活动可用（i，j）表示，i，j 分别表示活动的开始和完成。箭头线上的数字表示该活动所需的时间。在不附设有时间坐标的网络图中，箭头线的长短与活动所需时间无关。

既不需要消耗时间也不需要消耗其他资源的活动称为虚活动。虚活动在实际工作中并不存在，仅表示前后活动之间的逻辑关系，便于人工或计算机进行识别计算。虚活动是箭线型网络图所独有的，节点型网络图不需要虚活动或虚箭线。

（2）事项

事项是指活动开始或完成的时刻，它由节点表示。它不消耗资源，也不占用时间和空间。每个网络图中必定有一个始节点和终节点，分别表示项目的开始和结束。如果一个节点只有箭线发出，没有箭线引入，即表示某些活动的开始时刻，而不表示任何活动的结束瞬间，则该节点称为起始节点。相反，如果一个节点只有箭线引入而没有箭线发出，则只表示某些活动的结束时刻，而不表示任何活动的开始瞬间，则该节点称为终止节点。介于始节点和终节点之间的事项称为中间事项，所有中间事项都既表示前一项活动的结束，也表示后一项活动的开始。

从图9-3所示可以发现，从网络图的起始节点出发，顺箭线方向经过一系列节点和箭线，到网络图的终止节点有若干条路，每一条路都称为一条路线。例如，A—B—C—D—E就是一条路线。路线上各活动时间之和为该路线的长度。由于路线上前序活动的结束是后续活动开始的必要条件之一，因此，整个项目的工期大于或等于任何路线的长度，称长度最大的路线为关键路线。

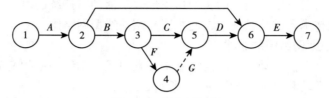

图 9-3　网络图示例

9.1.3.3　箭线型网络图的规则

在绘制箭线型网络图时，为了正确表示活动之间的逻辑关系，不产生二义以及计算的需要，这些规则有以下几点。

（1）网络图中不允许出现循环

网络图中的箭线必须从左至右排列，不能出现回路，如图 9-4（a）所示，这种情况不允许出现。

（2）两个节点之间只允许有一条箭线相连

否则，当用节点编号表示某项活动时，就会出现混乱。要消除这样的现象，就必须引入虚活动。图 9-4（b）为不正确的画法，（c）为正确画法。

（3）箭头事件的编号必须大于箭尾事件的编号

编号可以不连续，而且最好是跳跃式的，以便调整。通常用 i 表示箭尾事件，用 j 表示箭头事件，$j > i$。

（4）一个完整的网络图必须有也只能有一个起始节点和一个终止节点

起始节点表示开始，终止节点表示结束，图 9-4（d）、（e）是不正确的画法。

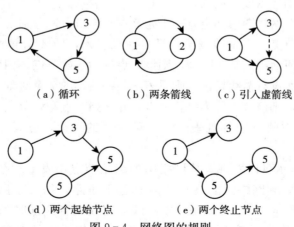

（a）循环　　　　（b）两条箭线　　　　（c）引入虚箭线

（d）两个起始节点　　　　（e）两个终止节点

图 9-4　网络图的规则

常见的需要引入虚活动的情况有两种：

①平行作业的表示

【例9-1】在图9-5中，活动A结束后，活动B和活动C可同时开始；两者都结束后，活动D开始。图9-5（a）的画法不符合规则，引入虚活动后，绘制成图9-5（b）的形式。

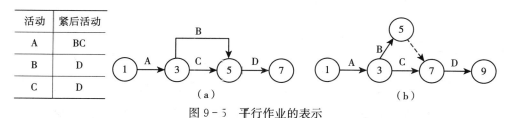

活动	紧后活动
A	BC
B	D
C	D

图9-5 平行作业的表示

②平行交叉作业的表示

【例9-2】在图9-6中，活动A结束后，活动B和活动C可同时开始；活动C的紧后活动包含在活动B的紧后活动中。活动B与C、D与E形成平行交叉关系。正确的画法是从紧后活动多的活动的结束节点引入一个虚活动，指向紧后活动少的结束节点。

活动	紧后活动
A	BC
B	DE
C	D
D	F
E	F

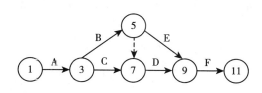

图9-6 平行交叉作业的表示

9.1.3.4 网络图的绘制

以表9-1所列的活动清单为例，进行网络图的绘制。

表9-1 某公司管理信息系统开发活动清单

活动代号	活动描述	紧后活动	活动所需时间（周）
A	系统分析与总体设计	B，C	3
B	I/O设计	D	4
C	模块Ⅰ详细设计	E，F	6
D	I/O程序设计	G，I，K	8
E	模块Ⅰ程序设计	G，I，K	8

（续）

活动代号	活动描述	紧后活动	活动所需时间（周）
F	模块Ⅱ详细设计	H	5
G	I/O 和模块Ⅰ测试	J	3
H	模块Ⅱ程序设计	I，K	6
I	模块Ⅱ测试	J	8
J	系统总调试	L	5
K	文档编写	无	8
L	系统测试	无	3

　　根据活动清单中规定的活动之间的关系，将活动代号栏中所有的活动逐项地画在网络图上。按照惯例，绘制网络图应该从左向右进行。起始节点画在最左边，表示项目的开始。然后，从活动代号栏中找出紧后活动栏中没有出现的活动，将它作为起始活动。这样，从起始节点发出的箭线就表示这个（些）活动。画出最早能开始的活动之后，就要找出其紧后活动，再将表示其紧后活动的箭线画在紧后。按照这样的方式进行下去，直到没有紧后活动的活动为止。没有紧后活动的活动所对应的箭线汇集在终止节点上。草图汇出后，将序号标在节点上，将活动代号和时间标在箭线上。要根据网络图绘制规则，对活动逐项检查，去掉不必要的虚活动。最后，画出符合规范的网络图，如图9-7所示。

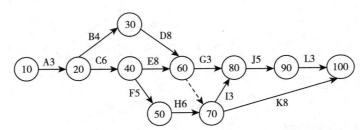

图9-7　某公司管理信息系统开发网络图

9.1.4　应用网络计划技术的步骤

　　应用网络计划技术一般可按如下步骤进行。

9.1.4.1　项目分解

　　项目分解就是将一个工程项目分解成各种活动（作业、工序、任务）。在进行项目分解时，可采用"任务分解结构"（Work Breakdown Structure，WBS）。WBS类似于产品结构项目分解成任务包（Work Package），再将任务包分解成主要成分，最后再分解成具体活动。图9-8给出了一个小型计算机系统研制项目的 WBS。

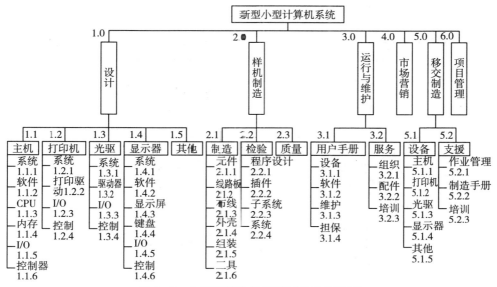

图 9-8 小型计算机系统研制项目的 WBS

9.1.4.2 确定各种活动之间的先后关系

项目分解活动之后，要确定各种活动之间的先后次序，即一项活动的进行是否取决于其他活动的完成，它的紧前活动或紧后活动是什么。

活动之间的关系通常有以下几种，如图 9-9 所示。

9.1.4.3 估计活动所需的时间

活动所需的时间是指在一定的技术组织条件下，为完成一项任务或一道工序所需要的时间，是一项活动的延续时间。时间单位可以是小时、日、周、月等。根据活动性质的不同，活动时间有两种估计方法。

（1）单一时间估计法

单一时间估计法是指对各种活动的时间仅确定一个时间值，它适用于有同类活动或类似活动时间作参考的情况，如过去进行过且偶然性因素的影响又比较小的活动。采用单一时间估计法做出的网络图也成为确定型网络图。

（2）三点时间估计法

三点时间估计法是对活动时间预估 3 个时间值，然后求出可能完成的平均值。这 3 个时间值为：

最乐观时间（Optimistic Time），指在最有利的条件下顺利完成一项活动所需要的时间，常以 a 表示。

最可能时间（Most Likely Time），指在正常情况下完成一项活动所需要的时间，常以 m 表示。

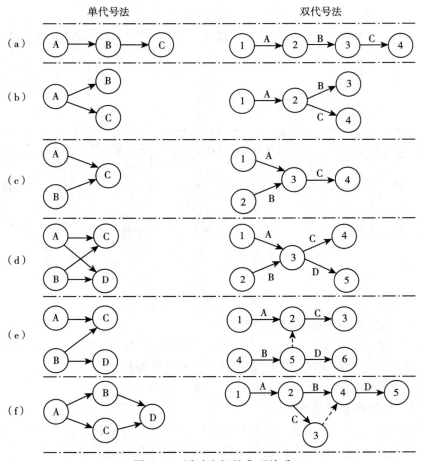

图 9-9　活动之间的典型关系

最悲观时间（Pessimistic Time），指在最不利的条件下完成一项活动所需要的时间，常以 b 表示。

三点时间估计法常用于带探索性的工程项目。如航天飞船工程、探月工程等，其中很多任务是从未做过的，需要研究、试验，这些工作任务所需要的时间也很难估计，只能由一些专家估计最乐观时间、最悲观时间和最可能的时间，然后进行加权平均。在 PERT 中，通常假设活动时间服从 β 分布。活动时间的平均值和方差计算如下：

$$平均时间\ t(i,j)=\frac{a+4m+b}{6} \tag{9-1}$$

$$方差\ \sigma^{2}=\left(\frac{b-a}{6}\right)^{2} \tag{9-2}$$

式中：$t(i,j)$ 为活动平均时间，σ^2 为活动时间的方差。显然活动的最乐观时间和最悲观时间的差距越大，活动时间的方差就越大。采用三点估计法作出的网络图称为随机型网络图。

9.1.4.4　计算网络参数，确定关键路线

对箭线网络图，网络时间参数包括事件的时间参数和活动的时间参数。求出时间参数之后，就可以确定关键路线。

9.1.4.5　优化

包括时间优化、时间—资源优化和时间—费用优化。

9.1.4.6　监控

利用网络计划对项目进行监视和控制，以保证项目按期完成。

9.1.4.7　调整

按实际发生的情况对网络计划进行必要的调整。

9.2　网络时间参数的计算

网络时间参数包括事件的时间参数和活动的时间参数。

9.2.1　事件时间参数计算

事件时间是一个瞬时的概念，在时间轴上是一个点，它包括事件最早可能发生的时间，事件最迟必须发生时间和事件时差。在网络图中，节点与事件对应。起始节点表示项目开始事件这一事件的发生，表示项目最早可以进行的活动开始；终止节点表示项目完成事件，这一事件的发生，表示最后进行的活动完成。中间节点表示终止在该节点的箭线所代表的活动完成和从该节点发出的箭线所代表的活动开始这一事件。

9.2.1.1　事件最早可能发生时间（Early Time，$ET(j)$）

事件最早可能发生时间是指从相应节点发出的箭线所代表的活动可能开始的最早时间，或相应节点接受的箭线所代表的活动可能完成的最早时间。事件最早可能发生时间从网络图的起始节点开始，按节点编号顺向计算，直到网络图的终止节点为止。一般假定网络图的起始节点最早开始时间为零。即 $ET(1)=0$。其余节点最早可能发生时间可按下式计算：

$$ET(j) = \max\{ET(i)+t(i,j)\} \qquad (9-3)$$

式中：i 和 j 分别为箭尾事件和箭头事件，$t(i,j)$ 为活动 (i,j) 所需时间。

9.2.1.2　事件最迟必须发生时间（Late Time，$LT(i)$）

事件最迟必须发生时间是指从相应节点接受的箭线所代表的活动完成的最迟

时间或相应节点发出的箭线所代表的活动开始的最迟时间。事件最迟必须发生时间的计算从网络图的终止节点开始,按节点编号逆向计算,直到网络图的起始节点为止。由于事件本身不消耗时间,所以网络终止节点的最迟必须发生时间可以等于它的最早可能发生时间,即 $LT(n) = ET(n)$,其余节点最迟必须发生时间可按下式计算。

$$LT(i) = \min\{LT(j) - t(i,j)\} \tag{9-4}$$

式中相关符号含义与式(9-3)相同。

9.2.1.3 事件时差 $S(i)$

在事件最早可能发生时间与事件最迟必须发生时间之间存在时差,计算公式为:

$$S(i) = LT(i) - ET(i) \tag{9-5}$$

9.2.1.4 关键路线

从起始节点到终止节点顺序地将所有事件时差为零的节点连接起来的路线。

以图9-7所示的网络图为例,计算事件时间参数。

先计算事件的最早可能发生时间。

设 $ET(10) = 0$,

则 $ET(20) = ET(10) + t(10, 20) = 0 + 3 = 3$;

$ET(30) = ET(20) + t(20, 30) = 3 + 4 = 7$;

$ET(40) = ET(20) + t(20, 40) = 3 + 6 = 9$;

$ET(50) = ET(40) + t(40, 50) = 9 + 5 = 14$;

$ET(60) = \max(ET(30) + t(30, 60), ET(40) + t(40, 60)) = \max(7+8, 9+8) = 17$;

$ET(70) = \max(ET(60) + t(60, 70), ET(50) + t(50, 70)) = \max(17+0, 14+6) = 20$;

按照这样的方式可将其余事件的最早可能发生时间计算出来,得到 $ET(100) = 31$。

然后,计算事件最迟必须发生时间。

设 $LT(100) = ET(100) = 31$,

则 $LT(90) = LT(100) - t(90, 100) = 31 - 3 = 28$;

$LT(80) = LT(90) - t(80, 90) = 28 - 5 = 23$;

$LT(70) = \min(LT(100) - t(70, 100), LT(80) - t(70, 80)) = \min(31-8, 23-3) = 20$;

$LT(60) = \min(LT(80) - t(60, 80), LT(70) - t(60, 70)) = \min(23-3, 20-0) = 20$;

按照相同方式可将其余事件的最迟必须发生时间计算出来。计算结果如表9-2

所示。

表 9 - 2　事件时间参数计算表

事件 i	10	20	30	40	50	60	70	80	90	100
$ET(i)$	0	3	7	9	14	17	20	23	28	31
$LT(i)$	0	3	12	9	14	20	20	23	28	31
$S(i)$	0	0	5	0	0	3	0	0	0	0

从起始节点到终止节点顺序地将事件时差为零的节点连接起来，就得到项目的关键路线：10—20—40—50—70—80—90—100，或 A—C—F—H—I—J—L。

对于比较简单的网络图，可以直接在网络图上计算各节点时间参数。将节点最早可能发生时间记于符号"⊥"的左边，将节点最迟必须发生时间记于符号"⊥"的右边，如图 9 - 10 所示。

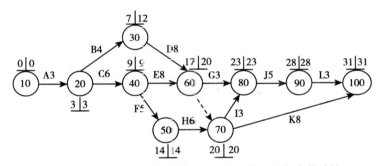

图 9 - 10　某公司管理信息系统开发网络图节点参数计算

9.2.2　活动时间参数计算

与 9.2.1 的事件时间不同，活动时间是一个时段概念，活动需要持续一段时间才能完成。因此，活动有 4 个时间，即活动最早可能开始时间、活动最早可能完工时间、活动最迟必须开始时间以及活动最迟必须完工时间。

9.2.2.1　活动最早可能开始时间（Early Start Time，$ES(i, j)$）

活动最早可能开始时间等于该活动对应的箭线的箭尾事件的最早可能发生时间，即

$$ES(i,j) = ET(i)$$

或按紧前活动的最早可能开始时间计算：

$$ES(i,j) = \max\{ES(h,i) + t(i,j)\}, ES(1,j) = 0$$

9.2.2.2　活动最早可能完工时间（Early Finish Time，$EF(i, j)$）

活动最早可能完工时间等于该活动的最早可能开始时间与活动所需时间之

和，即

$$EF(i,j) = ES(i,j) + t(i,j) = ET(i) + t(i,j)$$

9.2.2.3 活动最迟必须开始时间 (Late Start Time，LS (i，j))

活动最迟必须开始时间可通过事件的时间参数计算：

$$LS(i,j) = LT(j) - t(i,j)$$

或按紧后活动的最迟必须开始时间计算：

$$LS(i,j) = \min\{LS(j,k) - t(i,j)\}$$

9.2.2.4 活动最迟必须完工时间 (Late Finish Time，LF (i，j))

活动最迟必须完工时间等于该活动的箭头事件的最迟必须发生时间，即：

$$LF(i,j) = LT(j)$$

或按活动最迟必须开始时间计算：

$$LF(i,j) = LS(i,j) + t(i,j)$$

9.2.2.5 活动时差

活动时差是指在不影响整个项目完工时间的条件下，某项活动最迟开始（完工）时间与最早开始（完工）时间的差值，也就是活动开始时间或完成时间容许推迟的最大限度。

活动时差一般可以分为活动总时差和活动单时差。

（1）活动总时差

活动总时差 ST (i，j) 是指在不影响整个工程工期，即不影响紧后活动的最迟必须开始时间的前提下，活动（i，j）的开始时间或完工时间可以前后松动的最大范围，也称为"宽裕时间"或"富余时间"。活动（i，j）的总时差计算公式为：

$$ST(i,j) = LS(i,j) - ES(i,j) = LF(i,j) - EF(i,j)$$
$$= LT(j) - ET(i) - t(i,j)$$

虽然总时差是对某一项活动而言的，但它的影响却是全局的，这也是称之为"总时差"的原因。

（2）活动单时差

活动单时差是指在不影响下一个活动的最早开工时间的前提下，该活动的完工期可能有的机动时间，又称为"自由富余时间"。活动（i，j）单时差计算公式为：

$$S(i,j) = ES(j,k) - EF(i,j) = ES(j,k) - ES(i,j) - t(i,j)$$
$$= ET(j) - ET(i) - t(i,j)$$

式中：k 为紧后作业的箭头序号。

活动单时差是活动总时差的一部分。由于单时差以不影响紧后工序最早开始时间为前提，这就有了两方面的意义。一方面表明单时差只能在本项活动中利用，如果不用也不能让给紧后活动，而总时差可以部分让给后续活动使用；另一方面，它对紧后活动的正常进行毫无影响，即使某项活动的单时差全部用完了，其紧后活动并不会推迟开工。这对多个单位协作的大工程的组织有十分重要的意义，它使得各个施工单位的工作可以独立按计划进行。因此，在进行网络计划优化时，单时差十分有用的。表9-3给出一个总时差和单时差的例子。

表9-3 活动时间参数和时差的计算

活动名称	事件编号 $i \to j$	活动时间 $t(i, j)$	活动最早开始和完工时间 ES	活动最早开始和完工时间 EF	活动最迟开始和完工时间 LS	活动最迟开始和完工时间 LF	总时差	单时差
A	1→2	60	0	60	0	60	0	0
B	2→3	36	60	96	60	96	0	0
C	3→4	84	96	180	96	180	0	0
D	4→5	36	180	216	180	216	0	0
E	4→7	18	180	198	198	216	18	18
F	4→6	18	180	198	198	216	18	18
G	7→8	30	216	246	216	246	0	0
H	8→9	30	246	276	246	276	0	0
I	5→9	24	216	240	252	276	36	36
J	9→10	18	276	294	276	294	0	0
K	10→11	6	294	300	294	300	0	0

9.2.2.6 关键路线

时差为零的活动，称为关键活动。因为活动总时差为零，意味着所有其他时差均为零，没有任何缓冲余地，只能按时完成。所以，关键活动成为工程中重点管理的对象。

（1）确定型网络图

对于确定型网络图，顺序地把所有关键活动连接起来所得到的从起始节点到终止节点的路线称为关键路线。关键路线至少有一条，可能有多条。它们上面各种活动时间之和一定是最大的。关键路线的长度决定了整个工期，但关键路线并不是一成不变的，在一定条件下，关键路线可以变成非关键路线，非关键路线也可以变成关键路线。因此，在网络计划的执行过程中，要用动态、发展的观点看待关键路线，保证工程按期完工。

（2）随机型网络图

对于随机型网络图而言，由于活动时间是通过三点估计法得出的，其关键路线是在规定期限内按期完工概率最小的路线。

在随机型网络图中，每一条路线所需要的时间是其上所有活动所需时间的和，随机变量的和也是一个随机变量。按照数理统计学的"中心极限定理"，具有有限的数学期望和方差独立同分布的随机变量的和近似地服从正态分布。因此，网络图中每一条路线所需时间近似地服从正态分布。

9.2.3　网络时间参数的计算方法

计算网络时间参数可以采用手工计算和电脑计算的方法。对于手工计算，最常用的计算方法是图上计算法和表上计算法。图上计算法的优点是直观、容易掌握，但对于较复杂的网络图，会造成图上参数过多、不易辨认、容易出错的问题，只适用于 30 个节点左右的网络图。表上计算法可适用于 50 个节点左右的网络图。

在图上计算活动的时间参数时，可用符号"田"表示以上 4 个时间，即左上角为活动最早可能开始时间 $ES(i, j)$，左下角为活动最早可能完工时间 $EF(i, j)$，右上角为活动最迟必须开始时间 $LS(i, j)$，右下角为活动最迟必须完工时间 $LF(i, j)$。

在左上角取 $ES(i, j) = ET(i)$，在右下角取 $LF(i, j) = LT(j)$，计算左下角 $EF(i, j)$ 只要将 $ES(i, j)$ 加上箭杆时间即可，计算右上角 $LS(i, j)$ 只要将 $LF(i, j)$ 减去箭杆时间即可。图 9-7 所示的例子事件时间参数计算结果如图 9-11 所示。

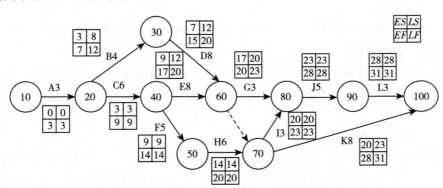

图 9-11　事件时间参数图算法示例

当网络图活动项目数很多、结构比较复杂时，图上计算法使得图上参数过多，容易造成读图困难，也影响图面美观，因此往往采用表上计算法。

表上计算法就是根据时间参数的计算公式，借助于表格进行计算的一种方法。使用这种方法，可直接求出作业的时间参数，而不需要计算节点时间参数。表 9-4 中为网络图 9-10 中各项活动的值。

表 9 - 4　活动时间参数计算表

活动代号	$i \rightarrow j$	活动时间	$ES(i, j)$	$EF(i, j)$	$LS(i, j)$	$LF(i, j)$	$ST(i, j)$	$S(i, j)$	关键活动
A	10→20	3	0	3	0	3	0	0	*
B	20→30	4	3	7	8	12	5	0	
C	20→40	6	3	9	3	9	0	0	*
D	30→60	8	7	15	12	20	5	2	
E	40→60	8	9	17	12	20	3	0	
F	40→50	5	9	14	9	14	0	0	*
G	60→80	3	17	20	20	23	3	3	
虚活动	60→70	0	17	17	20	20	3	3	
H	50→70	6	14	20	14	20	0	0	*
I	70→80	3	20	23	20	23	0	0	*
J	80→90	5	23	28	23	28	0	0	*
K	70→100	8	20	28	23	31	3	3	
L	90→100	3	28	31	28	31	0	0	*

9.3　网络计划优化

　　网络计划优化，就是在满足一定条件情况下，利用时差来平衡时间、资源、费用 3 者的关系，寻求工期最短、费用最低、资源利用最好网络计划的过程。下面从时间、时间—资源以及时间—费用等 3 个方面阐述网络计划优化。

9.3.1　时间优化

　　时间优化就是不考虑人力、物力、财力资源的限制，寻求最短工期。这种情况通常发生在任务紧急、资源有保障的情况。

　　由于工期是由关键路线上活动的时间所决定，压缩工期就在于如何压缩关键路线上的活动的时间。缩短关键路线上活动时间的途径有两点。

　　第一点，采取组织措施。在作业方法或工艺流程允许的条件下，利用平行、交叉作业调配工程技术人员或者生产工人，缩短各项活动的作业时间。

　　第二点，抓住关键路线。通过采取改进作业方法或改进工艺方案、合理分工、改进工艺设备等措施，缩短关键路线的活动时间。

　　由于压缩了关键路线上活动的时间，会导致原来不是关键路线的路线成为新的关键路线。若要继续缩短工期，就要在所有关键路线上压缩关键活动的时间。

然而，随着关键路线的增多，压缩工期所付出的代价就越大。因此，单纯地追求工期最短而不顾资源的消耗是不行的。

9.3.2 时间—资源优化

这里所说的资源包括人力、物力以及财力。资源常常是影响项目进度的主要因素。在一定条件下，增加资源的投入，可以加快项目进度，缩短工期；减少资源，则会延缓项目进度，拉长工期。制定网络计划时必须把时间进度和资源情况很好地结合起来。要达到时间—资源优化，应考虑两种情况：一是有限的资源约束下，如何调整网络计划使工期最短；另一个是在工期一定的情况下，如何调整网络计划使资源充分利用。

9.3.2.1 资源有限，工期最短问题

在资源有限的情况下，使得一些活动存在不能同时进行的可能性，导致一些活动必须推迟进行。在这种情况下，要使工期缩短，只能采用试算的方法。首先要尽可能保证关键活动准时进行；然后，保证时差最小的活动优先进行。基于这种思想，提出以下求解方法。

假设每安排完一项活动称为一"步"，

$\{S_t\}$——t 步之前已安排活动构成的部分网络计划；

$\{O_t\}$——第 t 步可以安排活动的集合。

有资源约束的网络计划的构成步骤：

步骤一，设 $t=1$，$\{S_1\}$ 为空集，$\{O_1\}$ 为项目第一步可安排活动的集合；

步骤二，将 $\{O_1\}$ 中的活动按总时差大小，从小到大排序，对于前一步已安排的活动，由于不能中断，必须赋予最高的优先权；

步骤三，计算活动所需资源量，在可供最大资源约束下，按优先顺序安排 $\{O_1\}$ 中的活动；对优先权大致相同的情况，取最能充分利用资源的活动；

步骤四，将能完成的活动放入 $\{S_t\}$，从 $\{O_t\}$ 中消去已经安排的活动，并将随后可安排的活动放入，使 $t=t+1$；

步骤五，转到步骤二，直到所有的活动被安排完。

9.3.2.2 工期确定，资源均匀问题

如果工期不能变动，如何使资源得到尽可能充分的利用？在这种情况下，通常是按照每天的需要量，根据资源对完成项目计划的重要性，对不同资源分别进行安排和调配。如：以某项目所需人力的安排与调整为例，说明有限资源合理安排的一般方法：

假设某项目各项活动的活动时间以及每天所需的人力资源如图 9-12 所示。图中箭头线上方的数字表示活动时间，下方的数字为所需人数。粗线箭头表示关键路线，项目完工时间为 15 天。

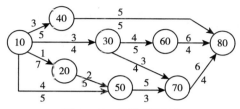

图 9-12　网络图示例

假定人力资源的限制为每天工作人数不超过 15 人。如果按照各项活动最早开始时间安排进度，每天所需人数如表 9-5 所示。从该表可以看出，如按各项活动的最早开始时间安排人数，则项目前期所需人数过多，超过限制；而后期则较少，整个周期内人力分配很不均匀。因此，要考虑到总人数的限制，并要在保证项目完工时间不变的条件下，调整各项活动的时间安排，使每天的使用人数尽量均匀。调整原则为：

第一，首先保证各项关键活动的需要量；

第二，利用非关键路线上各项活动的总时差，调整各项非关键活动的开始时间和完工时间。

在表 9-5 中，项目后期所需人数很少，对能够推迟开工的活动适当向后推迟。经过调整与平衡，可以得到一个比较均匀的人力分配方案，并使每天所需总人数不超过限制的数量。调整后的项目进度及每天所需人数见表 9-6。

表 9-5　人力资源分配表

相关活动	活动时间	工程日进度/日次														
		1	2	3	4	5	6	7	8	9	10	11	12	13	14	15
10→20	1	7														
10→30	3	4	4	4												
10→40	3	5	5	5					5	5	5					
10→50	4	5	5	5	5											
20→50	2		6	6												
30→60	4				5	5	5	5								
30→70	3				4	4	4									
50→70	5					3	3	3	3	3						
40→80	5				5	5	5	5	5							
60→80	6								4	4	4	4	4	4		
70→80	6										4	4	4	4	4	4
每日用人合计		21	20	20	19	17	17	13	12	7	8	8	8	8	4	4

表 9-6　调整后的人力资源分配表

相关活动	活动时间	工程日进度/日次														
		1	2	3	4	5	6	7	8	9	10	11	12	13	14	15
10→20	1	7														
10→30	3			4	4	4										
10→40	3															
10→50	4	5	5	5	5											
20→50	2		6	6												
30→60	4						5	5	5	5						
30→70	3					4	4	4								
50→70	5					3	3	3	3							
40→80	5											5	5	5	5	5
60→80	6										4	4	4	4	4	4
70→80	6										4	4	4	4	4	4
每日用人合计		12	11	15	9	11	12	12	13	13	13	13	13	13	13	13

　　上述假设事例是一个简单项目的例子，在大型复杂项目中，时间—资源优化问题中的变量和约束条件的量变化会很大，就需要有更专门的数学方法以及借助计算机来求解。

9.3.3　时间—费用优化

　　这是综合考虑工期与费用两者之间的关系，寻求以最低的项目总费用获得最佳工期的一种方法。项目费用可以分为直接费用和间接费用。

9.3.3.1　直接费用

　　直接费用是指人工、材料、能源等各项活动直接有关的费用。

9.3.3.2　间接费用

　　间接费用是指管理费用、销售费用等其他费用。

　　一般而言，缩短工期会引起直接费用增加和间接费用的减少，而延长工期会引起直接费用的减少和间接费用的增加。图 9-13 表示费用与工期之间的一般关系。这种关系在实际中也可能呈现曲线形式。

　　在编制网络计划中，需要计算项目的不同完工时间所对应的项目费用。使得项目费用最低的完工时间，称为最低费用日程。为了找到一个使总费用最低的项目计划方案，已经提出了多种方法，如手算法、线性规划法等。

　　手算法的基本思路是通过压缩关键活动的活动时间来取得不同方案的总费

用、总工期，从中进行比较，选出最优方案。其基本步骤是：

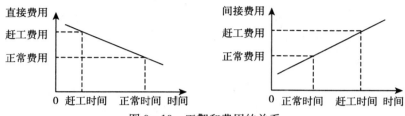

图 9-13　工期和费用的关系

步骤一，找出关键路线；

步骤二，如果沿此路线不能找出由于缩短活动时间而费用增加比较少的活动，则得到解；否则，执行下一步；

步骤三，对关键路线上活动赶工，计算费用增加量。其缩短的极限是出现下面任何一种情况：其他路线成为关键路线；缩短的活动达到其最小所需时间。返回步骤一。

例如，某工程由 7 道工序构成，有关资料如表 9-7 所示。该工程间接费用为每周 1 000 元，在正常作业时间下，人力、物力投入的直接费用为 40 000 元。试确定成本最低的完工期。

表 9-7　某工程资料

工序名称	紧前工序	作业时间/周		直接费用/千元		赶工费用（千元/周）＝增加的直接费用/压缩工期
		正常	赶工	正常	赶工	
A	—	6	5	5	7	2
B	A	3	1	4	5	0.5
C	A	8	4	6	9	0.75
D	B	4	3	3	5	2
E	B	5	3	8	11	1.5
F	C、D	7	4	10	12	0.66
G	E、F	2	1	4	6	2

解：绘制网络图，如图 9-14 所示，并计算各事项的时间参数。该工程的关键路线为 A—C—F—G，工期为 23 周。正常完工期的总费用为：

总费用＝直接费用＋间接费用＝40 000－1 000×23＝63 000（元）

要缩短工期，必须缩短关键活动的活动时间。优先选择赶工费用最低的工序作为压缩对象。并且，选择的压缩对象的赶工费用不得高于间接费用，且技术上是可行的。

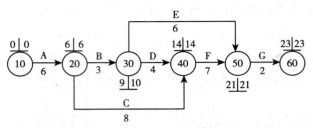

图 9-14 某工程网络图

在关键路线中，活动 F 的赶工费用最低，应选择它作为压缩对象。在技术上只能缩短 3 周。通过压缩 F 活动 3 周，关键路线缩短了 3 周。工程费用节约额为：

节约额＝间接费用节约额－直接费用增加额＝3×1 000－3×0.666＝1 002（元）

缩短 F 之后，网络图中的有关时间参数和关键路线都可能改变，如图 9-15 所示为调整后的结果。关键路线仍为 A—C—F—G。要缩短工期，仍然只能找关键路线上的活动，F 已不能再压缩，只能在 A、C、G 3 道工序上进行，由于 A 和 G 工序的赶工费用高于 1 000 元，故在经济上不可行，只能压缩 C 工序。C 工序在技术上可压缩 4 周，但从经济角度看，只能压缩 1 周，因为压缩 1 周以后，出现了两个不同的关键线路（图 9-16），A—B—D—F—G 和 A—C—F—G。

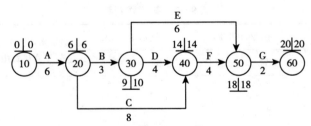

图 9-15 缩短 F 之后的网络图

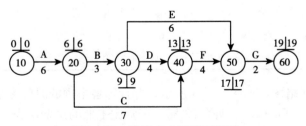

图 9-16 缩短 C 之后的网络图

C 和 B—D 构成了平行工序，要缩短工期，必须同时缩短 C 的工期和 B—D 的工期，而同时缩短这两个工期的最低赶工费用＝0.5＋0.75＝1.25（千元），大于间接费用，因而不合理。C 工序缩短 1 周节约的费用＝1 000－1×750＝250（元），工期最后缩短到 19 周，此时的工程总费用为：

工程总费用＝正常完工期的总费用－缩短工期节约的费用

$$＝63\ 000-1\ 002-250$$

$$＝61\ 748（元）$$

思考与练习

1. 描述项目的含义以及项目管理的含义。
2. 讨论项目管理过程中采用的方法有哪些，各自的优势和劣势如何？
3. 讨论网络计划技术与计划评审技术的区别。
4. 讨论网络图绘制过程中的步骤有哪些？
5. 讨论什么是关键路径及其在项目管理中的作用。
6. 讨论网络计划优化的作用是什么？
7. 某项目的作业构成及各作业的时间，如表 9-8 所示。

试求：（1）画出网络计划图；（2）计算每项作业的最早结束时间和最迟结束时间；（3）求出该项目的关键路线。

表 9-8　项目作业时间

作业编号	作业时间/分钟	紧前作业
A	6	—
B	4	—
C	3	B
D	6	B
E	8	A，C
F	4	A，C
G	1	F
H	5	F
I	7	D，G
J	8	D，G
K	10	E，H，I

其他先进生产方式

CHAPTER 10

学习目标

> 了解约束理论
> 熟悉准时化生产
> 了解数字孪生技术

10.1 约束理论

10.1.1 约束理论产生与发展

10.1.1.1 TOC 思想

1980 年，Goldratt 认为制造商在计划和控制资源以及库存方面做得非常不好。为了解决这个问题，Goldratt 和他在 Creative Output 公司工作的同事开发了一种软件，制定制造过程中的作业计划。这种软件把生产过程中的有限的设施、机器、人员、工具、物料以及其他影响企业生产能力约束条件都考虑进来，这就是最优生产技术（Optimized Production Technology，OPT）。后来 Goldratt 将其作为一种制造管理理念发展成为约束理论（Theory of Constraints，TOC）。

TOC 最初被人们理解为对制造业进行管理、解决瓶颈问题的方法，后来几经改进，发展成以"产销率、库存、运行费"为基础的指标体系，逐渐成为一种面向增加产销率而不是传统的面向减少成本的管理理论和工具，并最终覆盖到企业管理的所有职能方面。1991 年，当更多的人开始了解 TOC 的时候，TOC 又发展出用逻辑化、系统化来解决问题的"思维过程"（Thinking Process，TP）。

TOC 主要思想是同步制造（Synchronous Manufacturing），它是指整个生产系统协调一致，共同实现公司的利润目标。在制造中真正实施同步制造时，强调的是整个系统的绩效，而不是诸如劳动力利用率或者机器利用率这样的局部绩效。TOC 认为，对于任何一个由多阶段构成的系统来讲，如果其中一个阶段的产出取决于前面一个或几个阶段产出的话，那么，是由那个产出率最低的环节决定着整个系统的产出水平，这是典型的短板理论。定性地看，在企业的整个经营业务流程中，任何一个环节只要它阻碍了企业去更大程度地增加有效产出，或减少库存和运行费，那么它就是一个约束，通常也称为瓶颈。

10.1.1.2 约束类型

约束可以来源于企业内部，也可以来源于企业外部。一般来说，约束可以是 3 种类型：资源、市场和法规。例如，企业为了达到环保法规的要求，要进行相应的"三废"处理，这自然会导致运行费的增加，那么，环保法律和法规对于企业来讲就是一个法规约束。由于法规自身所具有的强制性，企业根据来自资源和市场的约束进行改造的可能性要大得多。以下就企业生产环境为例，对这两种约束类型进行说明。

一般任何一个企业都可以看作是将原材料转化为产品的系统。在这个系统中，生产产品所需的各种资源是关键部分，如机器、工人、厂房和其他固定资产等。按照通常的假设，在设计一个企业时，可以使生产过程中各阶段的生产能力协调一致，即达到能力的平衡。但这只是一个理想的状态。因为生产是一个动态的过程，随机波动时时存在，能力平衡在实际操作中实现起来极其困难，也可以说是达不到的。因此，生产过程中必然会出现某些资源负荷过多，成为"卡脖子"的地方，即约束。

在企业生产环境中，所谓资源约束，指的是实际生产能力小于或等于生产负荷的资源。这一类资源限制了整个企业出产产品的数量，其余的资源则为非约束资源。要判别一个资源是否为瓶颈，应从该资源的实际生产能力与它的生产负荷（或对其的需求量）来考察。这里所说的需求量不一定是市场的需求量，而可能是为保证生产其他相关资源对该资源的需求量。

10.1.1.3 瓶颈

由于生产过程是一个动态的过程，各种因素（包括需求在内）随时都在变化，使得生产能力的平衡在实际中是无法实现的。因此，在生产过程中必然会出现有的资源负荷过大，即为瓶颈。这样，企业的制造资源就存在瓶颈与非瓶颈的区别。

按 TOC 的定义，所谓瓶颈（或瓶颈资源），指的是实际生产能力小于或等于生产负荷的资源，这一类资源限制了整个生产系统的产出速度。其余的资源则为非瓶颈资源。

因此，要判别其是否为瓶颈，应从资源的实际生产能力与它的生产负荷（或对其的需求量）来考察。这里说的需求量不一定是市场的需求量，也可能指企业为了完成其产品计划而对该资源的需求量。

假设某产品 P 的生产流程如下：先采购原材料，然后在机器 A 上加工，再到机器 B 上加工，最后销售。市场需求每周 25 个单位；机器 A 的生产能力为每周生产 15 个单位；机器 B 的生产能力为每周生产 20 个单位。

在这里，如果相对市场需求来说机器 A 与机器 B 都应该为瓶颈。但根据

TOC 的定义，只有机器 A 为瓶颈，因为机器 B 的生产能力虽然每周只有 20 个单位，但每周只能接到机器 A 所能生产的 15 个单位的最大生产负荷，即其生产能力超过了对其的需求量，为非瓶颈。

如果企业又购买了一台机器 A，则机器 B 为唯一的瓶颈。这时，尽管两台机器 A 每周能生产 30 个单位，但市场需求要求其每周只生产 25 个单位。而机器 B 每周只能生产 20 个单位，小于对其每周生产 25 个单位的需求量，则为瓶颈。

从这个例子可以看出，生产能力小于市场需求的资源，按 TOC 的定义不一定为瓶颈。

10.1.1.4 制造的基本类型

按 TOC 的观点，瓶颈资源的数目一般小于 5 个。瓶颈与非瓶颈之间存在着 4 种基本的关系，如图 10-1 所示。它们分别是：从瓶颈到非瓶颈资源，见图 10-1（a）；非瓶颈到瓶颈资源，见图 10-1（b）；瓶颈资源和非瓶颈资源到同一装配中心，见图 10-1（c）；瓶颈资源和非瓶颈资源相互独立投放到市场中，见图 10-1（d）。

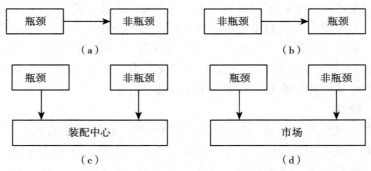

图 10-1 瓶颈资源和非瓶颈资源的关系

现有工作中心每月可以利用 200 小时。假设资源 X 为瓶颈资源，Y 为非瓶颈资源。X 生产单位产品时间为 1 小时，每月市场需求为 200 单位。Y 生产单位时间为 45 分钟，市场需求也是每月 200 单位，如图 10-2 所示。解释 4 种不同的类型。

图 10-2（a）表示的是由瓶颈工序（X）到非瓶颈工序（Y）。产品从 X 工作中心流向 Y 工作中心。X 是瓶颈，它的生产能力为 200 单位（200 小时/1 小时每件），而 Y 的生产能力为 267 单位（200 小时/45 分钟每件）。由于 Y 必须等待 X 产出，而且 Y 的生产能力大于 X，所以在系统中不会积累多余的产品。产品全部流向市场。

图 10-2（b）是 A 的相反情形，由 Y 的产出供给 X。也就是说，由 Y 供

给 X 由于 Y 的生产能力为 267 单位，而 X 的生产能力为 200 单位，所以 Y 仅生产 200 单位，Y 的能力利用率不能超过 75％，否则在 X 之前会产生在制品累积。

图 10-2（c）表示的是 X 和 Y 生产的产品需要经过组装才能向市场出售。一个组件需要 1 单位的 X 和 1 单位的 Y，所以 X 是瓶颈工序，它只有 200 单位的生产能力。因此，Y 的生产能力也不能超过 75％，否则会积累多余的部件。

在图 10-2（d）中，市场需要相同数量的由 X 和 Y 生产的产品。在这种情形下，我们称这些产品为"成品"，因为它们面对的是独立的需求。此时，Y 需要的物料与 X 无关，因此它有更大的生产能力去满足市场的需求，它可以生产比市场需求更多的产品。然而，这样可能产生成品库存积压。

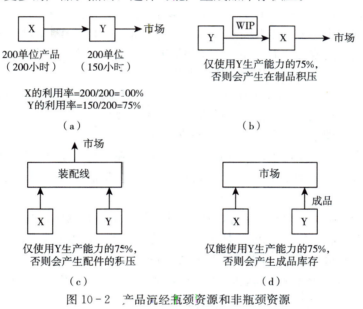

图 10-2 产品流经瓶颈资源和非瓶颈资源

10.1.2 约束理论原则

10.1.2.1 约束理论的目标

（1）财务指标

任何制造企业的真正目标只有一个，即在现在和将来都能赚钱。要衡量一个企业是否能赚钱，通常采用以下 3 个指标。

①净利润（Net Profit，NF）。即一个企业赚多少钱的绝对量，净利润越高的企业，其效益越好。

②投资收益率（Return on Investment，ROI）。表示一定时期的收益与投资的比，当两个企业投资规模不同时，单靠净利润是无法比较它们效益好坏的。

③现金流（Cash Flow，CF）。表示短期内收入和支出的钱，没有一定的现金流，企业也就无法生存下去。

以上 3 个指标不能直接用于指导生产，因为它们太不具体。例如，究竟采用多大批量为好，是无法直接从这 3 个指标给出判断的。因此，需要一些作业指标作为"桥梁"。若这些作业指标好，以上 3 个指标就好，则说明企业赚钱。

（2）作业指标

按照约束理论的观点，在运营系统中，作业指标也有 3 个。

①产销率（Throughput，T）。按 TOC 的规定，它不是一般的通过率或产出率，而是单位时间内生产出来并销售出去的量，即通过销售活动获取金钱的速率。生产出来但未销售出去的产品只是库存。

②库存（Inventory，I）。库存是一切暂时不用的、用于将来目的的资源。它不仅包括为满足未来需要而准备的原材料、加工过程的在制品和一时不用的零部件、未销售的成品，而且还包括扣除折旧后的固定资产。库存占用了资金，产生机会成本及一系列维持库存所需的费用。

③运行费（Operation Expenses，OE）。它是生产系统将库存转化为产销量的过程中的一切花费，包括所有的直接费用和间接费用。

按照约束理论的观点，用这 3 个指标就能衡量一个生产运作系统。如果从货币角度考虑，T 是要进入系统的钱，而 I 是存放在系统中的钱，而 OE 是将 I 变成 T 而付出的钱。现在，我们来分析这 3 个作业指标与 NP、ROI、CF 之间的关系。

当 T 增加，I 和 OE 不变时，显然 NP、ROI 和 CF 都将增加；当 OE 减少，T 和 I 不变时，也会导致 NP、ROI 和 CF 增加。然而，当 I 减少，T 和 OE 不变时，情况就不那么简单。I 降低使库存投资减少，当 T 不变时，ROI 将提高。同时，I 降低可以加快资金周转，使 CF 增加。但是，I 降低，T 和 OE 不变时，NP 却不会改变，因而能否使企业赚钱还不清楚。

通常，I 降低可以导致 OE 减少。而 OE 减少，将导致 NP、ROI 和 CF 增加，从而使企业赚钱。但是，通过降低 I 来减少 OE 的作用是随着 I 降低的程度而减弱的。当 I 较高时，减少 I 可以明显减少维持库存费，从而减少 OE。然而，当库存降低到一个较低水平时，再继续降低 I，则对减少 OE 来说作用不大。可是，为何日本一些公司在已达到世界上最低的库存水平之后仍要尽力继续降低库存？其中必有缘故。

原来，降低库存还能缩短制造周期。缩短制造周期是提高企业竞争能力的一个重要因素。缩短制造周期，对于缩短顾客的订货提前期、提高对顾客订货的响应性以及争取较高的价格都有很大作用。于是，制造周期的缩短导致市场占有率的增加，从而导致未来的产销量增加。

财务指标与作业指标的关系，如图 10 - 3 所示。

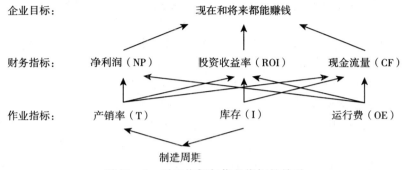

图 10 - 3 财务指标与作业指标的关系

10.1.2.2 约束理论原则

TOC 的基本思想具体体现在 9 条原则上，这 9 条原则是实施 TOC 的基石。TOC 有关生产计划与控制的算法和软件，就是按这 9 条原则提出和开发的。此外，这些原则也可以独立于软件之夕，直接用于指导实际的生产管理活动。

（1）追求物流的平衡，而不是生产能力的平衡

对于新建企业而言，自然会追求生产系统各个环节生产能力的平衡。平衡生产能力是一种传统的生产管理方法，它要求各工作地的生产能力都与市场需求平衡，试图通过平衡能力来产生一种连续的产品流。线平衡的方法就是这种方法的一个很好的范例。

然而，对于已投产的企业，约束理论主张追求生产系统的物流平衡，使各工序与瓶颈工序实现同步生产，从而实现生产周期最短、在制品最少。因为波动是绝对的，市场每时每刻都在变化，生产能力总是相对稳定的，一味追求做不到的事情将导致企业无法生存，所以必须接受市场波动及其引起的相关事件这个现实，并在这种前提下追求物流平衡。所谓物流平衡就是使各个工序都与瓶颈机床同步。

（2）非瓶颈资源的利用程度取决于瓶颈

瓶颈资源的利用程度不是由它们自己的潜力决定的，而是由系统的约束决定的，系统约束就是瓶颈。因为系统的产出是由所能经过瓶颈的量决定的，即瓶颈限制了产销量。而非瓶颈资源的充分利用不仅不能提高产销量，反而会使库存和运行费增加。非瓶颈资源的使用率一般不应该达到 100%。瓶颈工序能力如图 10 - 4 所示。

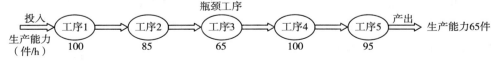

图 10 - 4 瓶颈工序与系统生产能力

（3）区别资源的利用（Utilization）和活力（Activation）

"利用"是指资源应该利用的程度；"活力"是指资源能够利用的程度。两者不是同义词。

按照传统的观点，一般是将资源能够利用的能力加以充分利用，所以"利用"和"活力"是同义的。而按 TOC 的观点，两者有着重要的区别。因为需要做多少工作（即"利用"）与能够做多少工作（即"活力"）之间是不同的。所以在系统非瓶颈资源的安排使用上，应基于系统的约束。例如，一个非瓶颈资源能够达到 100% 的利用率，但其后续资源如果只能承受其 60% 的产出，则其另外的40% 产出将变成在制品库存，此时从非瓶颈资源本身考察，其利用率很好，但从整个系统的角度，其只有 60% 的有效性。所以"利用"注重的是有效性，而"活力"注重的则是可行性。从平衡物流的角度出发，应允许非关键资源上有适当的闲置时间。

（4）瓶颈上一小时的损失即是整个系统一个小时的损失

一般说来，生产时间包括加工时间和调整准备时间，但瓶颈资源与非瓶颈资源上的调整准备时间的意义是不同的。因为瓶颈控制了产销率，瓶颈上中断一个小时，是没有附加的生产能力来补充的。而如果在瓶颈资源上节省一个小时的调整准备时间，则能增加一个小时的加工时间，相应地，整个系统增加了一个小时的产出。所以，瓶颈必须保持 100% 的"利用"，尽量增大其产出。为此，对瓶颈还应采取特别的保护措施，不使其因管理不善而中断或等工。

（5）节约非瓶颈的时间有时是毫无意义的

因为在非瓶颈资源上的生产时间除了加工时间和调整准备时间之外，还有闲置时间，节约一个小时的调整准备时间并不能增加产销率，而只能增加一小时的闲置时间。当然，如果节约了一个小时的加工时间和调整准备时间，可以进一步减少加工批量，加大批次，以降低在制品库存和生产提前期。

（6）瓶颈控制了库存和产销率

因为产销率指的是单位时间内生产出来并销售出去的量，所以它受到企业的生产能力和市场的需求量这两方面的制约，而它们都是由瓶颈控制的。如果瓶颈存在于企业内部，表明企业的生产能力不足，因受到瓶颈能力的限制，相应的产销率也受到限制；而如果当企业所有的资源都能维持高于市场需求的能力，则市场需求就成了瓶颈。这时，即使企业能多生产，但由于市场承受能力不足，产销率也不能增加。

同时，由于瓶颈控制了产销率，所以企业的非瓶颈则应与瓶颈同步，它们的库存水平只要能维持瓶颈上的物流连续稳定即可，过多的库存只是浪费，这样，瓶颈也就相应地控制了库存。

（7）转运批量可以不等于加工批量

转运批量是指工序间转运一批零件的数量。加工批量是指经过一次调整准备所加工的同种零件的数量，可以是一个或几个转运批量之和。根据 TOC 的观点，为了使瓶颈上的产销率达到最大，瓶颈上的加工批量必须大。但另一方面，在制品库存也不应增加，所以转运批量应该小，即意味着非瓶颈上的加工批量要小，这样就可以减少库存费用和加工费用。

（8）加工批量不是固定的，是可变的

约束理论中转运批量是从零部件的角度来考虑的，而加工批量则是从资源的角度来考虑的。由于资源有瓶颈和非瓶颈之分，瓶颈要求加工批量大，转运批量小，同时考虑到库存费用、零部件需求等其他因素，加工批量应是变化的。

（9）提前期是由作业计划得到的

约束理论统筹考虑系统的约束，采用有限能力计划法编制作业计划。传统的制定作业计划的方法一般过程为：确定批量；计算提前期；安排优先权，据此安排作业计划；根据能力限制调整作业计划，重复前面的步骤。然而，约束理论首先安排关键资源上的加工工件，对瓶颈资源之前的工序按拉动方式编制作业计划，对瓶颈资源之间的工序按工艺顺序编制作业计划，对瓶颈资源之后的工序按推动式编制作业计划。因此，提前期是编制作业计划的结果，而不是预定值。

10.1.3　DBR 理论

10.1.3.1　DBR 系统构成

约束理论的计划与控制是通过"DBR"实现的，DBR 中包含鼓（Drum）、缓冲器（Buffer）和绳索（Rope），如图 10-5 所示。

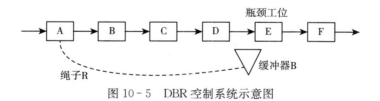

图 10-5　DBR 控制系统示意图

（1）鼓（Drum）

鼓识别一个企业的瓶颈所在，鼓点控制着企业同步生产的节奏。要维持企业内部生产的同步、企业生产和市场需求的同步，存在着一系列的问题。其中一个主要问题就是企业的生产如何能满足市场或顾客的需求而又不产生过多的库存。因而，安排作业计划时，除了要对市场行情进行正确的预测外，还必须按交货期给顾客赋予一定的优先权数，在瓶颈上根据这些优先权数的大小安排生产，并据此对上、下游的工序排序，得到交付时间，使交付时间与交货期限相符。

（2）缓冲器（Buffer）

一般来说，缓冲器分为时间缓冲和库存缓冲：时间缓冲是将所需的物料比计划提前一段时间提交，以防随机波动，以瓶颈资源上的加工时间长度作为计量单位；库存缓冲就是保险在制品，其位置、数量的确定原则同时间缓冲。例如，一个 3 天的时间缓冲表示一个等待加工的在制品队列，它相当于在瓶颈资源上 3 天的生产任务。其长度可凭观察与实验确定。再通过实践进行必要的调整。

（3）绳索（Rope）

绳索起的是传递作用，以驱动系统的所有部分按鼓的节奏进行生产。通过绳索系统的控制，使得瓶颈资源前的非瓶颈资源均衡生产，加工批量和运转批量减少，可以减少提前期以及在制品库存，而同时又不使瓶颈资源停工待料。所以，绳索是瓶颈资源对其上游机器发出生产指令的媒介，没有它，生产就会造成混乱，要么造成库存过大，要么会使瓶颈资源出现"饥饿"现象。

10.1.3.2　DBR 实施步骤

参考图 10－6 所示，以下介绍 DBR 理论的计划实施过程，找出并突破系统的瓶颈是约束理论的核心。

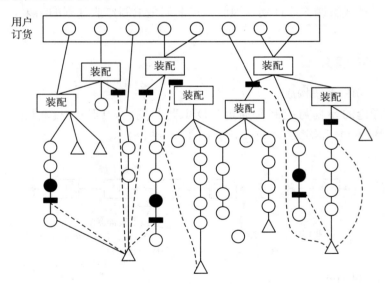

○：加工工序　△：原材料　●：关键工序　▬：时间缓冲　-----：绳索

图 10－6　DBR 系统

（1）识别系统的瓶颈

瓶颈制约着企业的产出能力。一般来说，当需求超过能力时，排队最长的机器就是瓶颈。找出瓶颈之后，可以把企业里所有的加工设备划分为关键资源和非关键资源。

（2）充分利用瓶颈资源

针对第一步确定的瓶颈采取对策。最大限度地利用瓶颈资源，对于生产过程中的瓶颈资源（工序、工作中心或环节），可以通过减少辅助作业时间、加强设备维护减少设备的故障时间、设置缓冲库存等措施，充分利用瓶颈资源的生产能力。

（3）使所有其他过程服从于第二步所做的决定

非瓶颈资源按照瓶颈资源的要求同步运行，在充分利用瓶颈资源的同时，减少不必要的库存。

（4）提高瓶颈资源的能力，打破瓶颈的制约

设法把第一步中找出的瓶颈的能力增加，使它不再是企业的瓶颈二，如果工厂的一台机器是约束，就要设法缩短设备调整和操作时间、改进流程、加班、增加操作人员、增加机器等。

（5）返回到第一步，发现新的瓶颈，持续改善

系统是动态的，一个瓶颈被克服了，还会有新的瓶颈出现。因此，当现有的瓶颈被突破以后，应返回到第一步，寻找新的瓶颈，进行持续改善。

【例10-1】如图10-7所示的生产过程。两个产品，P和Q，每周的需求量为100件P，50件Q。售价分别是P为90元/件，Q为100元/件。有4个工作中心：A，B，C，D，每个工作中心都有一台机器，每周运行2 400分钟。需要3种原材料，原材料的成本及加工路线见表10-1。求解利润最大的生产组合。

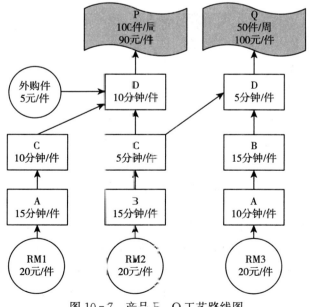

图10-7　产品P、Q工艺路线图

第一步：辨别系统的约束。要辨别系统的约束，需要计算机器的负荷，如表10-1，B是瓶颈。如果要满足P，Q的每周需求量，B需要另外增加25%的能力。

表10-1　制造资源应用情况

工作中心	每周工作时间（分钟）		工负荷/周	可用时间/周	负荷率/周
	P	Q			
A	1 500	500	2 000	2 400	83
B	1 500	1 500	3 000	2 400	125
C	1 500	250	1 750	2 400	73
D	1 000	250	1 250	2 400	52

第二步：决定如何打破系统的约束。TOC是建立在系统的绩效是由资源约束决定这一基础之上的，因此TOC主要是使资源约束对目标贡献最大化。打破B意味着，使在B上的单位产品产出最大化，如表10-2所示。所以，在生产Q之前应尽可能地多生产P（即100件）。100件P消耗B 1 500分钟，剩下的900分钟用于Q，只能生产30件。

表10-2　资源约束贡献最大化计算表

产品	P	Q
销售价格（元/件）	90	100
材料成本（元）	45	40
贡献（元）	45	60
时间（B分钟）	15	30
贡献（元/分钟）	3	2

第三步：其他资源按照上一步的结果进行布置。

第四步：提升系统的约束。尽可能采取措施提高约束的绩效，如降低调整时间，采取预防维修措施等。或者把贡献最低的产品放到最后安排，如对Q的处理。

第五步：如果约束被打破，再从第一步做起。

假设市场对P、Q的需求量上升了：每周分别为132和66件，而且通过努力，使用B的单位时间也下降1/3，这时A成为约束，原来的约束B已经被打破了，见表10-3所示。于是又返回到第一步。如果没有这一步，人们还以B为约束控制系统运行，这就会影响进一步改进。

表 10-3　新的负荷表

	每周的负荷（%）
A	110.0
B	55.0
C	96.0
D	68.75

10.2　准时化生产

10.2.1　准时化生产的含义与体系

10.2.1.1　推式系统和拉式系统

对于加工装配式生产，1 件产品由许多零部件构成，每个零部件要经过多道工序加工。要组织这样的生产，可以采用两种不同的发送生产指令的方式，即推式系统和拉式系统。

（1）推式系统

推式系统（Push）也称推进式系统如图 10-8 所示。

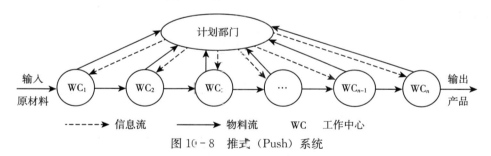

图 10-8　推式（Push）系统

推式系统由计划部门根据市场需求，按零部件展开，计算出每种零部件的需要量和各生产阶段的生产提前期，确定每个零部件的投入出产计划，按计划发出生产和订货指令。每经过一个阶段，都需要将实际完成情况反馈到计划部门，并将加工完成的零部件送到后一道工序和下游生产车间，不管后一道工序和下游生产车间当时是否需要。物料流和信息流是分离的。

采用推式系统进行生产控制的目的，就是要保证按生产作业计划的要求按时完成任务。然而实际生产中，一般不能做到每道工序都按时完成，这就需要取得实际进度和计划要求偏离的信息，并采取加班、加点等纠正措施，以保证计划的完成，或者修改计划进度，使之符合实际情况。

（2）拉式系统

拉式系统（Pull）也称牵引式系统如图 10-9 所示。

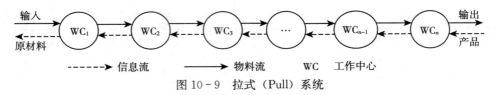

图 10-9 拉式（Pull）系统

拉式系统是从市场需求出发，由市场需求信息牵动产品装配，再由产品装配牵动零部件的加工。每道工序、每个车间和每个生产阶段都按照当时的需要向前一道工序和上游生产车间提出要求，发出工作指令，上游工序的生产车间按这些指令进行生产。物料流和信息流是结合在一起的。

采用拉式系统可以真正实现按需生产。如果每道工序都按期紧后工序的要求，在适当的时间，按需要的品种与数量生产，就不会发生不需要的零部件生产出来的情况。

10.2.1.2 JIT 目标和方法体系

JIT（Just In Time）的出发点是不断消除浪费，进行永无休止的改进，是精益生产的核心。简单地说，就是将必要的原材料和零部件，以必要的数量和完美的质量，在必要的时间送往必要的地点。图 10-10 描述了 JIT 生产方式的目标及其方法构成。

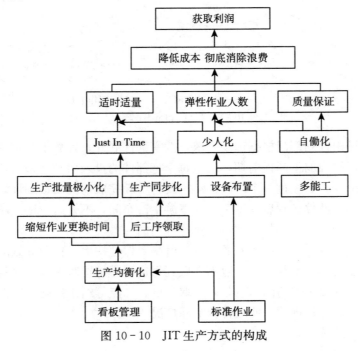

图 10-10 JIT 生产方式的构成

（1）JIT 生产方式的目标

JIT 生产方式的最终目标即企业的经营目的就是获取利润。为了实现这个终极目标，"降低成本"就成为基本目标。这也来源于对价格＝成本＋利润和利润＝价格－成本两种不同的思想。日本在 20 世纪 60 年代以及 70 年代初的经济高速成长期，由于需求不断增加，采取大批量生产也取得了良好效果。然而这样的情况下，不需要严密的生产计划和细致的管理。现如今在多品种小批量生产的情况下，必须降低成本，完善管理方法。因此，JIT 生产方式力图通过"彻底消除浪费"来达到这一目标。

（2）JIT 生产方式的基本方法

为了达到降低成本这一基本目标，JIT 生产方式的基本方法可以概括为以下 3 个方面：

①适时适量生产。Just In Time 本来所要表达的含义就是"在需要的时候，按需要的量生产所需要的产品"。当今的时代已从"只要生产得出来就卖得出去"进入了"只能生产能够卖得出去的产品"的时代。对于企业来说，各种产品的产量必须能够灵活地适应市场需求的变化。否则，由于生产过剩会引起一系列的浪费，较好的方法就是生产适时适量的产品。

②弹性配置作业人数。降低劳动费用是降低成本的一个重要方面。达到这一目的的方法是"少人化"。所谓少人化，是指根据生产量的变动，弹性地增加或减少生产线上的作业人数以及尽量用较少的人力完成较多的生产。这里的关键在于能否将生产量减少了的生产线上的作业人员减下来。这是对以前"定员制"生产的一种变革，一种全新的人员配置方法。

③质量保证。历来认为，质量与成本之间是一种负相关系，即要提高质量，就得花人力、物力来加以保证，就会使成本提高。JIT 生产方式中，将质量贯穿于整个生产过程中的每一道工序上，其中一种方法是"自働化"。对设备进行开发，使其能够自动检测不良产品，一旦发现异常或者不良品，可以自动停止设备的运行，从而避免大量的浪费。

④浪费种类。所谓浪费，可以定义为"只使成本增加的生产诸因素"，也就是说，不会带来任何附加价值的因素。根据大野耐一的定义，生产过程中的浪费主要有 7 种，见表 10-4。

表 10-4 浪费及原因分析

浪费	说明	内容	原因
不良、修改	材料不良、加工不良检查、抱怨、修改等	·材料费增加 ·生产性降低 ·检查要因、工程过多 ·不良及抱怨增加	·检查不是重点检查 ·过剩品质 ·作业标准的缺失

（续）

浪费	说明	内容	原因
过剩生产	不必要的东西在不必要的时候，生产了不必要的数	· 流程阻碍 · 不良的发生 · 库存、半成品的增加 · 材料、零件的滥用 · 资金周转率下降 · 计划柔软性的阻碍	· 过剩人员、过剩设备 · 大批量生产 · 可不断生产的架构
加工本身	把不必要的工程或作业当成是必要的	· 不要的工程、不要的作业 · 人员、工时数的增加 · 作业性下降 · 不良增加	· 工程顺序的检讨不足 · 作业内容的检讨不足 · 冶具不好 · 标准化不够彻底 · 材料未检讨
搬运	不必要的搬运、东西的移动、拿放、转载等、长距离的搬运流程、活性度的问题	· 空间的使用浪费 · 生产性降低 · 搬运工数增加 · 搬运设备的增设 · 瑕疵或撞伤	· 规划不良 · 大批量生产 · 单能工 · 活性度低 · 坐着作业
库存	材料、零件、加工品的停滞，不单只有仓库，工程间的半成品也是	· 交期的长期化 · 摘下改善的新芽 · 空间的使用浪费 · 搬运、检查的产生 · 周转资金的增加	· 认为库存是理所当然的意识 · 设备规划不良 · 大批量生产 · 先行生产 · 乱流的发生
动作	不必要的动作、无附加价值的动作、缓速的动作等	· 人员、工作数的增加 · 作业不安定 · 不必要的动作	· 孤岛作业 · 规划不良 · 没有教育、训练
等待时间	材料、作业、搬运、检查等的所有等待、空闲或监视作业等	· 人、作业、时间、机器等的浪费 · 半成品的库存增加	· 设备配置不良 · 在前工程发生的问题 · 能力不平均 · 大批量生产

在生产系统的设计和改进过程中，以尽可能消除 7 种浪费为目的，减少对资源的占用，提高对资源的利用效率，追求零库存和零缺陷。

10.2.1.3　实现适时适量生产的具体方法

（1）生产同步化

为了实现适时适量生产，首先需要致力于生产的同步化。即工序间不设置仓库，前一个工序的加工结束后，使其立即转到下一个工序去，装配线与机加工几乎平行进行，产品被一件一件连续地生产出来，有的地方也称为"一个流"。在铸造、锻造、冲压等必须成批生产的工序，则通过尽量缩短作业更换时间来尽量缩小生产批量。

生产的同步化通过"后工序领取"的方法来实现，即后工序只在需要的时候到前工序领取所需的加工品；前工序只按照被领取走的数量和品种进行生产。这样，从作为制造工序的最后一道的总装配线开始，在需要的时候，向前工序领取必要的工件，而前工序提供该工件后，为了补充生产被领取走的量，必然会向更前一道工序领取所需的零部件。如此，一层一层地进行下去，直到粗加工以及原材料部门把各个工序都连接起来，实现同步化生产。

这样的同步化生产还需要通过采取相应的设备配置方法和人员配置方法来实现。以往机械加工厂中是按车、铣、刨、磨等工艺对象专业化进行生产组织的，可以设置为以产品为主的对象专业化的组织形式。

（2）生产均衡化

生产均衡化是实现适时适量生产的前提条件。所谓生产均衡化，是指总装线在向前工序领取零部件时，应均衡地使用各种零部件，混合生产各种产品，即混流生产或混流装配。为此产品的投产顺序必须加以考虑。在制造阶段，均衡化通过专用设备通用化和制定标准化作业来实现。所谓专业设备通用化，是指通过在专业设备上增加一些工夹具等方法，使其能够加工多种不同类型的产品。

（3）实现适时适量生产的管理工具

最常用的管理工具是看板。看板管理可以说是 JIT 生产方式中最为独特的地方。看板的主要机能是传递生产和运送的指令。在 JIT 生产方式中，生产的月度计划是集中制定的，同时传达到各个工厂以及协作企业。而与此相对应的日生产指令只下达到最后一道工序或总装配线，对其他工序的生产指令均通过看板来实现。即后工序在需要的时候用看板向前工序领取"所需的量"时，同时就向前工序发出了生产指令。由于生产是不可能完全按照计划进行的，日生产量的不均衡以及日生产计划的修改都通过看板来进行微调。看板就相当于工序之间、部门之间以及物流之间的联络神经而发挥着作用。

10.2.2 弹性作业人数的实现方法

JIT 生产方式打破历来的"定员制"观念，创出了一种全新的少人化技术，来实现随生产量而变化的弹性作业人数。

少人化技术作为降低成本的手段之一，具有两个意义：一是按照每月生产量的变动弹性增减各生产线以及作业工序的作业人数，保持合理的作业人数，从而通过排除多余人员来实现成本的降低；另一个是通过不断减少原有的作业人数来实现成本降低。后者也可称为"省人化"。

少人化需要通过不断改善来实现，首先应该考虑的是彻底进行作业改善，下一步才应该是设备改善。如果为了节省人工，从一开始就致力于购买自动化设备或进行设备改善，其结果将不仅不会带来成本的降低，反而会由此增加成本或导致生产资金的无效投入。

10.2.2.1　实现少人化的前提条件

少人化是通过人力资源的调整或重新安排来提高生产率。当生产量增加时，当然也要增加作业人员，但具有更重要意义的是在生产量减少时能够将作业人数减少。

例如假定某条生产线有 5 名作业人员，进行一定量的工作。如果这条生产的生产量减少 80% 时，那么作业人数应相应地减少为 4 人（＝5×0.8）；若生产量减到 20%，作业人数应减到 1 人。另一方面，即使生产量没有变化，如通过改善作业能减少作业人员，就能够提高劳动生产率，从而达到降低成本的目的。

为了实现上述的少人化操作，需要有以下 3 个前提条件：

第一，要有适当的设备布置；

第二，要有训练有素、具有多种技艺的作业人员；

第三，要经常审核和定期修改标准作业组合。

上述的设备布置是指联合 U 形布置，在这种布置中，每个作业人员的工作范围可以简单地扩大或缩小。这 3 个前提条件之间的相互关系，可以用图 10-11 表示。

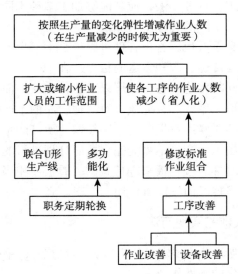

图 10-11　实现少人化的前提条件

10.2.2.2　设备的联合 U 形布置

U 形布置可以用图 10-12 进行表示。U 形布置的本质在于生产线的入口和出口在同一个位置，灵活增加或减少现场的作业人员主要靠此实现。

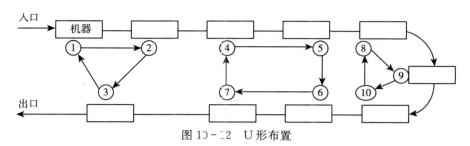

图 10-12 U形布置

　　JIT 生产方式的基本思想之一，就是按后工序领取的数量进行生产的基本思想，也可以通过这种设备布置达到实现。因为在这种布置中，当一个加工完了的产品从出口出来时，一个单位的原材料也被从入口投入了，两方的作业是由同一作业人员按同一生产节拍进行的，既实现了生产的平衡，也使生产线内待加工产品数保持了恒定。而且，通过明确规定各工序可持有的标准待加工产品数，即使出现了不平衡现象，也能很快发现，有利于对各个工序进行改善。

　　在利用 U形布置增加或减少作业人员时，遇到的最主要的问题是，在按照生产量重新分配给作业人员工作时，如何处理节省出来的非整工时。例如，即使可能减少半个人的工时，因为实际上不可能抽调 1 个人，所以在某个工序就会产生等待时间或生产过剩。这种问题在生产增加的情况下也同样会发生。解决这个问题的方法是把几条 U形生产线作为一条统一的生产线连接起来，使原先各条生产线的非整数工时互相吸收或者化零为整，以实现以整数形式增减作业人员。这就是所谓的联合 U形布置。

　　以图例来说明如何运用联合 U形布置来达到灵活增减人数的目的。图 10-13 所示的是一个由 6 条不同的生产线，从 A 到 F 所组成的联合生产线，各生产线分

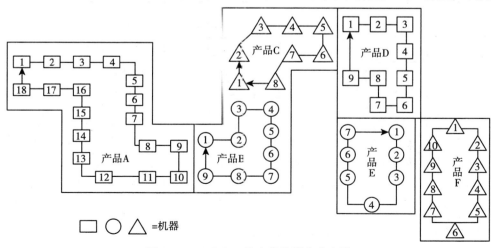

图 10-13 生产 6 种产品的联合生产线

别制作不同的产品。根据第 N 个月的产品需求量，这条联合生产线的生产节拍为每种 1 个。按照这样的节拍，需要 8 名作业人员进行操作，其分工及步行路线如图 10－14 所示。

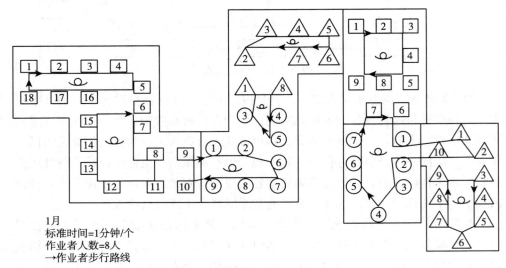

1月
标准时间=1分钟/个
作业者人数=8人
→作业者步行路线

第N月份作业分配情况

图 10－14　第 N 个月份作业分配情况

到第 $N+1$ 月时，假定产品的生产量减少，生产节拍改为 1.2 分钟 1 个，那么作业人数也应当相应地减少。具体做法是，这条联合生产线上的所有作业都在作业人员中进行重新分配，使每个作业人员所分担的作业都比第 N 月份增加。图 10－15 表示了在新的作业分配下各作业人员所分担的作业以及步行路线。在

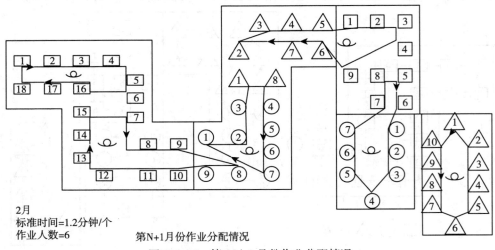

2月
标准时间=1.2分钟/个
作业人数=6

第N+1份作业分配情况

图 10－15　第 $N+1$ 月份作业分配情况

这种情况下，追加给作业人员 1 的作业是作业人员 2 在第 N 月份所担当作业的一部分，追加给作业人员 2 的工作又是作业人员 3 在第 N 月份所担当作业的一部分。这样由于各个作业人员的分担作业都扩大的结果，使得作业人员 7 和作业人员 8 从这条联合生产线上减了下来。这样，在设备以直线排列的线型布置情况下可能产生的非整数工时，在联合 U 形布置中就可以得到解决。

10.2.2.3　职务定期轮换

从作业人员的角度来说，实现少人化意味着生产节拍、作业内容、范围、作业组合以及作业顺序等的变更。为了使作业人员能够适应这样的变更，必须根据可能变更的工作内容使他们接受教育和培训，最理想的使全体作业人员都成为对各个工序都熟悉的多能工。这样的作业人员的职务扩大也被称为"作业人员多能化"。这种多能化主要是通过职务定期轮换来实现的。

10.2.3　看板管理

10.2.3.1　看板的定义与分类

看板，又称作传票卡，是传递信号的工具。它是一种永久性卡片，也可以是一种信号，一种告示牌。看板及其使用规则，构成了看板控制系统。

看板分为两种，即传送看板和生产看板，有的地方也称为领取看板和生产指示看板。传送看板用于指挥零件在前后两道工序之间移动。当放置零件的容器从上道工序的出口存放处运到下道工序的入口存放处时，传送看板就被取下，放在看板盒中。当下道工序需要补充零件时，传送看板就被送到上道工序的出口存放处相应的容器上，同时将该容器上的生产看板取下，放在生产看板盒中。可见，传送看板只是在上道工序的出口存放处与下道工序的入口存放处之间往返运动。

每一个传送看板只对应一种零件。由于一种零件总是存放在一定的标准容器内，所以一个传送看板的容器也是一定的。

传送看板通常包括以下信息：

零件号；容器容量；看板号；供方工作地号；供方工作地出口存放处号；需方工作地号；需方工作地入口存放处号。

典型的传送看板如图 10-16 所示。

生产看板用于指挥工作地的生产，它规定了所生产的零件及其数量。它只在工作地和它的出口存放处之间往返。当需方工作地转来的传送看板与供方工作地出口存放处容器上的生产看板对上号时，生产看板就被取下，放入生产看板盒内。该容器（放满零件）连同传送看板一起被送到需方工作地的入口存放处。工人按顺序从生产看板盒内取走生产看板，并按生产看板的规定，从该工作地的入口存放处取出要加工的零件，加工完规定的数量之后，将生产看板挂到容器上。

如图 10-17 所示，每一个生产看板通常包括以下信息：

从供方工作地： 38#油漆	零件号：A435 油箱座	到需方工作地： 3#装配
出口存放处号 NO.38-6	容器：2型（黄色） 每一容器容量：20件	入口存放处号 NO.3-1
	看板号： 3号（共发出5张）	

图 10 - 16　典型的传送看板

要生产的零件号；容器的容量；供方工作地号；供方工作地出口存放处号；看板号；

所需的物料；所需零件的简明材料清单；供给零件的出口存放处位置。

其他信息如所需工具等。

```
工作地号：38#油漆
零件号：A435油箱座
放于出口存放处：No 38-6
所需物料：5#油漆，黑色
放于：压制车间21-11号储藏室
```

图 10 - 17　典型的生产看板

10.2.3.2　看板组织生产过程

图 10 - 18 表示用看板生产的过程。为简化起见，假设只有 3 个工作地，其中 3 号工作地为总装配。对于装配工作地，可能有很多工作地向它提供零件，因

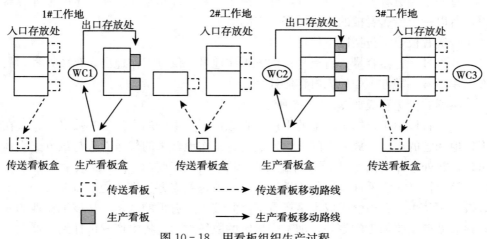

图 10 - 18　用看板组织生产过程

而它的入口存放处会有很多容器，存放着各种零件。

产品装配是按装配计划进行的。当需要装配某台产品时，3 号工作地就发出传送看板，按传送看板规定的供方工作地及出口存放处，找到存放所需零件的容器。将容器上挂着的生产看板取下，放到 2 号工作地的生产看板盒中，并将传送看板挂到该容器上，将容器运到 3 号工作地的入口存放处相应的位置，供装配使用。2 号工作地的工人从生产看板盒中取出一个生产看板，按照生产看板的规定，到 2 号工作地的入口存放处找到放置所需零件的容器，从中取出零件进行加工。同时将该容器上的传送看板放入到 2 号工作地的传送看板容器中。当生产的数量达到标准容器的要求，则将生产看板挂到该容器上，将容器放于 2 号工作地的出口存放处规定的位置。同样，将 2 号工作地的传送看板送到 1 号工作地的出口存放处，取走相应的零件。按同样的方式，逐步向前推进，直到原材料或其他外购件的供应地点。

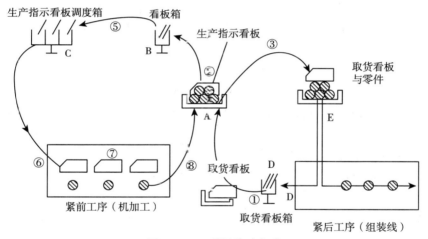

图 10 - 19　看板移动方式

以生产指示看板与取货看板为例，说明看板的使用方法：如图 10 - 19 所示，取货看板按①—②—③—④的路径移动。当紧后工序需要补充零件时，取货人带着相应数量的取货看板和容器到紧前工序的零件存放处 A，把带来的空容器放到指定的地点。A 处每个装有零件的容器内，都有一张生产指示看板系于零件上。取货人解下系在所取容器内零件上的看板，并按顺序放入看板箱 B 内，然后把取货看板系到所取的零件上，连同零件一起运回存放处 E。当取回的零件投入使用时，解下取货看板按顺序放入看板箱 D 内。生产指示看板按②—⑤—⑥—⑦—⑧的路径移动。紧前工序每隔一定时间，把看板箱 B 内的生产指示看板按先后顺序放入生产指示看板箱 C 内，按看板的顺序和要求进行生产。在加工过程中，生产指示看板与零件同步移动。零件生产出来后装入规定的容器，并把生产指示看板系到某个零件上。然后，生产指示看板连同零件一起被放置于存放处 A。按同样的做法逐步向前推进，整个生产过程就实现了适时适量的生产，如图 10 - 20 所示。

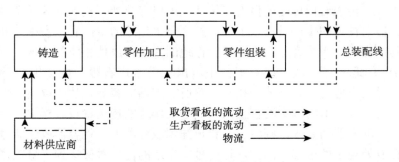

图 10 - 20　生产看板的控制过程

10.2.3.3　看板数量

实行看板管理需要确定发出的看板数量。尽管各个企业的看板系统不同，但计算看板数量的方法却基本一致。可以按下式来计算所需要的看板数量 N。

$$N = N_m + N_p \qquad (10 - 1)$$

$$N_m = DT_w(1 + A_w)/b \qquad (10 - 2)$$

$$N_p = DT_p(1 + A_p)/b \qquad (10 - 3)$$

式中：N_m 为传送看板的数量，N_p 为生产看板的数量，D 为某零件的日需求量，b 为标准容器中放置某种零件的数量；T_w 为零件的等待时间（日），即传送看板的循环时间；T_p 为所需要的加工时间（日），即生产看板的循环时间；A_w 为等待时间的容差；A_p 为加工时间的容差。并且，A_w 和 A_p 应该尽可能接近于零。

从式中可以看出，当工件的等待时间越长，所需要的传送看板数量就越多；同样，生产时间越长，则所需要的生产看板数量也越多。

【例 10 - 2】对某零件的日需求量为每天 24 000 件，标准容器放置该零件的数量为每项 100 件，每天实行一班制，8 小时为一个工作日。

T_w＝1 小时，T_p＝0.5 小时，$A_w = A_p = 0.2$，求所需传送看板数量和生产看板数量。

解：

$$N_m = \frac{24\ 000}{100} \times \frac{1}{8}(1 + 0.2) = 36（个）$$

$$N_p = \frac{24\ 000}{100} \times \frac{1}{16}(1 + 0.2) = 18（个）$$

需要传送看板 36 个，生产看板 18 个。

当零件在两个工作地之间传递时，如果只有一个用户（下道工序），则只需一组移动看板；如果有多个用户，则需多组传送看板。

如果只需要计算看板总数 N，则可以按照下式计算：

$$N = D(T_w + T_p)(1 + A)/b \qquad (10-4)$$

式中：A 为总的时间容差，其余符号与上式相同。

10.2.3.4　看板管理的主要工作规则

使用看板的规则很简单，但执行必须严格。

（1）无论是生产看板还是传送看板，在使用时，必须附在装有零件的容器上。

（2）必须有需方到供方工作地凭传送看板领取零件或者由需方向供方发出信号，供方凭传送看板转送零件。

（3）要使用标准容器，不允许使用非标准容器或者虽使用标准容器但不按标准数量放入。这样做可以减少搬运与点数的时间，并可防止损伤零件。

（4）当从生产看板盒中取出一个生产看板时，只生产一个标准容器所容纳数量的零件。当标准容器装满时，一定要将生产看板附在标准容器上，放置到出口存放处。

（5）次品不交给下道工序。出现次品本来就是浪费，如果把次品交给下道工序，不仅会造成浪费，而且会影响整个生产线的工作。

按照这些规则，就会形成一个十分简单的拉式生产系统。每道工序都为下道工序准时提供所需要的零件，每个工作也都可以在需要的时候从其上道工序处得到所需的零件。

10.3　数字孪生技术

10.3.1　数字孪生的含义

数字孪生（Digital Twin，DT）是充分利用物理模型、传感器更新、运行历史等数据，集成多学科、多物理量、多尺度、多概率的仿真过程，在虚拟空间中完成映射，从而反映相对应的实体装备的全生命周期过程。

数字孪生是一种超越现实的概念，可以被视为一个或多个重要的、彼此依赖的装备系统的数字映射系统。

数字孪生的概念最初由 Michael Grieves 教授于 2003 年美国密歇根大学的产品全生命周期管理课程上提出。2011 年，美国空军研究实验室和美国航空航天局（NASA）合作提出了构建未来飞行器的数字孪生体，并定义数字孪生为一种面向飞行器或系统的高度集成的多物理场、多尺度、多概率的仿真模型，能够利用物理模型、传感器数据和历史数据等反映与该模型对应的实体的功能、实时状态及演变趋势等。这样每次飞行后，根据结构现有情况和过往载荷，及时分析评估是否需要维修，能否承受下次的任务载荷等。

数字孪生，有时候也用来指代将一个工厂的厂房及生产线，在没有建造之前，就完成数字化模型。从而在虚拟的赛博空间中对工厂进行仿真和模拟，并将真实参数传给实际的工厂建设。而工房和生产线建成之后，在日常的运维中二者继续进行信息交互。值得注意的是：数字孪生不是构型管理的工具，不是制成品的 3D 尺寸模型，不是制成品的 MBD 定义。

10.3.2　数字孪生的模型与准则

10.3.2.1　数字孪生的五维模型

数字孪生的核心是模型和数据。如图 10-21 所示，为数字孪生的五维结构模型，包括物理实体、虚拟模型、服务系统、孪生数据、连接。

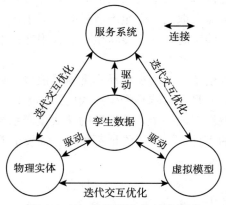

图 10-21　数字孪生的五维模型

（1）物理实体

指客观存在的，由各种功能子系统（如控制子系统、动力子系统、执行子系统等）组成，并通过子系统间的协作完成特定任务。各种传感器部署在物理实体上，实时监测其环境数据和运行状态。

（2）虚拟模型

是物理实体的数字化镜像，集成与融合了几何、物理、行为、规则 4 层模型。其中：几何模型描述尺寸、形状、装配关系等几何参数；物理模型分析应力、疲劳、变形等物理属性；行为模型响应外界驱动及扰动作用；规则模型对物理实体运行的规律/规则建模，使模型具备评估、优化、预测、评测等功能。

（3）服务系统

集成了评估、控制、优化等各类信息系统，基于物理实体和虚拟模型提供智能运行、精准管控与可靠运维服务。

（4）孪生数据

包括物理实体、虚拟模型、服务系统的相关数据，领域知识及其融合数据，并随着实时数据的产生被不断更新与优化。

（5）连接

将以上 4 个部分进行两两连接，使其进行有效实时的数据传输，从而实现实时交互，以保证各部分间的一致性与迭代优化。

10.3.2.2 数字孪生驱动的应用准则

基于上述数字孪生五维结构模型，在进行数字孪生驱动应用时，可遵循以下准则。

（1）信息物理融合是基石

物理要素的智能感知与互联、虚拟模型的构建、孪生数据的融合、连接交互的实现、应用服务的生成等，都离不开信息物理融合。同时，信息物理融合贯穿于产品全生命周期各个阶段，是每个应用实现的根本。因此，没有信息物理的融合，数字孪生的落地应用就是空中楼阁。

（2）多维虚拟模型是引擎

多维虚拟模型是实现产品设计、生产制造、故障预测、健康管理等各种功能最核心的组件，在数据驱动下多维虚拟模型将应用功能从理论变为现实，是数字孪生应用的"心脏"。因此，没有多维虚拟模型，数字孪生应用就没有了核心。

（3）孪生数据是驱动

孪生数据是数字孪生最核心的要素，它源于物理实体、虚拟模型、服务系统，同时在融合处理后又融入各部分中，推动了各部分的运转，是数字孪生应用的"血液"。因此，没有多元融合数据，数字孪生应用就失去了动力源泉。

（4）动态实时交互连接是动脉

动态实时交互连接将物理实体、虚拟模型、服务系统连接为一个有机的整体，使信息与数据得以在各部分间交换传递，是数字孪生应用的"血管"。因此，没有了各组成部分之间的交互连接，就如同人体割断动脉，数字孪生应用也就失去了活力。

（5）服务应用是目的

服务将数字孪生应用生成的智能应用、精准管理和可靠运维等功能以最为便捷的形式提供给用户，同时给予用户最直观的交互，是数字孪生应用的"五感"。因此，没有服务应用，数字孪生应用实现就是无的放矢。

（6）全要素物理实体是载体

不论是全要素物理资源的交互融合，还是多维虚拟模型的仿真计算，亦或数据分析处理，都是建立在全要素物理实体之上，同时物理实体带动各个部分的运转，令数字孪生得以实现，是数字孪生应用的"骨骼"。因此，没有了物理实体，数字孪生应用就成了无本之木。

10.3.3　数字孪生的应用

10.3.3.1　产品设计

产品设计是指根据用户使用要求，经过研究、分析和设计，提供产品生产所需的全部解决方案的工作过程。基于数字孪生的产品设计是指在产品数字孪生数据的驱动下，利用已有物理产品与虚拟产品在设计中的协同作用，不断挖掘产生新颖、独特、具有价值的产品概念，转化为详细的产品设计方案，不断降低产品实际行为与设计期望行为间的不一致性。基于数字孪生的产品设计更强调通过全生命周期的虚实融合，以及超高拟实度的虚拟仿真模型建立等方法，全面提高设计质量和效率。其框架分为需求分析、概念设计、方案设计、详细设计和虚拟验证5个阶段，每个阶段在包括了物理产品全生命周期数据、虚拟产品仿真优化数据，以及物理与虚拟产品融合数据驱动下进行，如图10-22所示。

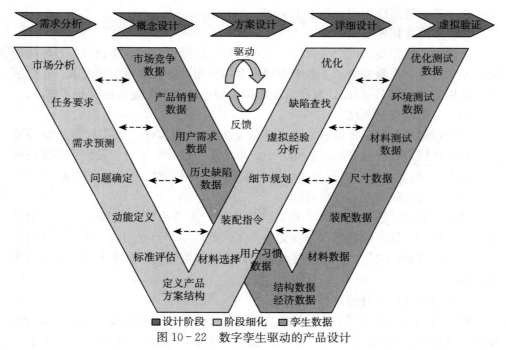

图 10-22　数字孪生驱动的产品设计

基于数字孪生的产品设计表现出如下新的转变：①驱动方式，由个人经验与知识驱动转为孪生数据驱动；②数据管理，由设计阶段数据为主扩展到产品全生命周期数据；③创新方式，由需求拉动的被动式创新转变为基于孪生数据挖掘的主动型创新；④设计方式，由基于虚拟环境的设计转变为物理与虚拟融合协同的设计；⑤交互方式，由离线交互转变为基于产品孪生数据的实时交互；⑥验证方式，由小批量产品试制为主转变为高逼真度虚拟验证为主。

基于数字孪生的产品设计亟需在如下方面进行突破：①产品设计隐性需求挖掘，包括高维数据属性间复杂关系，及其可伸缩的数据降维、关联、聚类挖掘方法；②产品协同设计，包括设计、交验、审核等不同角色的信息交互及协同机制，设计师间的并行交互式设计机制，以及物理产品与虚拟产品的迭代优化协同机制；③基于数字孪生的设计优化方法，包括：数字孪生驱动的设计过程迭代优化理论与方法；④产品数据管理，包括：完整、实时、安全的海量产品孪生数据传输、清洗、存储技术，实现服务阶段数据的有机集成与管理。

10.3.3.2 车间生产调度优化

生产调度是生产车间决策优化、过程管控、性能提升的神经中枢，是生产车间有序平稳、均衡经济和敏捷高效的运营支柱。数字孪生驱动的调度模式是在数字孪生系统的支撑下，通过全要素、全数据、全模型、全空间的虚实映射和交互融合，形成虚实响应、虚实交互、以虚控实、迭代优化的新型调度机制，实现"工件—机器—约束—目标"调度要素的协同匹配与持续优化。在数字孪生驱动的调度模式下，调度要素在物理车间和虚拟车间相互映射，形成虚实共生的协同优化网络。物理车间主动感知生产状态，虚拟车间通过自组织、自学习、自仿真方式进行调度状态解析、调度方案调整、调度决策评估，快速确定异常范围，敏捷响应，智能决策，具有更好的变化适应能力，扰动响应能力和异常解决能力。如图 10 - 23 所示。

数字孪生驱动的调度模式使调度优化与过程管控呈现出新的转变，即驱动方式由能量驱动向数据驱动转变，调度要素由实体互联向虚实映射转变，响应方式由被动响应向主动应对转变，过程控制由粗放控制向精确控制转变，管理形式由层级结构向扁平化结构转变。

围绕数字孪生驱动的调度技术研究，亟需在以下难点问题取得突破：①在虚实交互机理方面，系统研究虚实交互行为，揭示自组织、自学习、自优化机制下虚实交互机理，从而实现调度要素的优化匹配和高效运作；②在动态迭代优化方面：研究新的调度优化方法，能够进行"任务—资源"自主决策、动态迭代和连续优化等。

10.3.3.3 生产物流精准配送

生产物流包括企业内部物流（车间物流）和企业外部物流（企业之间物流），是保证企业正常生产、提高生产效率、降低产品成本的关键。数字孪生生产物流是在孪生数据驱动下，通过物理实体与虚拟模型的真实映射、实时交互、闭环控制，实现生产物流的任务组合优化、运输路线规划、运输过程控制等在物理世界、信息世界和上层物流服务系统之间的迭代运行，从而达到生产过程物流无缝化和智能化的一种新的生产物流运行模式，其结构组成如图 10 - 24 所示。

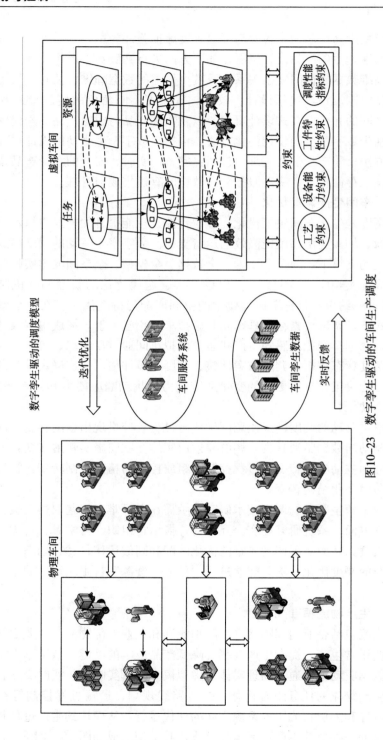

图10-23 数字孪生驱动的车间生产调度

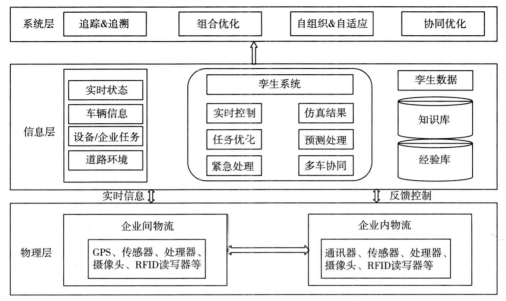

图 10 - 24 数字孪生驱动的物流配送结构

基于数字孪生的生产物流使生产物流的管控模式更加智能：①物理实体，运输设备拥有自我决策和通讯能力；②决策要素，由对物理世界实时信息的处理提升到对信息世界仿真预测的孪生数据的处理；③决策方式，由被动的中央系统分配的方式转变为以搬运载体为核心的"抢"任务的主动决策；④控制策略：由上级命令的控制方式转变为多设备交互协同实现自组织、自适应控制；⑤物流透明化，由传统"黑箱"运输模式转变为物料、搬运载体等实时状态透明，可实时追踪和精准配送。

10.3.3.4 产品质量分析与追溯

产品质量分析与追溯指在设计正确合理的制造工艺的同时，对生产过程中加工精度、所受应力等因素综合考虑实现产品的加工质量分析，并在出现质量问题时，可以追溯其加工中每个环节，找出原因，从而改进加工工艺、控制加工质量。基于数字孪生的产品质量分析与追溯指在采集物理车间中各个制造工序所承受的切削力误差、定位精度、工件热变形等信息基础上，通过在虚拟车间仿真计算，以对产品加工质量进行分析和预测。此外，产品的加工过程及相应的加工参数被记录在虚拟车间中以便产品质量追溯，如图 10 - 25 所示。

基于数字孪生的产品质量分析与追溯呈现出如下新的特点。

（1）多学科全要素仿真

虚拟车间构建 4 类模型数据库，分别是产品虚拟几何模型、加工工序与工艺模型；产品热传导模型、形变等物理属性模型；不同类型加工质量模型库；数据检测算法库。

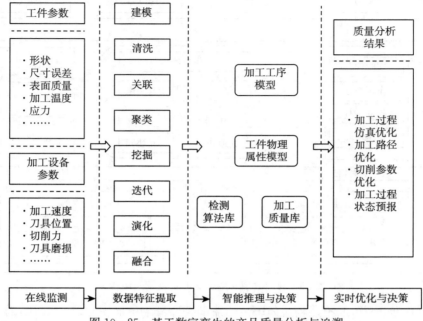

图 10-25　基于数字孪生的产品质量分析与追溯

（2）加工质量实时分析

物理车间实时加工状态同步至虚拟车间，虚拟车间仿真后，实时获得质量分析结果。

（3）加工质量优化控制

在加工前，虚拟车间对设定的加工工艺进行仿真，优化加工工艺；在加工过程中，通过虚拟车间实时仿真进一步优化工艺。

（4）自我学习

生产过程中，加工质量库自动更新遇到的加工质量问题，并根据用户的引导进行自我学习，不断提高加工质量分析能力。

基于数字孪生的产品质量分析与追溯亟需解决以下难点问题：①加工质量预测技术，研究基于仿真的加工过程预测与优化、基于机器学习的智能预测算法；②加工质量稳态控制技术，研究虚拟车间自主地优化加工工艺，自主生成加工操作指令，并将相应的操作指令下达至加工执行机构。

10.3.3.5　故障预测与健康管理

故障预测与健康管理（Prognostics and Health Management，PHM）利用各种传感器和数据处理方法对设备健康状况进行评估，并预测设备故障及剩余寿命，从而将传统的事后维修转变为事前维修。数字孪生驱动的 PHM 是在孪生数据的驱动下，基于物理设备与虚拟设备的同步映射与实时交互以及精准的 PHM 服务，形成的设备健康管理新模式，实现快速捕捉故障现象，准确定位故障原因，合理设计并验证维修策略。如图 10-26 所示，在数字孪生驱动的 PHM 中，物理设备实时感知运行状态与环境数据，虚拟设备在孪生数据的驱动下与物理设备同步运行，并产生设备评估、故障预测及维修验证等数据；融合物理与虚拟设备的实时数据及现有孪生数据，PHM 服务根据需求被精准的调用与执行，保证物理设备的健康运行。

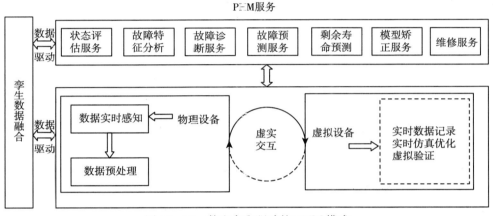

图 10-26　数字孪生驱动的 PHM 模式

数字孪生驱动的 PHM 模式为传统的 PHM 带来以下新的转变：①故障观察方式由静态的指标对比向动态的物理和虚拟设备实时交互与全方位状态比对转变；②故障分析方式由基于物理设备特征的分析方式向基于物理、虚拟设备特征关联与融合的分析方式转变；③维修决策方式由基于优化算法的决策向基于高逼真度虚拟模型验证的决策转变；④PHM 功能执行方式由被动指派向自主精准服务转变。

思考与练习

1. 描述 TOC 的思想是什么？
2. 讨论制造过程中的瓶颈类型和关系。
3. 描述约束理论的目标有哪些？
4. 讨论 DBR 包括哪几部分，各自的作用是什么？
5. 讨论推式生产系统和拉式生产系统的区别。
6. 讨论准时制生产对企业的影响和作用。
7. 讨论设备布置中 U 形布置的作用。

8. 描述看板组织生产的过程，以及各类看板的作用。

9. 描述数字孪生的含义。

10. 讨论数字孪生模型和准则是什么。

11. 讨论数字孪生的应用范围和如何应用的。

主要参考文献

陈荣秋，马士华，2016. 生产与运作管理［M］.4 版. 北京：高等教育出版社.

陈荣秋，马士华，2017. 生产运作管理［M］ 5 版. 北京：机械工业出版社.

陈荣秋，周水银，2013. 生产运作管理［M］ 北京：首都经济贸易大学出版社.

邓华，2017. 生产计划与控制［M］. 北京：中国纺织出版社.

F. 罗伯特·雅各布斯，理查德 B·蔡斯，2015. 运营管理［M］. 任建标，译.14 版. 北京：机械工业出版社.

李怀祖，2005. 生产计划与控制［M］. 北京 中国科学技术出版社.

刘丽文，2016. 生产与运作管理［M］.5 版. 北京：清华大学出版社.

潘春跃，杨晓宇，2012. 运营管理［M］. 北京：清华大学出版社.

潘尔顺，2015. 生产计划与控制［M］.2 版. 上海：上海交通大学出版社.

陶飞，刘蔚然，刘检华，等，2018. 数字孪生及其应用探索［J］. 计算机集成制造系统，24（01）：1-18.

陶飞，刘蔚然，张萌，等，2019. 数字孪生三维模型及十大领域应用［J］. 计算机集成制造系统，25（01）：1-18.

陶飞，张贺，戚庆林，等，2020. 数字孪生十问：分析与思考［J］. 计算机集成制造系统，26（01）：1-17.

仝新顺，2013. 运营管理［M］. 北京：清华大学出版社.

威廉·史蒂文森，2016. 运营管理［M］. 张群，张杰，马凤才，译.12 版. 北京：机械工业出版社.

吴爱华，2013. 生产计划与控制［M］. 北京：机械工业出版社.

张群，2014. 生产与运作管理［M］.3 版. 北京：机械工业出版社.

图书在版编目（CIP）数据

生产计划与控制／高广章，王佳佳，张国辉主编
.—北京：中国农业出版社，2020.7（2023.9 重印）
ISBN 978-7-109-27033-6

Ⅰ.①生… Ⅱ.①高… ②王… ③张… Ⅲ.①工业生
产计划－高等学校－教材②工业生产－生产过程－生产管
理－高等学校－教材 Ⅳ.①F402.1②F406.2

中国版本图书馆 CIP 数据核字（2020）第 117681 号

中国农业出版社出版

地址：北京市朝阳区麦子店街 18 号楼
邮编：100125
责任编辑：李昕昱　　文字编辑：赵冬博
版式设计：李　文　　责任校对：吴丽婷
印刷：北京中兴印刷有限公司
版次：2020 年 7 月第 1 版
印次：2023 年 9 月北京第 2 次印刷
发行：新华书店北京发行所
开本：700mm×1000mm　1/16
印张：17.75
字数：500 千字
定价：42.00 元
